GEWAGT GESAGT

Thomas Kinne

GEWAGT GESAGT

Muss man das sagen oder darf man das noch?

QDr-Verlag

Bibliographische Information der Deutschen Nationalbibliothek:
Die Deutsche Nationalbibliothek verzeichnet diese Publikation in der Deutschen Nationalbibliographie; detaillierte bibliographische Daten sind im Internet über http://dnb.dnb.de abrufbar.

© 2024 Thomas Kinne

Dieses Buch ist 100% KI- und BS-frei, außerdem zucker-, alkohol- und glutenfrei, vegan, koscher und halal und enthält auch keine Spuren von Erdnüssen.

Fotos und andere Abbildungen:
Umschlag und S. 262: Gregor Wildförster;
Siegel: OpenIcons (Siegel) und Petra (Blatt) / Pixabay;
S. 83: OpenClipart-Vectors / Pixabay; S. 103: Montage nach mittelalterlichen Holzschnitt; S. 164: Clker-Free-Vector-Images / Pixabay; S. 166 (v.l.n.r.): Bernd, Steve Buissinne, Naeem Akram, Jan Vašek / Pixabay; S. 173: NephiCode.com; S. 182: Finn Frankis (Ausschnitt); S. 195: Screengrab, *The Paleface* (public domain);
S. 197: Albert Uderzo, *Astérix et les indiens*, S. 40/41*;
S. 231: Albert Uderzo, *Asterix and Cleopatra*, S. 9*.
*) © Les Éditions Albert-René

Herstellung und Verlag: QDr-Verlag
c/o Thomas Kinne, Europastr. 16, 64569 Nauheim
ISBN: 9-783-3841-4333-4 (Paperback)
Independently published

Alle Rechte vorbehalten.
All rights reserved.

Druck: 51230

Inhalt

Dieses Buch wurde ausschließlich mit Natürlicher Intelligenz (NI) verfasst und ist allen Menschen gewidmet, die über eine solche verfügen.

Die Sprache gehört dem Volk

Wer schreibt uns das Schreiben (und Sprechen) vor? Kurze Antwort: niemand. Jedenfalls nicht Ihnen, wenn Sie als Privatperson schreiben, und auch nicht mir, wenn ich diesen Text schreibe und veröffentliche.

Bereits 1789, also vor mehr als zwei Jahrhunderten, hieß es in Artikel 11 der französischen **Erklärung der Menschen- und Bürgerrechte** (*Déclaration des Droits de l'Homme et du Citoyen*):

> La libre communication des pensées et des opinions est un des droits les plus précieux de l'homme : tout citoyen peut donc parler, écrire, imprimer librement …[1]

> Die freie Mitteilung der Gedanken und Meinungen ist eines der kostbarsten Menschenrechte. Jeder Bürger kann also frei schreiben, reden und drucken …[2]

Die Vereinten Nationen übernahmen diese Erklärung 1948 sinngemäß in den Artikel 19 der **Allgemeinen Erklärung der Menschenrechte**, der in der offiziellen deutschen Übersetzung lautet:

---

[1] https://www.elysee.fr/la-presidence/la-declaration-des-droits-de-l-homme-et-du-citoyen, Abruf 2024-01-06.

[2] https://www.conseil-constitutionnel.fr/de/erklaerung-der-menschen-und-buergerrechte-vom-26-august-1789, Abruf 2024-01-06.

> Jeder hat das Recht auf Meinungsfreiheit und freie Meinungsäußerung; dieses Recht schließt die Freiheit ein, Meinungen ungehindert anzuhängen sowie über Medien jeder Art und ohne Rücksicht auf Grenzen Informationen und Gedankengut zu suchen, zu empfangen und zu verbreiten.[3]

Das **Grundgesetz der Bundesrepublik Deutschland** garantierte den Bürgern des neu gegründeten Staates im Jahr darauf in Artikel 5, Absatz 1 die gleichen Rechte mit zwei wichtigen Zusätzen:

> Jeder hat das Recht, seine Meinung in Wort, Schrift und Bild frei zu äußern und zu verbreiten und sich aus allgemein zugänglichen Quellen ungehindert zu unterrichten. Die Pressefreiheit und die Freiheit der Berichterstattung durch Rundfunk und Film werden gewährleistet. Eine Zensur[4] findet nicht statt.

Freie Meinungsäußerung bedeutet also grundsätzlich zwei Dinge: Niemand verbietet uns etwas und niemand schreibt uns etwas vor. Diese Grundrechte genießen längst nicht alle Menschen auf diesem Planeten, nicht einmal in ganz Europa, und auch in Deutschland oder Teilen Deutschlands waren sie von 1933 bis 1989 teilweise massiv eingeschränkt. Doch heute?

---

[3] https://www.un.org/depts/german/menschenrechte/aemr.pdf, Abruf 2024-01-06.

[4] Gemeint ist in diesem Text eine Zensur von staatlicher Seite. Wenn im folgenden Text dennoch gelegentlich von einem „zensierten" Text die Rede ist, dann handelt es sich – im erweiterten Sinn des Begriffs – um einen Eingriff durch Dritte, wie etwa eine Redaktion, einen Herausgeber, einen Verlag oder einen Sender, meist ohne Einverständnis des Autors. Wenngleich in solchen Fällen keine absolute Zensur vorliegt, der Verfasser nicht bestraft wird und der Zugang zum unredigierten Text nicht gänzlich verwehrt ist, kann diese Art von Eingriffen den Zugriff auf den Originaltext, wie wir noch sehen werden (vgl. S. 169, 210), doch erheblich erschweren.

Nach einer repräsentativen Allensbach-Umfrage aus dem Jahr 2022 glaubte zwar immerhin knapp die Hälfte (48%) der Befragten hierzulande, man könne frei reden, aber erstaunliche 37% (im Vorjahr sogar 44%) meinten auch, man müsse „vorsichtig sein".[5] Nach einer anderen Umfrage sehen 31% das grundgesetzlich verbriefte Recht auf freie Meinungsäußerung nicht gewährleistet, und 46% hatten schon einmal das „Gefühl", ihre Meinung nicht frei äußern zu können.[6] Man darf wohl davon ausgehen, dass diese Menschen nicht ernsthaft fürchten, verhaftet, bestraft oder gefoltert zu werden, wenn sie ihre Meinung äußern – so wie es in anderen Staaten der Fall ist, die die freie Meinungsäußerung verbieten und mit teilweise drakonischen Sanktionen – bis hin zur Todesstrafe – belegen. Das Empfinden der Befragten in Deutschland ist folglich eher ein „Bauchgefühl". Damit deckt sich auch das Ergebnis der Umfrage, dass „81 Prozent glauben, dass manche Personen ihre Meinungen nicht äußern, weil sie Angst vor Konsequenzen haben."[7] Dieser Meinung liegt also eine rein subjektive Vermutung („glauben") zugrunde, keine eigene, belegbare Erfahrung.

Entspringt dieses Gefühl dann etwa einer reinen Paranoia? Dürfen wir denn in Wirklichkeit alles sagen und schreiben? Wenn dem so wäre, würde das Buch wohl

[5] Freiheitsindex 2022, zitiert nach Lorenz Wolf-Doettinchem, „Die Deutschen fühlen sich wieder freier", 2022-12-28, stern.de (https://www.stern.de/politik/umfrage-ergbenisse--die-deutschen-fuehlen-sich-2022-wieder-freier--33039038.html, Abruf 2023-12-15).

[6] „81 Prozent der Deutschen sehen die Meinungsfreiheit eingeschränkt", *The European*, 2023-03-27 (https://www.theeuropean.de/gesellschaft-kultur/umfrage-so-tickt-deutschland, Abruf 2023-12-15).

[7] ibid.

hier enden, denn die Untertitelfrage wäre beantwortet: Man muss nichts und darf alles. Die Sache ist in Wirklichkeit, wie man erwarten kann, weitaus komplexer. Wir sind ja erst auf Seite 10 von 261 Seiten.

Ich formuliere deshalb zunächst einmal um und stelle die These auf: Sie dürfen zwar alles äußern, aber Sie müssen bereit sein, die Konsequenzen zu tragen. Die Todesstrafe müssen Sie trotzdem nicht fürchten, aber auch in demokratischen Rechtsstaaten wie dem unseren gibt es – völlig zu Recht – strafbare Äußerungen (die ich natürlich hier nicht beispielhaft aufzählen werde). Wie bereits die französische Menschenrechtserklärung[8] enthält auch der zweite Absatz des oben zitierten Grundgesetzartikels 5 eine wichtige Einschränkung:

> Diese Rechte finden ihre Schranken in den Vorschriften der allgemeinen Gesetze, den gesetzlichen Bestimmungen zum Schutze der Jugend und in dem Recht der persönlichen Ehre.

Das klingt nach einer einfachen, einleuchtenden Faustregel – ein einziger Satz in der Verfassung und schon sind die Grenzen klar gesetzt. Aber ist es wirklich so einfach? Nein, natürlich nicht!

Die nigerianische Schriftstellerin Chimamanda Ngozi Adichie erinnerte 2022 in ihrem Vortrag im Rahmen der Rundfunkreihe *The Reith Lectures* auf BBC Radio 4 daran, dass man sich, als man 1948 – unter dem Ein-

---

[8] « sauf à répondre de l'abus de cette liberté dans les cas déterminés par la loi » („unter Vorbehalt der Verantwortlichkeit für den Missbrauch dieser Freiheit in den durch das Gesetz bestimmten Fällen"; https://www.elysee.fr/la-presidence/la-declaration-des-droits-de-l-homme-et-du-citoyen, Abruf 2024-01-06).

druck des Zweiten Weltkriegs und der fürchterlichen Verbrechen des NS-Regimes – die oben erwähnte Allgemeine Erklärung der Menschenrechte auszuarbeiten begann, rasch einigen konnte, jedweden „Aufruf zur Gewalt“ zu ächten. Doch als die Sowjetunion und ihre Vasallen versuchten, auch den „Aufruf zum Hass“ in die Erklärung aufzunehmen, bemerkten Vertreter demokratischer Staaten noch rechtzeitig, dass autoritäre Regierungen (wie die der UdSSR) diesen vagen Begriff so großzügig auslegen (sprich: missbrauchen) könnten, dass er auf jede Art von Kritik anwendbar sei – auch auf berechtigte Kritik am herrschenden Regime. Und das, so Adichie „wirft die Frage auf: Wer bestimmt, wie eng und wie klar Einschränkungen sein sollten?“ Sie zitiert den englischen Philosophen John Stuart Mill, der bereits Mitte des 19. Jahrhunderts schrieb, dass sich hinter jeder Unterdrückung einer Diskussion eine Anmaßung von Unfehlbarkeit verberge (“All silencing of discussion is an assumption of infallibility”[9]). Das wiederum bringt Adichie zu der Frage: „Wer entscheidet also, was zum Schweigen gebracht werden sollte?“[10]

In restriktiveren Staatsformen – bis hin zu totalitären Diktaturen – sind die Einschränkungen der Redefreiheit erwartungsgemäß größer als in demokratischen Rechtsstaaten. Wenn Sie in Russland den Krieg gegen die

[9] John Stuart Mill, *On Liberty*, 1859; Kitchener ON: Batoche, 2001, S. 19.

[10] “This raises the question: who decides just how narrow and how clear restrictions should be? … So, who decides what should be silenced?” (*The Reith Lectures 2022: The Four Freedoms*, “Lecture 1: The Freedom of Speech”, Erstausstrahlung: 2022-11-30, https://www.bbc.co.uk/programmes/m001fntz; Transkript: https://downloads.bbc.co.uk/radio4/reith2022/Reith_2022_Lecture1.pdf, Abruf 2023-12-29).

Ukraine als einen solchen bezeichnen, dann laufen Sie Gefahr, allein aufgrund Ihrer Wortwahl im Gefängnis zu landen.[11] Wenn Sie hingegen in Deutschland das Wort *Krieg* in diesem Zusammenhang bewusst meiden, passiert Ihnen gar nichts – aber man wird Ihnen vermutlich eine dem russischen Regime wohlgesonnene Haltung unterstellen. Sie positionieren sich durch Ihre Äußerung, Sie nehmen Stellung. Dafür wiederum müssen Sie bereit sein, Kritik einzustecken, während Ihnen andere vielleicht aus gleichem Grund Beifall zollen.

Ein totalitärer Staat besitzt die Mittel, in den Sprachgebrauch einzugreifen, indem er Begriffe (in der Semiotik *Signifikant* genannt: „das Bezeichnende") unterdrückt. Ob es ihm damit gelingt, die dazugehörigen Gedanken an eine Sache (*Signifikat* oder „das Bezeichnete") zu unterdrücken oder zumindest zu lenken, ist eine offene Frage. Wirkungsvoller als das reine Verbot, das eine Leere entstehen lässt, ist es daher wohl, unerwünschte Begriffe zu ersetzen. So hat Putins Regime festgelegt, den Begriff *Krieg* im Zusammenhang mit dem Überfall auf das Nachbarland Ukraine durch den Euphemismus *Специа́льная вое́нная опера́ция* („spezielle Militäroperation") zu ersetzen – ganz in der Tradition der alten Sowjetunion. So wurde dort bereits der Überfall auf Polen 1939 als „Befreiungsfeldzug" (*освободительный поход*) deklariert und der Einmarsch in der ČSSR 1968 als „freundschaftlicher Beistand für

11 "'***': Word Russians are banned from saying", news.com.au, 2023-08-30 (https://www.news.com.au/technology/online/social/word-russians-are-banned-from-saying/news-story/18ad7c250fc09f3136b29b1039e2cccb, Abruf 2024-01-06).

das tschechoslowakische Brudervolk“ (*дружеская помощь братскому народу Чехословакии*).

Angeregt durch derartige Sprachakrobatik in der damals noch bestehenden Stalin-Diktatur der UdSSR und der soeben vernichteten Hitler-Diktatur in Deutschland, veröffentlichte George Orwell 1948 seinen dystopischen Roman *Nineteen Eighty-Four*.[12]

Orwell verarbeitete in seinem Roman das, was andere am eigenen Leib erfahren hatten. Der Literaturwissenschaftler Victor Klemperer hatte während der NS-Diktatur fleißig Beispiele dessen gesammelt, was er ironisch *LTI* (*Lingua Tertii Imperii*, also „Sprache des Dritten Reichs“) nannte, und sein „Notizbuch eines Philologen“ ein Jahr vor Orwells Roman veröffentlicht. Obwohl Klemperer später der SED beitrat, im Pseudoparlament „Volkskammer“ saß und sich in der DDR regimetreu gab, stellte er gleich nach dem Krieg (und bis zu seinem Tod 1960) eine beängstigende Kontinuität des Sprachmissbrauchs fest und nannte das Phänomen, wie es sich in der SBZ/DDR manifestierte, in logischer Konsequenz *LQI*: *Lingua Quarti Imperii*, die „Sprache des Vierten Reichs“.[13] Nach dem Erscheinen von Orwells Roman und Klemperers *LTI* setzte sich die staatliche Sprachdiktatur nämlich im deutschen Sprach-

[12] Orwell verwendete den ausgeschriebenen Titel. Die erste, sehr mangelhafte und auch gekürzte deutsche Übersetzung von Kurt Wagenseil erschien 1950 im Züricher Diana Verlag unter dem Titel *Neunzehnhundertvierundachtzig*, eine verbesserte Neuübersetzung von Michael Walter erst 1984 bei Ullstein unter dem Titel *1984*. Der Einfachheit halber werde ich in diesem Text, wenn ich Bezug auf den Roman nehme, die Zahlform verwenden.

[13] Victor Klemperer, *So sitze ich denn zwischen allen Stühlen*, 1999, Tagebucheintrag 1951-06-26; vgl. Heidrun Kämper, „LQI – Sprache des Vierten Reichs: Victor Klemperers Erkundungen zum Nachkriegsdeutsch“, 2001 (https://ids-pub.bsz-bw.de/frontdoor/deliver/index/docId/3280/file/Kämper_LQI_2001.pdf, Abruf 2024-02-02).

raum fast nahtlos weitere vierzig Jahre in einem Staatsgebilde auf deutschem Boden fort, in dessen Eigenbezeichnung bereits ideologische Manipulation lag, indem es sich selbst wahrheitswidrig als „demokratisch" beschrieb und diese Eigenschaft dem konkurrierenden System auf der anderen Seite des Eisernen Vorhangs absprach. Die DDR lag für Orwell beim Erscheinen seines Romans noch in der Zukunft – aber genau dort war ja auch die Dystopie angesiedelt: im Jahr 1984.

Der Protagonist von *1984*, Winston Smith, arbeitet im sogenannten „Wahrheitsministerium" (*Ministry of Truth* oder *Minitrue*) eines fiktiven totalitären Staates namens Oceania (deutsch Ozeanien). Seine Aufgabe ist es dort, die offizielle Sprachregelung zu implementieren und sie fortlaufend den jeweiligen (wechselnden) politischen Gegebenheiten – oder wie man heutzutage gerne sagt: „Narrativen" – anzupassen.

… in 1984 (if it was 1984), Oceania was at war with Eurasia and in alliance with Eastasia. In no public or private utterance was it ever admitted that the three powers had at any time been grouped along different lines. Actually, as Winston well knew, it was only four years since

… im Jahr 1984 (wenn man tatsächlich 1984 schrieb) … führte Ozeanien gegen Eurasien Krieg und war mit Ostasien verbündet. In keiner öffentlichen oder privaten Äußerung wurde jemals zugegeben, daß die drei Mächte irgendwann einmal anders gruppiert gewesen waren. Dabei wußte Winston ganz genau, daß es erst vier Jahre zurück-

> Oceania had been at war with Eastasia and in alliance with Eurasia.[14]

> lag, daß Ozeanien gegen Ostasien Krieg geführt und sich mit Eurasien verbündet hatte.[15]

Die Hoheit über die Geschichte – genauer gesagt: die Geschichtsschreibung – war ein Grundprinzip des totalitären Einparteienstaates, denn:

> 'Who controls the past,' ran the Party slogan, 'controls the future: who controls the present controls the past.' (S. 31)

> »Wer die Vergangenheit kontrolliert«, lautete die Parteiparole, »kontrolliert die Zukunft, wer die Gegenwart kontrolliert, kontrolliert die Vergangenheit.« (S. 39)

Es gehört zu den Kernbotschaften des Romans, dass eine solche Kontrolle über Vergangenheit und Zukunft vor allem mit Mitteln der Sprache ausgeübt werden kann. Das trifft auf den fiktiven Staat ebenso zu wie auf den realen (NS-)Staat. In *LTI* analysierte Klemperer:

> … der Nazismus glitt in Fleisch und Blut der Menge über durch die Einzelworte, die Redewendungen, die Satzformen, die er ihr in millionenfachen Wiederholungen aufzwang und die mechanisch und unbewußt übernommen wurden.[16]

Die staatlich verordnete Sprachregelung nennt sich bei Orwell *Newspeak* (deutsch *Neusprech*). Sie erstreckt

---

[14] George Orwell, *Nineteen Eighty-Four*, Harmondsworth: Penguin, 1964, S. 30f.

[15] Übersetzt von Martin Walter, *1984*, Frankfurt/Main: Ullstein, 1984, S. 38. Alle weiteren Zitate der deutschen Übersetzung stammen aus der gleichen Ausgabe.

[16] Victor Klemperer, *LTI: Notizbuch eines Philologen*, Leipzig: Reclam, 1975/1996, Seite 24.

sich auf alle Bereiche der Sprache, von der Orthographie über die Grammatik bis hin zum Vokabular. In einem Anhang[17] seines Romans erläutert Orwell die Grundlagen ("Principles") und die Zielsetzung dieser neuen Sprachordnung:

The purpose of Newspeak was … to make all other modes of thought impossible. … This was done chiefly by eliminating undesirable words …. Newspeak was designed not to extend but to diminish the range of thought …	Neusprech sollte … alle anderen Denkweisen unmöglich machen. … Dies erreichte man … durch die Eliminierung unerwünschter Wörter …. Neusprech sollte den Gedankenspielraum nicht erweitern, sondern *einengen* …

Zusätzlich zur bewussten Beschränkung des Wortschatzes, also dem Verbot bestimmter Wörter (und der Umdeutung anderer), wurden neue Wörter erfunden. Neben dem Alltagsvokabular (*A vocabulary*) und einer Fachsprache (*C vocabulary*) gab es das entscheidende B-Vokabular:

The B vocabulary consisted of words which had been deliberately constructed for political purposes: words, … which not only had in every case a political implication,	Das B-Vokabular bestand aus Wörtern, die ganz bewußt zu politischen Zwecken gebildet worden waren: aus Wörtern also, die … dazu bestimmt waren, dem Benutzer

[17] S. 241–251 der zitierten englischen Ausgabe, S.301–314 der Walter-Übersetzung.

but were intended to impose a desirable mental attitude upon the person using them. … [T]he special function of certain Newspeak words … was not so much to express meanings as to destroy them. … Each reduction was a gain, since the smaller the area of choice, the smaller the temptation to take thought. … [I]n Newspeak the expression of unorthodox opinions … was well-nigh impossible.

eine wünschenswerte Geisteshaltung zu oktroyieren. … [D]ie besondere Funktion bestimmter Neusprechwörter … lag weniger darin, Bedeutungen auszudrücken, als vielmehr, sie zu zerstören. … Jede Reduktion war ein Gewinn, denn je kleiner die Auswahlmöglichkeiten, desto geringer die Versuchung zu überlegen. … [I]n Neusprech [war] es nahezu unmöglich …, unorthodoxe Ansichten … zu äußern.

Menschen wie jene, die in den zuvor zitierten Umfragen (S. 9) ihre eigene Meinungsfreiheit oder die anderer im heutigen Deutschland bedroht sehen, zitieren gerne Orwells *1984* und vergleichen die Zustände bei uns mit denen in Orwells Roman. Vergleiche sind erlaubt, doch um behaupten zu können, in unserem Land oder in anderen demokratischen Staaten herrschten heutzutage „Orwellsche Zustände“, fehlt das Element des staatlichen Zwangs. Es gibt bei uns weder ein „Wahrheitsministerium“ noch eine „Sprachpolizei“, wie oft scherzhaft übertrieben behauptet wird (und noch weniger eine „Gedankenpolizei“ wie in *1984*). Es gibt allenfalls ein paar selbsternannte Dorfsheriffs, die meinen, in einer Art Selbstjustiz die Regulierung der Sprache in die eigene Hand nehmen und Andersdenkende durch Einschüchterung, Beschämung, Ausgrenzung, Mundtotmachen (neudenglisch heißt das *deplatforming*) und andere unsaubere Methoden gefügig machen zu können. Wirkliche (staatliche) Macht haben sie keine, solange wir ihnen diese Macht nicht zugestehen.

Ich möchte daher vor allem darlegen, dass es den vermeintlichen Zwang nicht gibt, an den offenbar viele der Befragten in den zitierten Umfragen „glauben“. Orwells Ziel war aber auch nicht die bloße Beschreibung bestehender Zustände – dann hätte er seinen Roman ja einfach in der realen Sowjetunion ansiedeln können. Er wollte vor bestimmten besorgniserregenden Entwicklungen warnen, und solche Warnungen lohnt es sich auch heute noch zu beherzigen. Wir kommen noch darauf zurück.

Doch selbst wenn uns unser Staat keine verbindlichen Sprachregelungen vorgibt, kennen auch wir aus den Medien, dass die Freiheitskämpfer von gestern (die Mudschaheddin im Kampf gegen die sowjetischen Besatzer etwa) zu den Terrorherrschern von heute (Taliban) werden. Auch bestimmte Begriffe, die wir gebrauchen, können Dinge entweder verharmlosen oder (hier fehlt unserer Sprache ein griffiges Verb) schlimmer erscheinen lassen. Alltägliche Begriffe wie *hinrichten*, *ausschalten*, *neutralisieren*, *entnehmen*, *abtreiben*, *plattmachen*, *schleifen* können Unangenehmes (in diesem Beispiel das Töten) verschleiern oder beschönigen, während ein Wort wie *Atomkraft* oder der Unsinnsbegriff *Elektrosmog* bewusst abschreckend wirken sollen, weil sie an *Atombombe* beziehungsweise *Smog* erinnern.

Ihr Leser oder Ihr Gegenüber wird folglich an Ihrer Wortwahl möglicherweise Ihre Einstellung zu einem bestimmten Thema erkennen. Wenn Sie also von einer *Katastrophe* statt einer *Krise* sprechen oder von *Terroristen* statt von *Aktivisten*, dann beziehen Sie bereits Stellung. Selbst die Wahl zwischen den Begriffen *Kernkraft* und *Atomkraft* weist Sie als Befürworter beziehungsweise Gegner aus, ebenso wie aus der Wahl zwischen *Bundesrepublik Deutschland* oder *BRD* [18] oder zwischen *Westbank*, *Westjordanland*, *Cisjordanien* oder *Judäa und Samaria* hervorgeht, auf welcher Seite Sie stehen oder wessen Standpunkt Sie teilen. Man kann bei den meisten Menschen wohl auch davon ausgehen, dass sie ihre Worte bewusst wählen und zu dem stehen, was Sie mit ihnen zum Ausdruck bringen. So weit, so gut.

Was aber, wenn Sie gar nicht wissen, dass eine bestimmte Ausdrucksweise von manchem Gegenüber als etwas verstanden wird, was Sie überhaupt nicht sagen wollten? Wenn Sie unbewusst einen Begriff verwenden, der Sie in den Augen mancher Menschen „in eine bestimmte Ecke“ rückt, ohne dass Sie dies beabsichtigt haben? (Wir werden noch einzelne Beispiele aufzeigen.)

Äußerst fragwürdig wird die Sache in dem Augenblick, in dem man Ihnen aufgrund Ihrer Wortwahl einfach eine

[18] Das Kürzel *BRD* wurde 1965 im amtlichen Sprachgebrauch der Bundesrepublik verboten und ist seit 1974 in Schulbüchern nicht mehr zugelassen. Es wird heutzutage vorzugsweise von „linken“ Medien verwendet, um eine Oppositionshaltung auszudrücken.

Haltung unterstellt, die nicht die Ihre ist. Müssen Sie sich einreden lassen, Sie seien „Antiziganist“, wenn Sie im Restaurant ein Zigeunerschnitzel bestellen? Sind Sie „Rassist“, wenn Sie einen schwarzen Traktor als „schwarz“ bezeichnen? Sind Sie ein Tierquäler, weil Sie mit jemandem (im übertragenen Sinn) „ein Hühnchen zu rupfen“ haben?[19] Oder sind Sie gar misogyn, wenn Sie Ihre geschriebenen Texte nicht mit allerlei Sonderzeichen spicken und beim Reden nicht stottern?

Die kurze Antwort auf all diese Fragen lautet: Nein! Meine ausführliche Antwort füllt die weiteren Seiten dieses Buches. Und damit sind wir auch bei der Frage nach dem **Sinn und Zweck** des Buches angelangt: Es ist gedacht als ein **Plädoyer für die Freiheit der Meinungsäußerung, der Rede, des Ausdrucks, kurzum: der Sprache** (und „Schreibe“), die uns allen als Menschen- und Grundrecht garantiert ist. Das Buch soll Wogen glätten – Wogen, die leider von verschiedensten Interessengruppierungen unnötigerweise immer wieder zu Monsterwellen aufgepeitscht werden. Dieses Aufpeitschen führt dazu, dass heute viele Menschen verunsichert sind und sich, wie die Umfragen zeigen, in ihrer Sprachwahl eingeengt fühlen – ebenfalls unnötigerweise. Die gute Nachricht ist nämlich: Die meisten von uns machen nichts falsch – weil es in vielen Fällen gar kein „falsch“ oder „richtig“ gibt. Und obendrein ist vieles, was uns manch einer als „richtig“ verkaufen

[19] Erläuterungen dazu auf den Seiten 205 (Schnitzel), 247 (Traktor), 29 (Hühnchen).

möchte, ganz besonders „falsch“! (Das klingt nun etwas kryptisch, wird aber weiter unten noch erläutert.)

Mill warnte bereits im 19. Jahrhundert vor einer „Tyrannei der vorherrschenden Meinung“ (“tyranny of the prevailing opinion”), vor der vor allem Minderheiten geschützt werden müssten:

there needs protection … against the tendency of society to impose … its own ideas and practices as rules of conduct on those who dissent from them.[20]	es muss einen Schutz geben … gegen die Neigung der Gesellschaft, ihre eigenen Vorstellungen und Praktiken jenen als Verhaltensregeln aufzuzwingen, die von ihnen abweichen.

Mill spricht immerhin von einer „vorherrschenden Meinung“, die Andersdenkenden aufgezwungen wird – was aber, wenn es sich nicht einmal um eine solche handelt, sondern nur um die Meinung einer kleinen, aber lautstarken Gruppe? “We must hear every side and not only the loudest side”, meint Adichie:[21] Wir müssen alle Seiten hören, nicht nur die lauteste. Das gilt für alle Arten von Meinungen, auch für diejenigen, die sich auf Sprache beziehen.

Ich möchte nicht, dass Menschen verunsichert oder gar stigmatisiert werden, weil sie anders sind, anders denken oder sich anders ausdrücken, als es eine bestimmte Gruppe wünscht. Mir gefällt es nicht, wenn selbst eine hochrangige Politikerin wie ein Kaninchen

---

[20] Mill, S. 9.
[21] *The Reith Lectures 2022.*

vor der Schlange zusammenzuckt, weil sie sich frei und zwanglos ausdrückt und nicht einem bestimmten Kodex unterwirft – und dafür auch noch gerügt und angefeindet wird. **Anders zu sein, ist in Ordnung. Anders zu reden und zu schreiben, auch.**

Ich möchte Sie deshalb auch ausdrücklich nicht dazu bewegen, sich auf eine bestimmte Weise auszudrücken. Sprechen Sie in Ihrer regionalen Mundart, schmücken Sie Ihr Geschriebenes gerne mit Sternchen, Blümchen, Smileys und Emojis, schreiben Sie in Sütterlin oder in Ihrer ganz eigenen Handschrift, in Versalien oder Minuskeln, gerne auch in Volapük oder Esperanto! Das ist die Freiheit, die Ihnen das Grundgesetz einräumt, und die der Deutsche Bundestag 1998 ausdrücklich in einer Resolution bekräftigt hat:

> Der Deutsche Bundestag ist der Überzeugung, daß sich die Sprache im Gebrauch durch die Bürgerinnen und Bürger, die täglich mit ihr und durch sie leben, ständig und behutsam, organisch und schließlich durch gemeinsame Übereinkunft weiterentwickelt. Mit einem Wort: **Die Sprache gehört dem Volk.**[22]

Anders ausgedrückt: Die Sprache „gehört" niemandem (allein) und damit jedem von uns.

[22] Drucksache 13/10183, 1998-03-24, S. 3 (https://dserver.bundestag.de/btd/13/101/1310183.pdf, Abruf 2024-01-10); Hervorhebung hinzugefügt.

Wozu brauchen wir Regeln?

Man könnte sich nun fragen: Wenn jeder reden und schreiben kann, wie er will, wozu bedarf es dann überhaupt sprachlicher Regelungen? Die Antwort finden wir, wenn wir uns die Hauptaufgabe von Sprache vor Augen führen: die der Verständigung von Mensch zu Mensch, also der Kommunikation (vom lateinischen Verb *communicare* = „mitteilen“).

Es leuchtet gewiss ein, dass eine komplette Sprachanarchie nicht zum Ziel führt, wenn wir uns mittels Sprache verständigen wollen. Intuitiv sehen wir ein, dass eine gewisse Vereinheitlichung der Schriftsprache wünschenswert ist, um eine sinnvolle Kommunikation unter möglichst vielen Menschen einer Sprachgemeinschaft sicherzustellen und zugleich die Gefahr von Missverständnissen gering zu halten. Wenn es um Gesetzestexte und ähnliche Dokumente geht, ist es sogar unerlässlich, dass sie von allen Betroffenen gleich verstanden und möglichst eindeutig interpretiert werden.

Sprachen wie das heutige „Hochdeutsch“ sind dabei Kompromisse, die aus einer Vereinheitlichung einer Vielzahl regionaler Formen der Sprache entstanden sind, von Limburg bis nach Ostpreußen, von Südtirol bis nach Schleswig (am Rande bemerkt: diesen Sprachraum und nichts anderes meinte auch August Hoffmann von Fallersleben mit den oft missverstandenen oder bewusst falsch interpretierten Zeilen in seinem *Lied der Deutschen*, „von der Maas bis an die Memel, von der Etsch bis an den Belt“).

So sehen wir wohl mehrheitlich ein, dass ein gewisses Maß an Einheitlichkeit in unser aller Interesse liegt. Heikel wird es aber, wenn das, was wir einmal als einheitliche Norm akzeptiert haben, verändert werden soll. Wer überhaupt dazu berechtigt ist, wird eine Frage sein, der wir uns im nächsten Kapitel noch ausführlich widmen. Zunächst einmal sollten wir uns fragen, welche Folgen es hat, wenn wir an den akzeptierten Regeln einer einheitlichen Sprache „schrauben“.

Wenn wir sprachliche Normen ändern, müssen wir berücksichtigen, dass wir Texte, die vor Inkrafttreten der Neuregelung geschrieben wurden, ja nicht schlagartig löschen – das wäre auch bedenklich. Anders als in Orwells Roman *1984* verlieren sie auch nicht ihre historische Bedeutung – in vielen Fällen wünschen wir sogar ausdrücklich die Erhaltung.

Je nachdem, wie schwerwiegend die Änderungen an der Sprache sind, bleiben uns dann nur zwei Möglichkeiten: Die alten Texte umzuschreiben (und damit zu verfälschen, weil sie ja nicht mehr dem entsprechen, was der Autor einst schrieb) oder den Menschen von heute und morgen neben der neuen auch die alte Schreibweise beizubringen.

Wir kennen dieses Phänomen gerade in Deutschland durch die Tatsache, dass wir bis ins 20. Jahrhundert unterschiedliche Schriften verwendet haben, sowohl im Druck als auch in der Handschrift.

①	Schriftbeispiel	Fraktur
②	Schriftbeispiel	Times
③	Schriftbeispiel	Courier
④	Schriftbeispiel	Sütterlin
⑤	Schriftbeispiel	LA
⑥	Schriftbeispiel	VA

Je nach Bundesland, Schule und Lehrkraft lernen Kinder in der Grundschule als sogenannte Verbundschriften („Schreibschriften") die 1953 eingeführte Lateinische Ausgangsschrift (LA, Beispiel ⑤), die 1969 entwickelte Vereinfachte Ausgangsschrift (VA, Beispiel ⑥), die Schulausgangsschrift (SAS) aus der ehemaligen DDR (1968) – bei VA und SAS entsprechen die Großbuchstaben weitgehend den Druckbuchstaben – oder auch eine ausschließlich auf Druckbuchstaben basierende Grundschrift wie die Hamburger Druckschrift (2011).

Das vorliegende Buch (in Times New Roman gesetzt, einer verbreiteten Schrift im Buch- und Zeitungsdruck) wird jeder problemlos lesen können, ebenso wie einen **mit Schreibmaschine geschriebenen Text von 1970 (in einer Schrift wie Courier).**

Vielen jungen Menschen fällt es hingegen schon heute schwer, das Schriftbeispiel ① (Fraktur, eine sogenannte gebrochene Schrift) und vor allem ④ (Sütterlinschrift, die von 1915 bis 1941 an deutschen Schulen gelehrt wurde) zu lesen.

Ein Beispiel: Als man das „lange s“ (*ſ*), das den *s*-Laut in der Wortmitte darstellte, aus der deutschen Schrift tilgte, war die Umstellungsschwierigkeit zunächst wohl gering, weil der Ersatzbuchstabe, das „runde s“ (*s*), schon bekannt war. Langfristig führte diese Reform allerdings dazu, dass Menschen nicht mehr mit dem Vorkommen dieses Buchstabens vertraut waren und ihn (in Ermangelung einer besseren Alternative) eher als *f* lesen, so dass ein „Käſer“ oder „Käſer“ (Käser) fälschlich als „Käfer“ interpretiert wird.

Da wir nicht jedes alte Buch, jede historische Archivaufzeichnung und jeden Notizzettel aus Uromas Nachlass von Schriftexperten transkribieren lassen können (oder wollen), bleibt uns nichts anderes übrig, als auch die alten Schriftarten lesen zu lernen. In meiner Schulzeit – den 1970er Jahren – wurde das noch praktiziert, während heutige Schüler meist ratlos grübelnd vor Büchern oder Handschriften stehen, die nicht in den heute üblichen Schriften gedruckt oder geschrieben sind. Die Problematik leuchtet also ein: Je mehr geändert wird, desto mehr muss man lernen. Selbst wenn wir an Schulen fortan gar keine Verbundschriften mehr lehrten (wie es einige fordern), müssten auch heutige Schüler lernen, sie zu lesen, um vielleicht irgendwann einmal Ihr altes Kuchenrezept lesen zu können.

Mit der Sprache verhält es sich ähnlich wie mit der Handschrift. Viele Kinder (wenn auch immer weniger) bringen aus dem Elternhaus eine nicht normgerechte Form der Sprache (etwa einen Dialekt oder Soziolekt) mit in die Grundschule und lernen dort (wenn es nicht bereits vorher durch die Medien geschah) die Einheitsform kennen, die wir hierzulande als *Hochdeutsch*, unsere Schriftsprache, bezeichnen. Für sie gibt es besagte Regeln, die Rechtschreibung (Orthographie), Grammatik und auch Aussprache standardisieren.

Mit der vereinheitlichten Sprache nach allgemein anerkannten Regeln können Sie nun kommunizieren, sich also mitteilen und die Mitteilungen anderer empfangen und verstehen: Sie als Schreiber oder Sprecher fassen einen Gedanken in Sprache – kodieren ihn also –, ein Leser oder Zuhörer entschlüsselt – dekodiert – die Botschaft und sollte dabei idealerweise Ihren ursprünglichen Gedanken begreifen, und das möglichst unverfälscht. Solange Sie den gleichen Code verwenden, funktioniert die Kommunikation.

Problematisch wird es, wenn einzelne Menschen oder Gruppen ihren eigenen Code erschaffen, der sich nicht mit dem Konsens der Sprachgemeinschaft deckt. Ein Beispiel: In einem Interview mit einer offenbar übergewichtigen Person (ich nenne die Zitatstelle bewusst nicht, um die Person nicht bloßzustellen) versuchte diese, den Begriff *übergewichtig* zu vermeiden. Tatsächlich gibt es keine einheitliche Definition eines Normalgewichts und folglich auch nicht von Übergewichtigkeit, aber es gibt eben diesen Begriff, den jeder versteht und der auf ein gesundheitlich bedenkliches Körpergewicht verweist – auch die Bundesregierung verwendet den Begriff.[23] Statt dessen sprach die betreffende (und betroffene) Person im Interview aber stets von „mehrgewichtigen“ Menschen – und verabschiedete sich damit schlicht vom konsensuellen Sprachgebrauch. In der deutschen Sprache hat das Präfix *mehr-* nämlich eine klar festgelegte Bedeutung: ein mehrstimmiger Chor singt mit mehreren Stimmen, ein mehrsprachiger Mensch spricht mehrere Sprachen, ein mehrteiliger Roman besteht aus mehreren Teilen. Demnach müsste eine „mehrgewichtige“ Person mehrere Gewichte haben – das aber war hier offenbar nicht gemeint. Die Sprecherin hatte den Boden der sprachlichen Übereinkunft verlassen. Die Grundlage der Kommunikation war folglich nicht mehr gegeben (auch wenn sie sich im genannten Fall aus dem Kontext und aus den Abbildungen erschloss).

Auf die Spitze wird dieses Vorgehen von einer Organisation namens PeTA getrieben, deren etwas unglücklich gewählter Name (französisch für „furzte“) tatsächlich für das englische “People for the ethical Treatment of Animals” steht, also „Leute für die ethische Behandlung von Tieren“. Mit einer sogenannten „Anti-Speziesismus“-Kampagne möchte dieser Verein Menschen dazu umerziehen, eine Redensart wie „die Katze

[23] Beispiel: „Förderschwerpunkt Prävention von Übergewicht bei Kindern und Jugendlichen: Übergewicht und Adipositas (starkes Übergewicht) sind in Deutschland ein ernst zu nehmendes Problem“, Bundesministerium für Gesundheit, 2023-08-07 (https://www.bundesgesundheitsministerium.de/themen/praevention/kindergesundheit/praevention-von-kinder-uebergewicht, Abruf 2024-01-06).

aus dem Sack lassen“ durch eine tierfreie Formulierung zu ersetzen. Dazu hat man auch gleich den passenden Vorschlag: „die vegane Calzone aufschneiden“. Wenn der PeTAner also möchte, dass Sie endlich mit einem Geheimnis herausrücken, sagt er: „Nun schneid schon die vegane Calzone auf!“ – und erwartet von Ihnen, dass Sie es verstehen. Und wenn der PeTAner sagt, er habe mit jemandem „Weinblätter zu rollen“, meint er, er habe mit der Person „ein Hühnchen zu rupfen“ – aber eben auf die vegane Art.[24] Wenn diese Sprache tatsächlich von den Vereinsanhängern angewandt würde, wäre die Folge freilich, dass viele Menschen aneinander vorbei redeten und ausschließlich von Gleichgesinnten verstanden würden, die den Schlüssel zu diesem Geheimcode besitzen, also Menschen, die in der gleichen „Blase“ (engl. *bubble*) leben.

Es ist bei jeder Art von Code wichtig, dass ihn beide Seiten kennen und er unmissverständlich, also eindeutig ist. Ich sah vor einiger Zeit einen Post bei X (früher hätte man das einen Tweet genannt), der im Bild ein Mobiltelefon zeigte, dazu den Schriftzug „Akku leer?“ und anschließend – sinngemäß – die Empfehlung, bei Depressionen Hilfe zu suchen. Ich verstand den Post (wie sich herausstellte irrtümlich) so, dass Menschen, die bei einem leeren Telefonakku in Depressionen verfallen, Hilfe suchen sollten. Angesichts der mir bekannten Tatsache, dass Menschen mit schwerwiegenden Depressionen – ausgelöst durch ernsthaftere Probleme als

[24] „Speziesismus in Redewendungen – 10 tierfreundliche Alternativen“ (https://www.peta.de/themen/speziesismus-sprache/, Abruf 2024-02-01).

eine leere Batterie – Schwierigkeiten hatten, Termine bei Therapeuten zu erhalten, fand ich es übertrieben, einen leeren Akku zu einem depressionsauslösenden Problem hochzustilisieren. Nachdem ich dies öffentlich geäußert hatte, wurde ich von anderen Nutzern – dankenswerterweise weitgehend sehr höflich – darauf hingewiesen, dass der „leere Akku“ in einschlägigen Kreisen ein Codebegriff war, der sich auf die Psyche bezog und nicht auf das (abgebildete) Telefon. Mir fehlte also der Schlüssel, um den Code zu dechiffrieren – mehr noch: Ich erkannte ihn überhaupt nicht als Code und verstand das Bild samt Text wörtlich.

Wir werden auf den folgenden Seiten sehen, dass in vielen Bereichen die gemeinsame sprachliche Grundlage auseinanderzubrechen droht. Und es geht in diesem Buch gar nicht darum, das Für und Wider einer Sache, also die Stichhaltigkeit einzelner Argumente, zu bewerten, sondern schlicht um die Frage, ob Sprache in den angesprochenen Fällen wirklich noch der Kommunikation dient oder ob sie diese be- oder – im schlimmsten Fall – verhindert.

Sie kennen vermutlich das bundesweit verkaufte Getränk, dessen Dosen oder Flaschen auf einer Seite die Aufschrift *Radler* und auf der anderen die Aufschrift *Alsterwasser* tragen. Ein Supermarkt kann, je nach Sprachgebrauch der Region, die entsprechende „Leseseite“ nach vorn drehen – Problem gelöst. Hier muss die Sprache nicht vereinheitlicht werden. Auch wenn ein Markt das Behältnis mal versehentlich von der „falschen“ Seite zeigt, bricht die Welt nicht zusammen.

In amtlichen Verlautbarungen und rechtlich verbindlichen Texten ist Eindeutigkeit hingegen unerlässlich. Auch die überregionalen Nachrichten sollte man im ganzen Land verstehen. Und Kinder, die in einem Bundesland zur Schule gegangen sind, sollten auch in einem anderen problemlos arbeiten oder studieren können. Aus diesem Grund haben die deutschsprachigen Länder zunächst durchaus sinnvolle amtliche Sprachregelungen vereinbart, die den offiziellen Sprachgebrauch bestimmen.

Volk der Regler und Normer

„Die Sprache gehört dem Volk“ – das hörte sich so gut an! Doch wie sieht die praktische Umsetzung dieses Grundsatzes aus? Welche Vorstellung hatte der Bundestag, als er feststellte, dass sich die Sprache „durch gemeinsame Übereinkunft weiterentwickelt“? Sollen wir Sprachnormen einer Volksabstimmung unterwerfen? Sollen demokratisch legitimierte Gremien entscheiden, wie wir sprechen und schreiben? Oder führen wir Umfragen durch und entscheiden uns für die Sprache der Mehrheit, der alle anderen zu folgen haben?

Es wird viele Menschen möglicherweise überraschen, dass es im deutschen Sprachraum überhaupt keine Instanz gibt, die die Sprache für Sie und mich verbindlich regelt. Um das zu verstehen, ist es zunächst wichtig, zwischen **Normen** und **Regeln** zu unterscheiden. Wir sind alle mit den Normen des Deutschen Instituts für Normung (DIN) vertraut, am ehesten wohl mit der Norm für Papiergrößen (A3, A4, A5 usw.). Es liegt auf der Hand, dass es sinnvoll ist, wenn wir Geschäftsbriefe auf genormten Blättern (z.B. A4) in genormte Umschläge (z.B. B4 oder C5) stecken und in genormten Ordnern abheften können. Aber es besteht kein Grund, Sie als Privatperson davon abzuhalten, einen

Liebesbrief in Herzform zu versenden oder eine quadratische Glückwunschkarte zu schreiben. Die Post wiederum darf Regeln aufstellen (etwa dass sie keine runden Briefe befördert[25]), und eine Universität oder ein Amt kann vorschreiben, welche Papiergrößen intern verwendet werden dürfen.

Genau so verhält es sich mit der Sprache. Normen sind unverbindliche Empfehlungen, während es in bestimmten abgegrenzten Bereichen Regeln gibt, die aber nur im Rahmen der jeweiligen Zuständigkeit verbindlich sind, also etwa für Schulen, Zeitungen oder Behörden. In letzter Zeit wird zu Recht heftig diskutiert, ob eine (Hoch-)Schule ihre Befugnisse überschreitet, wenn sie nicht nur Regeln bezüglich Papiergröße oder Rechtschreibung erlässt, sondern ihre Schüler oder Studenten zwingen will, ideologischen Leitlinien zu folgen, selbst wenn sie von der allgemein akzeptierten Normsprache abweichen. Aber das sind Fragen, zu denen wir später noch zurückkehren.

Befassen wir uns zunächst mit den **Sprachnormen**. Verwirrung entsteht dadurch, dass auch im Rahmen der Sprachnormierung (oder -standardisierung) häufig von „Regelwerken" die Rede ist, die über die eigentlichen Anwendungsbereiche hinaus als verbindlich empfunden werden, obwohl sie es gar nicht sind.

---

[25] Die Deutsche Post legt fest, dass „Kreativformen" in rechteckigen Umschlägen verpackt sein müssen (https://www.deutschepost.de/de/b/brief_postkarte/sonderformate_und.html, Abruf 2024-01-10). Dass sie Kreativformen als Formen definiert, „die weder eine rechteckige noch eine quadratische Kontur" haben, ist freilich redundant und belegt eine peinliche Inkompetenz auf dem Gebiet der Geometrie: jedes Quadrat ist ein Rechteck.

Im deutschen Sprachraum, der – wenn wir von den Amtssprachen ausgehen – neben Deutschland, Österreich und der Schweiz auch Liechtenstein und Luxemburg sowie Teile Italiens, Belgiens und Dänemarks umfasst, gibt es zwar <u>amt</u>liche Sprachnormen, doch sind diese, wie der Begriff sagt, nur im <u>Amts</u>gebrauch verbindlich. Darüber hinaus bestimmen Kultusministerien, in welcher Form die Amtssprache in den Schulen, für die sie zuständig sind, gelehrt wird. Die Autorität der Kultusministerien endet aber am Schultor. Genau so, wie man Ihnen in der Schule eine einheitliche Handschrift beigebracht (und diese möglicherweise auch bewertet und benotet) hat, Sie aber spätestens seit dem Verlassen der Schule in Ihrer ganz individuellen Handschrift schreiben, so haben Sie auch das Recht, alle Sprachregeln aus der Schule zu ignorieren. Weil aber das Ziel einer Sprachregelung (wie der Schreibregeln), wie wir bereits feststellten, in erster Linie die gegenseitige Verständlichkeit ist, wäre es unklug von Ihnen, dieses Ziel völlig aus den Augen zu verlieren.

Bleiben wir einmal bei der Analogie der Handschrift.

① ② ③ ④ ⑤

Wenn Sie Ihre persönliche Handschrift so verändert haben, dass der Großbuchstabe „S“ so aussieht wie in den Beispielen ① bis ③, wird er Ihren Lesern kaum Schwierigkeiten bereiten, auch wenn er nicht der in der Schule erlernten Form entspricht. Der Buchstabe ④ hingegen wäre für die meisten Menschen, die nicht mit der Sütterlinschrift vertraut sind, schlicht unlesbar – allerdings bestünde auch keine Verwechslungsgefahr. Den Buchstaben Ⓢ würden die meisten Deutschen hingegen einfach als „C“ lesen – wie in *Café* oder *Cäsar*. Ein „S“ wird daraus erst, wenn man versteht, dass es ein kyrillischer Buchstabe ist – Sie haben also sozusagen den „Code“ gewechselt, und das erschlösse sich entweder durch eine Zusatzerklärung oder einen Kontext, wie etwa im Wort *Союз*, das auch andere (unverwechselbare) kyrillische Buchstaben enthält.

Um sich also verständigen zu können, müssen Sie sich fragen: Ist das, was ich schreibe, für den Empfänger verständlich? Verfügt er über den gleichen „Code“, um meine Schrift zu entziffern? Wenn nicht, müssen Sie Ihre Schrift an den Empfänger anpassen.

Das gilt auch für Wörter, die Sie verwenden. Ein regionaler Begriff ist für die Menschen in Ihrer Region wohl verständlich, mag aber in anderen Teilen des deutschsprachigen Raums einfach unverständlich sein – oder auch missverständlich. Wenn Sie etwa als Berliner von einem *Pfannkuchen* sprechen, werden andere Berliner vermutlich das gleiche Bild vor Augen haben wie Sie – ein Süddeutscher aber (der Ihren Pfannkuchen als *Krapfen* oder *Berliner* bezeichnet) nicht.

Dennoch kann ein Wiener mit einem Schwaben ein Alltagsgespräch im jeweiligen Heimatdialekt führen, ohne dass man einen Übersetzer braucht. Ähnliches gilt auch für einen Trierer, der in seiner Mundart mit einem Luxemburger redet, der Luxemburgisch spricht, obwohl es sich hier um eine eigenständige Sprache handelt. Und auch Norweger und Dänen können miteinander in der jeweils eigenen Sprache kommunizieren und sich verständigen. Wichtig ist nur, dass man die Bedeutung von Wörtern einigermaßen herleiten, notfalls erraten kann, und das ist im Kontext meist problemlos möglich, wenn genügend Ähnlichkeit besteht.

Auch hier greift wieder die Analogie mit der Schrift: Solange ich einen der Buchstaben in der Abbildung auf Seite 34 noch als „S" deuten kann, ist die Forderung nach Verständigung gewahrt. Wenn ich den Buchstaben nicht isoliert finde, sondern (wie es in der Realität meist der Fall ist) im Kontext eines Wortes oder Satzes, erschließt er sich vermutlich auch dann, wenn er einzeln nicht „lesbar" ist: Das Wort Schokolade in Sütterlinschrift ist für Uneingeweihte vermutlich leichter als „Schokolade" zu deuten als das isolierte S.

Die Schweizer sind einen ungewöhnlichen Weg gegangen, als sie das Hochdeutsche zwar als Normschriftsprache annahmen, es jedoch gesprochen kaum verwenden. Die Deutschschweizer werden also nicht gezwungen, ihre eigenen Mundarten aufzugeben, lernen aber zugleich eine Sprache, mit der sie sich von Schleswig bis Südtirol problemlos mit hundert Millionen anderer Menschen verständigen können. Genau darin liegt der Sinn einer Normsprache.

Das führt uns zurück zur Ausgangsfrage, wer die deutsche Sprache regelt – nur dass wir sie vielleicht etwas präziser so formulieren sollten: Wer legt Normen für die deutsche Sprache fest? Und für wen gelten sie?

Im März 1977 wurde am **Institut für Deutsche Sprache** (IDS) in Mannheim – einer Stiftung für Sprachforschung, die von Bund und Ländern getragen wird – ein Gremium gegründet, das zunächst forsch als „Kommission für Rechtschreibreform“ bezeichnet wurde, nach wenigen Monaten aber schon etwas bescheidener als „**Kommission für Rechtschreibfragen**“. Sie schloss sich 1980 mit ähnlichen Institutionen in der DDR, der Schweiz und Österreich zu einem Internationalen Arbeitskreis zusammen, zunächst wieder „für Rechtschreibreform“, kurz darauf „für Orthographie“ (also schlicht „Rechtschreibung“, nur gelehrter ausgedrückt). Trotz aller Namensänderungen stand von Anfang an das Ziel einer Reform im Raum, das man aber offensichtlich – und aus guten Gründen, wie sich herausstellte – nicht an die große Glocke hängen wollte und deshalb auch aus den Namen löschte. Misstrauische Menschen würden wohl schon an dieser Stelle fragen: Warum eine solche Heimlichtuerei, wenn die Sprache doch dem Volk gehört? Sollte jedweder Reformversuch denn nicht von Anfang an öffentlich diskutiert werden? Das ist eine sehr gute Frage, die „das Volk“ (oder besser gesagt: die gesamte deutschsprachige Bevölkerung aller beteiligten Länder) über die nächsten Jahrzehnte beschäftigte – und bis heute beschäftigt.

Am 1. Juli 1996 trat man dann mit der sogenannten „Wiener Absichtserklärung zur Neuregelung der deutschen Rechtschreibung der Repräsentanten der deutschsprachigen Länder“ endlich ans Licht der Öffentlichkeit. Daraufhin entstand aus dem Arbeitskreis die „**Zwischen-**

staatliche Kommission für deutsche Rechtschreibung", die trotz ihres immer noch harmlos klingenden Namens nun aktiv eine Reform vorantrieb, die wir in den folgenden Kapiteln ausführlich vorstellen und auf ihre Tauglichkeit überprüfen werden.

Die Berichte der Kommission zum Stand der Rechtschreibreform gingen an die **Kultusministerkonferenz** (KMK). Diese „Ständige Konferenz der Kultusminister der Länder in der Bundesrepublik Deutschland", wie sie mit vollem Namen heißt, ist ein freiwilliger Zusammenschluss der für Bildung zuständigen Minister der Länder, der der Koordination dienen soll, aber keinerlei rechtliche Befugnis besitzt – also auch keine Rechtschreibnormen beschließen kann.

Als Nachfolgegremium der Rechtschreibkommission konstituierte sich im Jahr 2015 dann der „Rat für deutsche Rechtschreibung", kurz **Rechtschreibrat** genannt. Die Kultusminister hatten sich derweil mehr oder weniger diskret aus der immer heftiger werdenden Diskussion zurückgezogen und, wie Jan Henrik Holst schreibt, dem „Rechtschreibrat … eine so weitgehende Vollmacht gegeben, dass er inhaltliche Änderungen nicht einmal mehr genehmigen lassen muss."[26] Der Rechtschreibrat bezeichnet sich selbst auf seiner offiziellen Website rechtschreibrat.com (com steht für *commercial*!) in einer kaum zu überbietenden Hybris als „maß-

[26] Jan Henrik Holst, „Staatlich verordnete Legasthenie: Der 1. August: Schicksalstag der Rechtschreibung", *Tichys Einblick*, 2018-08-01 (https://www.tichyseinblick.de/meinungen/der-1-august-schicksalstag-der-rechtschreibung/, Abruf 2024-01-10).

gebende“ und „zentrale Instanz in Fragen der Rechtschreibung“ und „Garant für die Bewahrung der Einheitlichkeit der Rechtschreibung im deutschen Sprachraum“. Dabei erklärt er sich zuständig für die „Beobachtung und Weiterentwicklung der deutschen Rechtschreibung“.[27] Man beachte, dass es dem Rat offenbar nicht um die Beobachtung der Weiterentwicklung, sondern um die Beobachtung (passiv) und Weiterentwicklung (aktiv) geht. Zur Erinnerung: Keine der bisher genannten Institutionen „gehört dem Volk“, das heißt: ist in irgendeiner Weise demokratisch legitimiert.

Dabei äußerte sich der – im Unterschied zum Rat – vom Volk gewählte und folglich tatsächlich demokratisch legitimierte Bundestag sehr deutlich in der bereits zitierten Resolution. Im Bericht dazu wird anerkannt, dass „die Schreibweise der deutschen Sprache letztlich nur regelhaft erlernt werden“ könne, doch

> darf die dafür erforderliche Normierung die durch gesellschaftliche Übereinkunft im deutschen Sprachraum entstandene und dokumentierte Entwicklung der Sprache nur aufnehmen, aber nicht selbst hoheitlich ordnen und damit Änderungen aufzwingen. **Die Sprache gehört dem Volk.** Der Staat ist darauf beschränkt, Verfahren zur Feststellung der tatsächlich verwendeten Sprache festzulegen. … Maßstab ist dabei der allgemeine Sprachgebrauch …; neue Schreibweisen setzen allgemeine Akzeptanz in der Bevölkerung voraus.[28]

[27] https://www.rechtschreibrat.com, Abruf 2024-01-10.
[28] Drucksache 13/10183, 1998-03-24, S. 5; Hervorhebung hinzugefügt.

Klarer könnte man es kaum ausdrücken. Der Artikel „Rechtschreibreform“ in der deutschsprachigen Wikipedia fasst folgerichtig zusammen:

> Die deutschsprachigen Staaten (Bund und Länder) können und dürfen zwar Regeln für Sprache und Rechtschreibung erlassen, Gesetzeskraft haben diese Regeln aber nicht. Der einzelne Bürger kann also nicht verpflichtet werden, eine besondere Rechtschreibung einzuhalten.[29]

Über (staatliche) Schulen und Amtsstuben hinaus orientieren sich dennoch viele nichtstaatliche Institutionen – wie etwa Rundfunksender oder Zeitungsverlage – freiwillig an den amtlichen Normen, denn schließlich wollen sie, schon aus rein wirtschaftlichen Gründen, überall verstanden werden. Dennoch unterliegen auch sie keinem Zwang, und daher gibt es in vielen solcher Institutionen „Hausregeln“, die nur für die eigenen Angestellten gelten und sich mitunter von den amtlichen Regeln unterscheiden.

Wenn Sie hingegen – als Privatperson – einen Brief an die Oma schreiben, dann redet Ihnen niemand hinein. Sie können diesen Brief gerne in bairischem Dialekt schreiben (das hilft Ihnen aber auch nur, wenn die Oma nicht aus Hamburg stammt). Sie können auch Althochdeutsch verwenden oder die Rechtschreibregeln aus der Zeit der Brüder Grimm – niemand wird Sie daran hindern. Sie können sogar erfundene Wörter verwenden, die nur Sie und Ihre Oma kennen – kein Problem.

---

[29] https://de.wikipedia.org/wiki/Rechtschreibreform, Abruf 2024-01-10.

Eigentlich wissen wir das. Trotzdem glauben viele Menschen, es gäbe „Vorschriften", wie „man" schreiben (oder reden) müsse. Und neben diesem Missverständnis ist auch der Irrglaube weitverbreitet, der allseits bekannte **Duden** besäße eine Art übergeordneter Autorität hinsichtlich der Sprache. Schließlich hört man doch immer wieder als „Totschlagargument", das jeden Sprachstreit im Keim ersticken soll: „Das steht so im Duden!" Aber was heißt das?

Der Dudenverlag – bis 2022 das Bibliographische Institut – ist Herausgeber des „wohl bekanntesten Rechtschreibwörterbuches der deutschen Sprache", das 1880 von seinem Namensgeber, Konrad Duden, erstmals veröffentlicht wurde.[30] Es gab ab 1955 tatsächlich das sogenannte „Duden-Privileg", doch ist dieses seit der oben zitierten „Wiener Absichtserklärung" von 1996 hinfällig. „Seither hat der Duden keinen einheitlichen Normbegriff mehr."[31] Zwar ist *Duden* zu einem generischen Markennamen für Rechtschreibwörterbücher geworden (wie *Tesa* für Klebefilm und *Lego* für Klemmbausteine), aber es handelt sich um ein kommerzielles Produkt der Verlagsgruppe Cornelsen.

Der Duden-Band *Die deutsche Rechtschreibung* (der ja nur einer von vielen ist) interpretiert die amtlichen Sprachregelungen, doch sind diese Auslegungen nur so

---

[30] „Müssen wir alle Gendersprache nutzen? – Rechtslage in Privatwirtschaft und öffentlicher Verwaltung", JuraForum.de, 2023-12-28 (https://www.juraforum.de/news/muessen-wir-alle-gendersprache-nutzen_257879, Abruf 2024-01-10).

[31] Heike Schmoll, „20 Jahre Rechtschreibanarchie: Ein Unglück der Sprachgeschichte", *FAZ*, 2018-08-01 (https://m.faz.net/aktuell/politik/die-neue-deutsche-rechtschreibung-ist-gescheitert-15717061.amp.html, Abruf 2023-12-16).

lange verbindlich, wie man sich darauf verständigt – etwa beim Scrabble®-Spiel. Es gibt durchaus Unstimmigkeiten zwischen Wörterbüchern unterschiedlicher Verlage sowie zwischen den Empfehlungen der Duden-Redaktion und denen des Rechtschreibrats und zudem widersprüchliche Auslegungen der amtlichen Regeln. Schmoll stellte schon 2006 fest:

> Wer sich die Duden-Orthographie zu eigen macht, muß wissen, daß er sich damit nicht auf der Grundlage der Beschlüsse des Rechtschreibrates bewegt. … Die Beschlüsse des Rates jedoch sind … verbindliche Grundlage des Unterrichts an den Schulen.[32]

Schmoll geht sogar so weit, das „gegenwärtig geltende Regelwerk [als] ein Unglück der Sprachgeschichte“ zu bezeichnen. Als „dritte orthographische Instanz“ habe der Duden „während der Reform alles unternommen, um seine Autorität zu verspielen“, meint Schmoll.[33] Und eben diese äußerst umstrittene „Reform“ wird uns in den nächsten drei Kapiteln beschäftigen.

---

[32] Heike Schmoll, „Zahlreiche Widersprüche“, *Frankfurter Allgemeine Zeitung*, 2006-07-22 (https://sprachkreis-deutsch.ch/2006/07/23/2660, Abruf 2024-01-17).

[33] Schmoll, „20 Jahre Rechtschreibanarchie“.

Sprache und Schreibe

Reformen sind grundsätzlich begrüßenswert, wenn sie veränderten Umständen oder Bedürfnissen Rechnung tragen. Selbstverständlich kann man auch an der deutschen Sprache hin und wieder etwas ändern. Es gab und gibt dazu viele nicht ganz – und mitunter auch viel zu – ernst gemeinte Vorschläge.

Ein beliebter Vorschlag: Man könnte die großen Anfangsbuchstaben bei Substantiven abschaffen. Nachdem das Dänische Mitte des 20. Jahrhunderts genau dies tat, gibt es nur noch zwei Sprachen, in denen Substantive grundsätzlich groß geschrieben (oder gemäß Reform großgeschrieben) werden: Deutsch und Luxemburgisch. Die Dänen sind ohnehin ein Beispiel für einige teils radikale Reformen der Schriftsprache in relativ kurzen Abständen: 1872, 1889/1892 und 1948. So wurde 1889 das *x* abgeschafft, besser gesagt: ersetzt durch *ks*. Dafür hat man aber auch 1948 wieder ein Sonderzeichen, nämlich das *Å/å* anstelle von *Aa/aa*, als 29. Buchstaben eingeführt und an das vorhandene Alphabet angehängt.[34]

[34] »Hurtigt overblik over retskrivningsordbøger gennem tiden«, Dansk Sprognævn (https://dsn.dk/ordboeger/rohist/hurtigt-overblik-over-retskrivningsordboeger-gennem-tiden/, Abruf 2023-12-16).

Man könnte diesen Beispielen auch im Deutschen folgen. Die Großbuchstaben könnte man ganz eliminieren, die Umlaute ersetzen (*ä* durch *ae* usw.), *x* ließe sich (wie im Dänischen) verlustfrei durch *ks* ersetzen, *ph* durch *f*, *v* – je nach Aussprache – durch *f* oder *w*. Das eigentümliche *ß*, das im Ausland immer wieder für Verwirrung sorgt, ließe sich problemlos durch *ss* ersetzen – die Schweizer und Liechtensteiner leben ja schon lange *ß*-frei. Überhaupt könnte man das Alphabet ökonomisieren – schließlich kommt die hawai'ische Sprache mit fünf Vokalen und sieben Konsonanten (sowie dem 'Okina) aus und kann trotzdem alles ausdrücken. Zudem gibt es im Hawai'ischen weder Deklination noch Konjunktion und auch kein grammatisches Geschlecht. Die Hawai'ianer leben, so könnte man meinen, auch sprachlich in einem Paradies.

Es gibt sogar (scherzhafte) Überlegungen zu einer noch umfassenderen „Vereinfachung" der deutschen Sprache: durch Wegfall nicht nur von Großschreibung und Umlauten, sondern auch von Dehnungen und Schärfungen („dise masname eliminirt schon di groste felerursache") sowie die Ersetzung weiterer Zeichen (*v* und *ph* durch *f*, *j* durch *i*, *z* und *sch* durch *s*, *g* und *c* und *ch* durch *k*, *j* und *y* durch *i*). Heraus käme dabei: „ales uberflusike ist ietst auskemertst, di ortokrafi wider slikt und einfak". [35] Natürlich hat eine solche Radikalkur niemand ernsthaft geplant – jedenfalls derzeit noch nicht.

[35] unter anderen zu finden unter: http://www.wunderland-deutsch.com/post/Vereinfachung-der-deutschen-Sprache-in-nur-5-Schritten, Abruf 2023-12-16.

Doch ob man nun an einzelnen Stellschrauben dreht oder radikal modernisiert: Es bleibt immer das bereits im Zusammenhang mit der Schrift (auf S. 26) angesprochene Problem der „Rückwärtsverständlichkeit" von Texten, also das Pendant zu dem, was wir in der Technik *Abwärtskompatibilität* nennen: Es ist praktisch und umweltfreundlich, wenn ich energiesparende LED-Leuchtmittel ohne Adapter in eine vorhandene Glühlampenfassung einschrauben kann, und es ist ebenso sinnvoll, wenn ich jeden älteren („unreformierten") Text weiterhin ohne „Übersetzer" lesen kann. Folglich ist es wichtig, dass der schwerwiegende Nachteil einer potentiellen Unverständlichkeit nach einer tiefgreifenden Reform durch einen überwältigend großen Nutzen aufgewogen wird. Dazu müssen vorab klare Ziele formuliert werden, die Kosten wie Nutzen zeigen.

Eines der meistgenannten Ziele – das auch in Dänemark eine große Rolle spielte – ist die Übereinstimmung von gesprochenen Lauten (Phonemen) und ihrer schriftlichen Darstellung (Graphemen), die den oft notwendigen Übergang von gesprochener zu geschriebener Sprache – und umgekehrt – erleichtert. Linguisten sprechen hier von der **Graphem-Phonem-Korrespondenz**, abgekürzt GPK. Das ist ein hehres Ziel, das aus historischen Gründen in einigen Sprachen sehr weitreichend verwirklicht ist, in anderen so gut wie nicht vorhanden.

Im Dänischen kennen wir zum Beispiel, wie im Deutschen (dort freilich mit großem Anfangsbuchstaben), das Wort *station*. Im Dänischen wie im Deutschen sprechen wir es aber nicht „sta-ti-on" aus, sondern eher wie „stasjon“ im Dänischen und „schtatsjon“ im Deutschen. Das mit dem Dänischen eng verwandte Norwegische (Bokmål) hat daraus die Konsequenz gezogen, die aus dem Lateinischen (*statio*) überlieferte Schreibweise zu einem der Aussprache näheren *stasjon* abzuändern. Das Dänische ist hingegen bei *station* geblieben, auch wenn die Aussprache der norwegischen stark ähnelt.

Auch im Englischen schreiben wir weiterhin *station* – sagen aber /ˈsteɪʃən/. Das ist typisch fürs Englische, das in der GPK-Rangliste ziemlich weit unten steht. Wer auch nur ein paar Jahre Englischunterricht in der Schule genossen hat, weiß, dass etwa die Buchstabenkombination *ough* in den Wörtern *tough* [tʌf] und *though* [ðəʊ] völlig unterschiedlich ausgesprochen wird und in keinem Fall ein *g*-Laut, geschweige denn ein *h* zu hören ist. Wer hingegen eine kurze Einweisung in die Ausspracheregeln des Italienischen oder Spanischen erhalten hat, kann sofort jeden Text in diesen Sprachen fehlerfrei lesen, ohne jemals zuvor Kontakt mit der Sprache gehabt zu haben. Das Deutsche liegt irgendwo zwischen diesen Extremen. Die Gründe sind historisch bedingt: Während sich Italienisch und Spanisch relativ „geradlinig“ aus dem Lateinischen entwickelt haben, waren am Entstehen der modernen deutschen und noch mehr der englischen Sprache viele Ursprungssprachen beteiligt, teils romanische und teils germanische.

Da es schwieriger ist, Menschen dazu zu bewegen, anders zu sprechen als anders zu schreiben, wird bei Sprachreformen meist nur die Schreibung reformiert. Doch hier betreten wir ein großes Minenfeld: Wo ist ein Eingriff sinnvoll? Was bewirkt er? Wie weit soll er gehen? Und welche neuen Probleme (neben einer potentiellen „Rückwärtsunverständlichkeit") schafft er?[36]

Schauen Sie sich doch einfach den vorhergehenden Absatz an. Was fällt Ihnen auf? Das Wort *Mine* (in *Minenfeld*) klingt phonetisch genau wie das Wort *Miene*, das eine völlig andere Bedeutung hat. Das *e* in *Miene* hat keinen Lautwert, sondern signalisiert nur die Dehnung des *i*-Lautes. Trotzdem wird *Mine* – ohne das Dehnungs-*e* – gleich ausgesprochen (der Fachbegriff lautet *Homophonie*). Würde ich die Schreibung beider Wörter angleichen, wäre zwar die GPK gegeben, doch es bestünde eine gewisse Verwechslungsgefahr zwischen den Wörtern unterschiedlicher Bedeutung. Und welche Lawine (!) würde ich damit auslösen? Ich müsste doch die Änderung (das Einfügen bzw. das Streichen des *e*) konsequenterweise auf alle anderen Wörter mit *-ine* und *-iene* ausweiten: entweder „*Bine*" und „*Schine*" oder „*Lawiene*" und „*Gardiene*" – und eigentlich auch auf alle Wörter, die *-in-* oder *-ien-* enthalten: „*Kieno*" und „*Chiena*" oder „*Schinbein*" und „*Diner*" (für „Diener") … aber *Diner* gibt es ja schon (französisch oder englisch ausgesprochen mit unterschiedlichen Bedeutungen: „festliches Abendessen" bzw. „Restaurant in Speisewagenform"). Und wenn ich dann der *Cousine* ein Dehnungs-*e* spendiere, sollte ich dann nicht gleich „*Kusiene*" schreiben? Das mag Ihnen vielleicht übertrieben erscheinen – aber genau diese irregeleitete

[36] Die sogenannte „Rechtschreibreform" von 1996 in Deutschland bildet auch als zusätzliche Sprechreform eine unrühmliche Ausnahme, wie wir auf Seite 65 noch sehen werden.

Argumentation hat die letzte „Rechtschreibreform“ der deutschen Sprache aus dem Jahr 1996 versucht durchzupeitschen, tat es aber eher halbherzig und ist damit – erwartungsgemäß – auf der ganzen Linie gescheitert. (Ich spreche daher auch gerne von der „Falschschreibreform“ oder FSR.)

Dort, wo man die Graphem-Phonem-Korrespondenz anzuwenden versuchte, herrschte nämlich nicht die Konsequenz des Norwegischen, sondern bare Willkür, die sich jeder Logik verschließt – etwa wenn Fremdwörter, die aus dem Griechischen stammen, den Buchstaben *phi* (*φ*) wiedergeben, der zum Beispiel in ***φ**ῶς* („Licht“) enthalten ist. So erlaubt die Reform neben der traditionellen Transkription mit *ph* optional die Transkription mit *f* in Wörtern wie ***Fotografie*** („Lichtschreibung“) und dem daraus abgeleiteten ***Foto***, aber nicht beim chemischen Element ***Phosphor*** („Lichtbringer“). Auch die „***Filosofie***“ darf es (noch) nicht geben.

Strenger ist man – auf den ersten Blick – bei der Transkription des Buchstabens *theta* (*θ*), der wie bisher mit *th* transkribiert werden soll, so dass sowohl ***Photosynthese*** als auch ***Fotosynthese*** erlaubt sind, aber keinesfalls „***Fotosyntese***“. Ebenso ist neben der ***Orthographie*** die ***Orthografie*** erlaubt, aber nicht die „***Ortografie***“. Gilt das grundsätzlich? Natürlich nicht! Denn erlaubt war die *h*-lose Schreibung bei *Panter* neben ***Panther*** (von *πάν**θ**ηρ*) und ***Tunfisch*** neben ***Thunfisch*** (von ***θ**ύννος*) – jedenfalls zwischen 1996 und 2024!

Auch die Transkription des griechischen *rho* (*ρ*) ist alles andere als konsequent: Während *Eurythmie* neben

Eurhythmie[37] erlaubt ist, darf die ***Arrhythmie*** zwar auch ***Arhythmie*** geschrieben werden, aber auf gar keinen Fall „***Arrythmie***“ (oder gar „***Arytmie***“) – obwohl beide Begriffe auf das griechische Wort ***ῥυθμός*** zurückgehen. Konnten Sie folgen? Hier eine Übersicht:

	mit *-h* (*ph/th/rh*)	ohne *-h* (*f/t/r*)
φ	***Ph**otogra**ph**ie*	*Fotogra**f**ie*
	***Ph**iloso**ph**ie*	~~*Filosofie*~~
	*Orthogra**ph**ie*	*Orthogra**f**ie*
	***Ph**otosynthese*	***F**otosynthese*
θ	*Or**th**ographie*	~~*Ortografie*~~
	*Photosyn**th**ese*	~~*Fotosyntese*~~
	*Pan**th**er*	*Pan**t**er*
	***Th**unfisch*	***T**unfisch*
	*Eurhy**th**mie*	~~*Eurytmie*~~
	*A(r)hy**th**mie*	~~*A(r)ytmie*~~
ρ	*Eu**rh**ythmie*	*Eurythmie*
	*A(r)**rh**ythmie*	~~*A(r)ryt(h)mie*~~

Das Fatale an der Reform ist vor allem ihre wahrhaft haarsträubende Inkonsequenz.

Eine andere Reihe von Beispielen: Wenn ich aus dem Adjektiv *poten**t*** die Wörter *poten**t**iell*, *Poten**t**ial* oder *Poten**t**iometer* ableite, indem ich *-iell* bzw. *-ial* anhänge,

[37] Eine weitere Erfindung des Kackhörnchenpredigers Steiner; empfehlenswert dazu: https://www.zdf.de/show/mai-think-x-die-show/maithink-x-folge-05-100.html#jumpmark-27; https://krautreporter.de/4680-so-esoterisch-ist-die-ausbildung-zur-waldorf-lehrkraft, Abruf 2023-12-16.

ändert sich die Aussprache nach einer Regel, die besagt, dass ein eingeschobenes *-i-* zwischen einem *t* und einem nachfolgenden Vokal dazu führt, dass die Buchstabengruppe *ti* nun /tsj/ ausgesprochen wird. Leiten wir hingegen das Wort *Potenz* ab (ohne nachfolgendes *i* plus Vokal) und wünschen uns die Aussprache /ts/, so müssen wir zwingend die Schreibung anpassen, und da wir im Deutschen den Laut /ts/ durch den Buchstaben *z* darstellen, wird daraus eben *Potenz*. Wir finden Ähnliches beispielsweise im Französischen mit Wörtern wie *essentiel* („essentiell") und *essence* („Essenz" oder auch „Benzin") und im Englischen mit *essential* und *essence*. Die Erfinder der FSR haben hier nun eine Fehlerquelle für Menschen mit Rechtschreibschwäche ausgemacht und erlauben daher die alternativen Schreibweisen *potenziell*, *Potenzial* oder *Potenziometer* in rückwärtiger (!) Analogie zur *Potenz*.

Wäre man hier wenigstens konsequent gewesen, hätte man diese fakultative Schreibweise auf alle Buchstabengruppen mit *ti* plus Vokal ausgedehnt – hat man aber nicht. Konsequenz war, wie gesagt, nicht die Stärke dieser Reform. Als man einst *Nationalsozialist* zu *Nazi* verkürzte, wurde die Schreibung völlig korrekt geändert, damit die Aussprache /ts/ weiterhin stimmt. Die Schweizer hingegen verkürzten *Nationalmannschaft* zu *Nati*, lesen aber – entgegen der Ausspracheregel – /ˈnatsi/ (also genau wie *Nazi*). Logisch wäre es gewesen, analog zum *Potenziometer*, nun auch die Schreibung „*Nazion*" für *Nation* oder „*razional*" für *rational* zu erlauben, doch das gestattet die FSR nicht.

Ausgerechnet besagte Nationalsozialisten hatten in Deutschland schon einmal eine ganz ähnliche Rechtschreibreform angedacht (die dann aber als „nicht kriegswichtig“ wieder gestoppt wurde). Immerhin hatte diese die Umstellung von *-ti-* zu *-zi-* logisch zu Ende gedacht und sah neben der Schreibung *Potenzial* auch die Schreibung *nazional* vor.[38] Das war „razional“ nachvollziehbar.

Andere europäische Sprachen waren hier ebenfalls konsequenter: die dem Lateinischen viel näher stehenden romanischen Sprachen Spanisch und Italienisch beispielsweise haben aus den lateinischen Wörtern *ratio* („Verstand“) und *natio* („Nation“) *razón* und *nación* bzw. *ragione* und *nazione* abgeleitet und so das ursprüngliche *t* nicht nur aus der Aussprache, sondern auch aus der Schreibung verbannt. Im norwegischen Bokmål wurden, wie sie vielleicht schon ahnen, analog zur *stasjon* (aus *statio*) auch *rasjon* und *nasjon* gebildet.

Eines meiner Lieblingsbeispiele für die Inkonsequenz der Reform ist das Wort *numerieren*. Es leitet sich vom lateinischen *numerus* (mit einem *m*) ab, aus dem auch das deutsche Substantiv *Nummer* (mit zwei m) entstand. In beiden Fällen wird der Vokal vor *m* kurz ausgesprochen. In ähnlicher Weise entstanden aus dem lateinischen *camera* („Zimmer“) sowohl das Wort *Kamera* (mit einem *m*) als auch das Wort *Kammer* (mit zwei *m*). Die Reformatoren fühlten sich nun – nach der „Logik“,

[38] Hanno Birken-Bertsch, Reinhard Markner: *Rechtschreibreform und Nationalsozialismus: Ein Kapitel aus der politischen Geschichte der deutschen Sprache*, hg. von der Deutschen Akademie für Sprache und Dichtung zu Darmstadt, Göttingen: Wallstein, 2000, S. 54.

dass auf einen kurzen Vokal ein Doppelkonsonant folgen soll – dazu berufen, die Schreibungen im erstgenannten Fall anzugleichen (indem man beide Wörter mit zwei *m* schreiben soll), im zweiten Fall aber nicht.

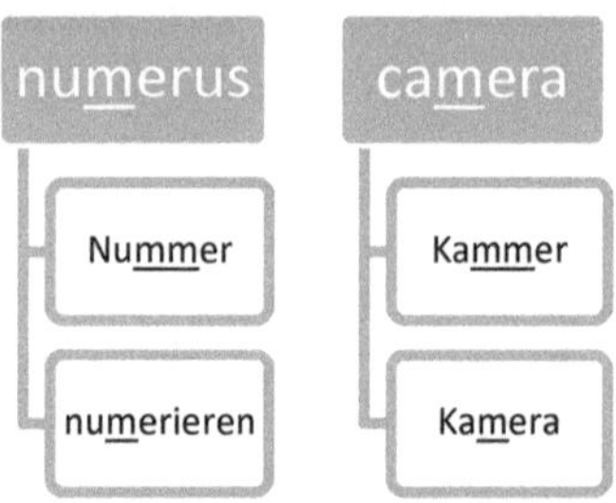

Nach der (vermeintlichen) Regel der Konsonantenverdoppelung nach kurzem Vokal wurden die Wörter *Tip*, *Trip*, *Step* (sogar in Zusammensetzungen wie *Onestep* oder *Quickstep*!), *Mop* und *Stop* ebenfalls „angepasst“ (nicht nur fakultativ, sondern verbindlich), indem man das *p* am Ende verdoppelte – gleichzeitig wurde diese Schreibweisenänderung aber auf die Wörter *Chip*, *Clip*, *Slip*, *Pep*, *Cop*, *Pop* und *Top* nicht angewandt, obwohl alle diese Wörter aus englischen Wörtern mit einem *-p* abgeleitet sind. Das Englische verdoppelt diesen Endkonsonanten auch, aber nur bei einer Erweiterung, etwa in *tipping* oder *stepped*. Das geschieht auch im Deutschen mit den Wörtern, die noch auf ein einzelnes *-p* enden, wenn man Wörter wie *chippen*, *Clipper*, *Slipper*, *peppig*, *poppen* oder *Topping* bildet.

Umgekehrt wurde das Känguruh seines *h* am Wortende beraubt, um es an Wörter wie *Gnu* und *Guru* anzupassen, aber dafür fehlt nun die vorherige Analogie zu *Schuh* oder *Kuh*. Man mag argumentieren, die beiden genannten Wörter ohne *h* bildeten ihren Plural auf *-s*, die mit *h* auf *-e*, doch bestehen auch hier Unterschiede in der Behandlung des Stammvokals: *Schuhe* vs. *Kühe*. Der *Albatros* wurde – trotz gleicher Pluralbildung (*Albatrosse*) – auch nicht an den *Tross* (Plural *Trosse*) angeglichen. Und für die unsinnige Inkonsequenz gibt es weitere Beispiele: Das *As* wird *Ass*, während der *Bus* bleibt, der *Stukkateur* wird zum *Stuckateur*, während das *Sakko* bleibt.[39]

Etymologie spielt sowieso keine Rolle mehr: Der *Mesner* („Kirchendiener, Haushüter", von lat. *mansio* = Haus) wird fälschlich an *Messe* angepasst, der *Tolpatsch* („Tölpel", von ungarisch *talpas* = „Breitfuß") an *toll*.

Der *Roheit* – bisher analog zu *Hoheit* – spendierte man ein zusätzliches *h* (*Rohheit*), ohne die *Hoheit* in ähnlicher Weise zu verändern. Dafür nahm man der *Rauhheit* das *h* fort, obwohl zwischen *rauch* (ein veralteter Begriff für „haarig, pelzig", daher das Wort *Rauchware* für „Pelzware") und *rauh* eine ähnliche Beziehung bestand wie zwischen *hoch* und *hohe*. Im Englischen macht man sich übrigens gar nichts daraus, dass die Begriffe *rough* („rauh") und *high* („hoch"), die auf die gleichen Wurzeln zurückgehen und ähnlich geschrieben werden, völlig unterschiedliche Aussprachen haben: [ɹʌf] bzw. [haɪ̯]. Es ist halt so: Die Sprache ist nicht logisch aufgebaut.

[39] Bei konsequenter Umsetzung der (löchrigen – siehe oben) Regel von der Konsonantenverdopplung nach kurzem Vokal müsste man, im Gegenteil, das *ck* abschaffen und (wie im Dänischen und Norwegischen, aber im Gegensatz zum Schwedischen) durch *kk* ersetzen.

Jetzt wird getrennt, was zusammengehört

Dass die diversen Rechtschreibkommissionen (vgl. S. 37f.), die an der Reform schraubten und werkelten, nach Manier einer Geheimloge unter weitgehendem Ausschluss der Öffentlichkeit und mit großer Geheimniskrämerei arbeiteten, hatte wohl gute Gründe.[40] Man fürchtete vermutlich, die zahlreichen Fehlentwicklungen, die sich früh abzeichneten, könnten irgend jemandem (neu: irgendjemandem) rechtzeitig auffallen.

Nachdem der Berg gekreißt hatte und die Missgeburt 1996 endlich dem (desinteressierten) Volk vorgestellt wurde, mussten die Reformer schon nach kurzer Zeit kleinlaut eingestehen, dass sie ihr Klassenziel verfehlt hatten. So berichtete die *Frankfurter Allgemeine Zeitung* (*FAZ*), die nach kurzem Zwischenspiel zur vorherigen Rechtschreibung zurückgekehrt war, Anfang 2002: „mit dem dritten Bericht der ‚Zwischenstaatlichen Kommission für Rechtschreibung‘ … ist das Debakel der Reformer evidenter denn je: Die Regeln des Reformwerks haben sich … nicht durchgesetzt.“ Die Kommis-

[40] Vgl. Theodor Ickler, *Regelungsgewalt: Hintergründe der Rechtschreibreform*, St. Goar: Leibniz, 2004.

sion sei zu der Feststellung gelangt, „daß die neuen Regeln von der Bevölkerung nur sehr unvollständig angewandt werden. Dies gilt selbst für Schule und Verwaltung.“[41] Auch das vom Volk gewählte Parlament konstatierte im März 1998, dass die Reform am Volk, dem die Sprache gehörte, vorbeiging:

> Der Deutsche Bundestag nimmt mit Besorgnis zur Kenntnis, daß die Art und Weise der Umsetzung der Rechtschreibreform und ihre Inhalte bei den Bürgern unseres Landes ein hohes Maß an rechtlicher und sprachlicher Unsicherheit über die deutsche Rechtschreibung hervorgerufen haben.[42]

Es war freilich von Anfang an naiv zu glauben, man könne die Masse der Bevölkerung umerziehen – man blicke nur auf die Abschaffung alter Maßeinheiten wie PS (1950 in der Schweiz, 1970 in der DDR, 1978 in der Bundesrepublik) oder Kalorie (1969 in Deutschland) oder die Änderung des Datumsformats (1992/1996 in Deutschland): gesetzliche, im Geschäftsverkehr verbindliche Änderungen, die von weiten Teilen der Bevölkerung bis heute schlicht ignoriert werden.

Das Chaos erkannte schließlich auch die Zwischenstaatliche Kommission selbst, als sie die ursprüngliche „neue Rechtschreibung“ im letzten Bericht (2004) vor ihrer Auflösung in zahlreichen Punkten revidierte. Dieser Bericht wurde von der Kultusministerkonferenz zu-

---

[41] Hubert Spiegel, „Bank Rott Erklärung: Endlich geständig: Die Rechtschreibreformer rudern zurück“, *Frankfurter Allgemeine Zeitung*, 2002-02-28, S. 45.
[42] Drucksache 13/10183, 1998-03-24, S. 3.

nächst gar nicht und am Ende nur mit Änderungen verabschiedet, nachdem sich die KMK mit der Deutschen Akademie für Sprache und Dichtung beraten hatte,[43] einer Schriftsteller- und Gelehrtenvereinigung, die die Reform zuvor schon scharf kritisiert hatte.

Ein fataler Fehlansatz der Reform war von Anfang an der Versuch, „Logik“ in die Sprache zu bringen und sie dadurch zu vereinfachen. Natürliche Sprachen (also nicht Esperanto oder Volapük) sind im täglichen Gebrauch ihrer Nutzer (Sprecher) gewachsen und nicht nach logischen Prinzipien aufgebaut, und daher ist es schwer bis unmöglich, ihnen nachträglich eine – wie auch immer geartete – Logik überzustülpen. Noch schlimmer ist es, wenn diese angebliche Logik gar keine ist und folglich auch keinen Nutzen bringt, weder für Muttersprachler noch für Lernende. Grundsätzlich gilt: Neue Regeln mit neuen Ausnahmen sind <u>keine</u> Verbesserung gegenüber alten Regeln mit alten Ausnahmen – und bringen <u>keine</u> Erleichterung beim Spracherwerb. Und für diejenigen, die die alten Regeln bereits gelernt hatten, stiften sie nur unnötige Verwirrung.

FAZ-Korrespondentin Heike Schmoll bilanzierte nach zwei Jahrzehnten ernüchtert:

> Von Anfang an war klar, dass der Versuch, die deutsche Rechtschreibung zu vereinfachen, schiefgehen würde. Denn [die deutsche Rechtschreibung] ist viel besser als ihr Ruf. Selbst

[43] „Neuregelung der deutschen Rechtschreibung“, KMK, 2004-05-27 (https://www.kmk.org/de/presse/pressearchiv/mitteilung/neuregelung-der-deutschen-rechtschreibung.html, Abruf 2024-01-10).

> die Neuregelung der Verwendung des *ß* hat mehr Fehler hervorgerufen, als es vorher gab. Von einer Rücknahme der sinnentstellenden Regeln etwa bei der Groß- und Klein-, Zusammen- und Getrenntschreibung ist man weit entfernt.[44]

Die erneute Neuregelung der deutschen Rechtschreibung, die am 1. August 2006 in Kraft trat, hat dann noch mehr Verwirrung geschaffen als Klarheit. Die meisten „Neuerungen", die ab 1996 in einigen Bundesländern an den Schulen eingeführt worden waren, sind durch die „Reformreform" von 2006 (glücklicherweise) wieder zurückgenommen worden oder wurden auf einen fakultativen (optionalen) Gebrauch zurückgestuft. Die Schulen jedoch sollten zunächst „nach wie vor die neuen Regeln unterrichten und ihre Anwendung sanktionieren, draußen aber, im wirklichen Leben, soll Metatoleranz herrschen."[45] Pech also für die Geburtsjahrgänge um etwa 1988/1989, also Schüler, die zum Beispiel von 1994 bis 2007 die Schule besuchten: Sie mussten drei „Rechtschreibungen" lernen! „Vor allem die Deutschlehrer sind nicht zu beneiden", schrieb Schmoll schon 2006:

> Weder im neuen Duden noch im Wahrig werden sie die 1996 eingeführten und dann – teilweise klammheimlich in neuen Auflagen – korrigierten und bis 2004 geltenden Schreibweisen finden. … Die Lehrer sind deshalb darauf

[44] Schmoll, „20 Jahre Rechtschreibanarchie".

[45] Jürgen Kaube, „Realitäts Prinzip: Endlich verwildert: Deutschunterricht nach der Reformreform", *Frankfurter Allgemeine Zeitung*, 2002-02-28, S. 45.

> angewiesen, vorhergehende Wörterbücher … zu konsultieren, um in der Übergangsfrist zutreffend zu korrigieren.[46]

So schrieb man etwa vor 1996 ***leid tun*** und ***pleite gehen*** (klein und getrennt), von 1996 bis 2006 ***Leid tun*** und ***Pleite gehen*** (groß und getrennt) und seit 2006 ***leidtun*** und ***pleitegehen*** (klein und zusammen). Trotzdem heiß es weiterhin unverändert ***leid sein***, ***pleite sein*** und ***Pleite machen*** (klein/groß und getrennt):

vor 1996	1996–2006	seit 2006
leid tun	*Leid tun*	*leidtun*
	leid sein	
pleite gehen	*Pleite gehen*	*pleitegehen*
	pleite sein	
	Pleite machen	

Angesichts einer solchen Pleite kann einem die deutsche Sprache schon leid tun.

Und wenn Sie schreiben: „mir wird **a**ngst und **b**ange", ändert sich nichts. Jedoch sollen Sie nicht mehr, wie vor 1996, „jemandem **a**ngst und **b**ange machen" – hier wünscht man nun, dass Sie „jemandem **A**ngst und **B**ange machen"! *Angst* ist als Substantiv bekannt, doch was ist eine „Bange"? Laut Duden ist es ein „landschaftlicher" (also nicht allgemein bekannter) Ausdruck für „Angst". Kein Wunder also, dass das beliebte Fernsehquiz *Wer wird Millionär?* aus dieser absurden Regel im Jahr 2022 (!) eine mit 32.000 Euro dotierte Quizfrage bastelte:

---

[46] Schmoll, „Zahlreiche Widersprüche".

Geht es in der Deutscharbeit um Rechtschreibung, wird mir ...	
A) Angst und Bange	B) Angst und bange
C) angst und Bange	D) angst und bange

Wie „gelungen" die Reform nach einem Vierteljahrhundert war, konnte man an den Entscheidungen des Studiopublikums ablesen, von dem sich die Kandidatin Hilfe erhoffte: Die Mehrheit, nämlich 38 Prozent, tippte auf Antwort A, entschied sich also für die reformierte Schreibung von „Angst und Bange machen" – die aber dummerweise in diesem Fall gar nicht gefragt war! Ein Drittel entschied sich für Antwort B, was vermutlich darauf zurückzuführen war, dass dieser Teil des Publikums irgend etwas von der Reformschreibung gehört hatte, diese aber intuitiv nicht in Einklang bringen konnte mit dem obskuren Substantiv *Bange*. Nur 29% (und letztendlich auch die Kandidatin, die sich damit 71% des Publikums widersetzte) entschieden sich für die korrekte Antwort D, also die unveränderte Schreibung vor und nach der Reform. Eine geglückte Reform sieht allerdings anders aus.

Ein anderes Beispiel: Vor 1996 konnte man für 12:15 Uhr – wenn man es nicht als „Viertel nach zwölf" las (diese Schreibung blieb unverändert) –, von Freiburg im Breisgau bis nach Rostock[47] wahlweise *Viertel eins* oder *ein Viertel eins* schreiben. Nach der FSR ist *ein Viertel eins* weiterhin korrekt, jedoch ohne den Artikel

[47] Zur regionalen Verteilung vgl. https://www.atlas-alltagssprache.de/runde-7/f11e/, Abruf 2024-01-18.

muss es nun *viertel eins* heißen. Man kann weiterhin *drei viertel Stunden* oder *drei Viertelstunden* schreiben, auch *in drei viertel Stunden*, aber *in einer dreiviertel Stunde*, *dreiviertel der Bevölkerung* oder *in Dreiviertel der Länge* sind nicht mehr erlaubt, während *drei Viertel der Bevölkerung* weiterhin korrekt ist und es jetzt *in drei Viertel der Länge* heißen muss. Alles klar? Vielleicht wird es so klarer:

	vor 1996	**nach 1996**
viertel eins (= 12:15 Uhr)	🚫	👍
Viertel eins (= 12:15 Uhr)	👍	🚫
ein Viertel eins (= 12:15 Uhr)	👍	👍
drei Viertel eins (= 12:45 Uhr)	👍	🚫
drei viertel eins (= 12:45 Uhr)	🚫	👍
drei Viertelstunden (= 3 × 15 Min.)	👍	👍
in einer Dreiviertelstunde (= in 45 Min.)	👍	👍
in einer dreiviertel Stunde (= in 45 Min.)	👍	🚫
(in) drei viertel Stunden	👍	👍
drei viertel voll	🚫	👍
drei Viertel voll	👍	🚫
in drei Viertel der Länge	🚫	👍
in Dreiviertel der Länge	👍	🚫
in dreiviertel Länge	👍	🚫
Dreiviertel der Bevölkerung	🚫	🚫
dreiviertel der Bevölkerung	👍	🚫
drei Viertel der Bevölkerung	👍	👍

Decken Sie nun die beiden rechten Spalten ab und versuchen Sie, aus dem Gedächtnis zu rekonstruieren, welche Schreibweisen heute „zulässig“ sind!

Sie glauben, ich hätte hier ganz bewusst nur ein besonders drastisches Beispiel für die durch die Reform geschaffene Konfusion herausgefischt? Dann zeige ich Ihnen hier noch ein weiteres Beispiel:

	vor 1996	**nach 1996**
Dienstag abend	👍	🚫
Dienstag Abend	🚫	👍
am Dienstagabend	👍	👍
jeden Dienstag abend	👍	🚫
jeden Dienstagabend	🚫	👍
Dienstag abends	👍	🚫
dienstagabends	🚫	👍
dienstags abends	👍	👍
eines schönen Dienstagabends	👍	👍

Auch gibt es seit der Reform unsinnige und völlig überflüssige neue Nebenformen. Während es keine Alternative zu *zuliebe* gibt, kann man neben *zuleide* nun alternativ *zu Leide* schreiben. Auch *heutzutage* blieb unangetastet, aber neben *hierzulande* wird jetzt auch *hier zu Lande* erlaubt (und das nicht nur als Gegensatz zu „dort zur See“). Während *kehrtmachen* unverändert blieb, gibt es zu *haltmachen* die neue Alternative *Halt machen*. Zu *umherfahren* gibt es keine Alternative, zu *spazierenfahren* aber auch *spazieren fahren.* Zu *preisgeben* gibt es keine Alternative, zu *achtgeben* aber nun auch *Acht geben.*

Begriffe wie *vorhanden sein* und *abhanden kommen* blieben 1996 noch verschont, doch seit 2006 soll *abhandenkommen* zusammen-, *vorhanden sein* aber weiterhin getrennt geschrieben (oder nach der Neuregelung auch: getrenntgeschrieben) werden. Dafür hat man bei *aneinander setzen* (1996–2006) wieder zurückgerudert und schreibt es (wie schon vor 1996) zusammen, ebenso wie das zu keinem Zeitpunkt veränderte *auseinandersetzen* (das man aber seit der Reform unsinnigerweise auch nach *ausei-* trennen darf!).

Überhaupt hat eine Getrenntschreibungswut 1996 zu teilweise völlig sinnentstellenden oder zumindest missverständlichen Konstruktionen geführt, die 2006 in großen Teilen zurückgenommen wurden. Dennoch gibt es weiterhin in Fällen wie *warm laufen* (für *warmlaufen*), *lieben lernen* (für *liebenlernen*), *bekannt geben* (für *bekanntgeben*), *allgemein bildend* (für *allgemeinbildend*), *allein erziehend* (für *alleinerziehend*), *selbst gemacht* (für *selbstgemacht*), *nichts/viel sagend* (für *nichtssagend/vielsagend*) und vielen mehr die Getrenntversion – teils als Alternative, teils aber auch alternativlos. Und während man 1996 noch *freischaffend* beibehielt, *freilebend* aber durch *frei lebend* ersetzen wollte, sind seit 2006 in beiden Fällen beide Varianten erlaubt. *Todbringend* darf nach wie vor nur zusammengeschrieben werden, *lebenspendend* aber auch als *Leben spendend.*

Die Duden-Redaktion maßt sich zusätzlich noch an, den Nutzern „Empfehlungen“ auszusprechen, die über die amtlichen Regelungen und über die Wörterbuchaufgabe der Sprachbeobachtung und -beschreibung weit hinausgehen und in ihrer Inkonsequenz ebenso erstaunlich sind wie die amtsschimmelige Regelung selbst. Früher gab es beispielsweise die analogen Schreibweisen *nichtsahnend* und *nichtssagend* (zusammen). Diese wurden 1996 durch *nichts ahnend* bzw. *nichts sagend* (getrennt) zunächst alternativlos ersetzt. Im Jahr 2006 kamen die abgeschafften Schreibweisen wieder als zulässige Alternativen zurück. Die Duden-Redaktion empfiehlt seither *nichts ahnend* (getrennt) und *nichtssagend* (zusammen) als die jeweils zu bevorzugende Schreibweise. Früher gab es auch nur *wohlriechend* und *übelriechend*, seit der Reform darf fakultativ getrennt werden. Für *wohlriechend* empfiehlt der Duden seither die zusammengeschriebene Variante, für *übel riechend* die getrennte.

Es gibt zahlreiche weitere Fälle, in denen früher die getrennt und die zusammengeschriebene Variante unterschiedliche Bedeutungen hatten. Während ich früher noch *großschreiben* („wichtig nehmen“) und *groß schreiben* („mit großem Anfangsbuchstaben schreiben“) unterscheiden konnte, wird nun beides zusammengeschrieben.

Ähnlich, aber weitaus komplizierter in der Reformregelung sind diese beiden Fälle: *sitzenbleiben* (nicht versetzt werden) und *sitzen bleiben* (nicht aufstehen), *freimachen* (frankieren oder Urlaub nehmen) und *frei machen* (befreien). In der ersten Reformversion von 1996 war zwingend vorgeschrieben, *sitzen bleiben* in allen Bedeutungen getrennt, *freimachen* hingegen in allen Bedeutungen zusammenzuschreiben. Seit 2006 sind beide Schreibungen für beide Bedeutungen von *sitzen bleiben* (empfohlen von der Duden-Redaktion) oder *sitzenbleiben* (empfohlen vom Rechtschreibrat) sowie beide Schreibungen für *frei machen* oder *freimachen* in der Bedeutung „Urlaub machen" oder „befreien", aber ausschließlich die Schreibweise *freimachen* in der Bedeutung „frankieren" zugelassen. Können Sie noch folgen? Wir fassen auch das einmal in einer kleinen Übersicht zusammen:

<table>
<tr><th></th><th>vor 1996</th><th>1996–2006</th><th>seit 2006</th></tr>
<tr><td>nicht versetzt werden</td><td>sitzenbleiben</td><td rowspan="2">sitzen bleiben</td><td rowspan="2">sitzenbleiben oder sitzen bleiben</td></tr>
<tr><td>nicht aufstehen</td><td>sitzen bleiben</td></tr>
<tr><td>frankieren</td><td rowspan="2">freimachen</td><td rowspan="3">freimachen</td><td>freimachen</td></tr>
<tr><td>Urlaub machen</td><td rowspan="2">freimachen oder frei machen</td></tr>
<tr><td>befreien</td><td>frei machen</td></tr>
</table>

Es muss nicht eigens erwähnt werden, dass der (für die Schulrechtschreibung verbindliche) Rechtschreibrat und die Redaktionen von Duden, Wahrig und anderen Wörterbüchern unterschiedliche Empfehlungen aussprechen, welche Variante jeweils zu bevorzugen sei.[48]

[48] vgl. dazu auch Schmoll, „Zahlreiche Widersprüche".

Die bucklige Verwandtschaft

In vielen Fällen handelt es sich bei den Änderungen der Reform um „Verdummdeutschungen" oder, wie das Institut für Deutsche Sprache (IDS) schreibt, um „neue Schreibungen … mit dem Ziel, eine tatsächliche oder angenommene Wortverwandtschaft herzustellen"[49] – ja, man ist sich nicht zu schade zuzugeben, dass man hier „angenommene Wortverwandtschaft" zur Grundlage einer Reform gemacht hat. Das ist, als ob die NASA ihre Missionen nun nach Horoskopen plane – Sternbilder sind schließlich auch „angenommene" Verbindungen zwischen (weit voneinander entfernten) Sternen.

Ebenso unverständlich ist es, Selbständige (abgeleitet vom frühneuhochdeutschen Wort *selbstand* = „Person") ohne jeden Zwang plötzlich als „*Selbstständige*" zu bezeichnen, also dem Sprecher (!) ein etymologisch unbegründetes zusätzliches *-st-* aufzuzwingen. Hier geht es nicht mehr „nur" um eine Reform der Schreibung (die das Wort unnötig verlängert und verkompliziert), sondern um einen Eingriff in die Sprache selbst. Auf diese Weise bildet die Schriftsprache nicht mehr die gesprochene Sprache ab, sondern diktiert sie. Die mei-

[49] *Sprachreport*, Extra-Ausgabe Juli 2011, Seite 5.

sten Ämter haben sich erfreulicherweise bisher geweigert, diese Schreibung zu übernehmen. Ich habe das Wort zwar schon mit *-stst-* geschrieben gesehen, aber noch niemanden getroffen, der das (neue) Wort tatsächlich mit einem doppeltem *-st-* ausspricht, einem Laut, der im Deutschen etwa so heimisch ist wie Borschtsch.

Auch eine Anpassung von *zur Zeit* – durch Zusammenschreibung (*zurzeit*) – an das Wort *derzeit* ist eine ausspracheverändernde Maßnahme, denn *derzeit* wird auf der ersten Silbe betont, *zur Zeit* hingegen auf dem zweiten Wort. Analog zu *derzeit* müsste *zurzeit* folglich ebenfalls auf der ersten Silbe betont werden, auch wenn der Duden eine (der Analogie widersprechende) Betonung auf der zweiten Silbe angibt. Gleiche Schreibung und unterschiedliche Betonung – wo liegt da die Erleichterung oder Vereinfachung?

Die sogenannte „Volksetymologie" (*folk etymology*) als Maßstab zu verwenden, könnte langfristig dazu führen, dass jeder Fehler irgendwann sanktioniert wird. Bereits 1985 stellte Manfred Sack fest: „[W]enn etwas nur lange genug unkorrekt gebraucht wird, ist unsere große Hure Duden zur Stelle und kassiert es als korrekt."[50] Im Falle der Reform war es aber nicht nur der Duden, der die Sprache hier dem niedrigsten Niveau anzugleichen versuchte.

Schon heute ergibt eine Analyse von Suchmaschinenanfragen, dass Deutsche häufiger nach dem falsch geschrieben Worten „*Gallerie*" als nach dem korrekten

[50] Manfred Sack, „Trotzdessen trotz dem", *Die Zeit*, 1985-05-31, archiviert in https://www.zeit.de/1985/23/Trotzdessen-trotz-dem, Abruf 2024-01-08.

Galerie suchen – vermutlich verwirrt durch das englische Wort *gallery*. Suchmaschinen sind hier gnädig und korrigieren eigenständig („Meinten Sie …?“), aber es ist fraglich, ob das die Fehlanalogie dauerhaft beseitigt. Das Beispiel zeigt auch, dass es nicht ausreicht, einsprachig (monolingual) oder innersprachlich (intralingual) zu denken (also beispielsweise eine falsche Analogie von *Galle* zu *Galerie* zu ziehen), sondern dass auch zwischensprachliche (interlinguale) Aspekte zu berücksichtigen sind. Nach der löchrigen „Regel“ der Konsonantenverdoppelung nach kurzem Vokal (*Tipp* und *nummerieren*) wäre die Schreibung von *Galerie* mit Doppel-*l* durchaus „erklärbar“, doch ist sie bei der Reform nicht eingeführt worden und demnach immer noch falsch (oder nicht normgerecht). Immerhin kamen die Reformer nicht auf die „brillante“ (und nicht „brilliante“!) Idee, hier eine Verbindung zum Wort *Sellerie* zu konstruieren.[51] Vielleicht beim nächsten Mal?

Irrtümlich mögen viele Menschen auch glauben, dass *einbleuen* mit der Farbe *blau* zusammenhänge – was aber etymologischer Unsinn ist: *bleuen* bedeutet schlicht „schlagen“ (von althochdeutsch *bliuwan*, vgl. engl. *blow* = „Schlag“) und ist mit dem *Bleuel* („Schlegel“) sprachverwandt, den wir (leicht verfremdet) noch im *Pleuel* und in der *Pleuelstange* finden (mit, wie es im Duden heißt, „hyperkorrektem p“). Der Duden stellt klar: „Das vom Sprachgefühl irrigerweise meist zu ‚blau‘ ge-

[51] Tatsächlich leitet sich das Wort *Galerie* möglicherweise von *Galilea* ab und bezeichnete ursprünglich „die Vorhallen (von Kirchen) …, in denen die Heiden, die sog. Galiläer, herumlungerten“ (Duden, Bd. 7: *Etymologie*, Mannheim: Bibliographisches Institut, 1963, S. 195).

stellte Zeitwort [*bleuen*] … hat mit den ‚blauen' Flecken nichts zu tun."[52] Wir sind hier also wieder bei einer „angenommenen Sprachverwandtschaft" (s. S. 65). Dennoch fördert die FSR genau diesen Unsinn, indem sie die Falschschreibung *einbläuen* nun zur einzig (!) korrekten (!!) Form erklärt. Die Fehldeutung (nach „Gefühl") wird dadurch nur verstärkt, ja abgesegnet, und langfristig wird sich niemand mehr die Frage stellen, woher das Wort wirklich kommt. Der *Pleuel* und die *Pleuelstange* blieben übrigens unverändert – das „hyperkorrekte" *P* hat sie wohl gerettet.

Wenig hilfreich war auch die Anpassung von *Greuel* an *Grauen*. Diese Wörter gehen auf die (unterschiedlichen) mittelhochdeutschen Substantive *griuwel* bzw. *grūwen* zurück, haben aber nichts mit der Farbe *Grau* zu tun.[53] Dummerweise wird nun aber das Adjektiv *gräulich* (zum neuen Wort *Gräuel*) – zuvor *greulich* – genauso geschrieben wie das weiterhin bestehende Adjektiv *gräulich* (zu *grau*). Ob das Gespenst in der Spukgeschichte nun „scheußlich" war oder nur einen Graustich hatte, kann man nicht mehr unterscheiden.

Wenn die *Gemse* analog zur *Gams* nun *Gämse* und der *Stengel* analog zur *Stange* nun *Stängel* geschrieben werden soll, mag es dafür tatsächlich eine etymologische Begründung geben, aber in diesem Fall vergisst man diejenigen (Schüler), die eher eine Analogie zu Reimwörtern wie *Bremse* bzw. *Bengel* herstellen – und

[52] *Duden*, Bd. 7: *Etymologie*, S. 72.
[53] *Duden*, Bd. 7: *Etymologie*, S. 233, 235.

sich nun fragen, weshalb das eine mit *ä* und das andere mit *e* geschrieben wird. Hier wird also genau jenes etymologische Fachwissen beim Laien vorausgesetzt, das man ihm in anderen Fällen abspricht.

Völlig unverständlich ist auch die Annahme, eine Verschiebung zu einem Umlaut (also *a* zu *ä*) sei leichter nachvollziehbar, als die zu einem anderen Vokal (etwa *a* zu *e* und umgekehrt). Von dem Verb *aufwenden* lässt sich sowohl das Substantiv *Aufwand* (mit Verschiebung von *e* zu *a*) als auch das Adjektiv *aufwendig* (ohne Veränderung) ableiten:

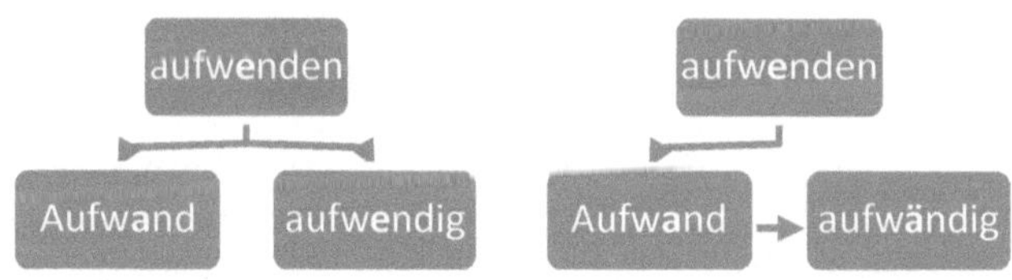

Alte „Logik" (links) vs. neue „Logik" (rechts)

Weshalb nun künstlich eine Lautverschiebung in das Adjektiv eingebaut werden soll (*aufwändig* als nach FSR zulässige Alternativschreibung), ist mit klarem Verstand kaum nachvollziehbar: statt mit zwei Vokalen haben wir es nun mit zwei Vokalen <u>und</u> einem zusätzlichen Umlaut zu tun – also drei statt zwei Varianten. Von einer Vereinfachung kann auch hier folglich keine Rede sein. Im Gegenteil: Andere Adjektivableitungen vom Stammverb *wenden* bleiben von der Änderung unberührt, so dass es zur Stammform *wenden* (ohne die Vorsilbe *auf-*) auch weiterhin ausschließlich die Adjektivform *wendig* gibt (und nicht „*wändig*"), „weil" ja das zugehörige Substantiv *Wende* heißt (und nicht *Wand*). Das mag zwar stimmen, doch dient es eben nicht der Vereinfachung, wenn man all diese Ableitungen berücksichtigen muss, anstatt einfach geradlinig eine Analogie von *wendig* zu *aufwendig* zu ziehen. Auch andere Ableitungen von *aufwenden* sind nicht betroffen. So kann ich die nach wie vor alternativ zulässigen Vergangenheitsformen *wandte auf* (starke Konjugation) und *wendete auf* (schwache Konjugation) zwar bilden, aber (zum Glück!) keinesfalls „*wändete auf*". Ein *ä* gibt es tatsächlich in der gesamten Wortfamilie an keiner anderen Stelle:

Substantive	Adjektive	Verben
Wende	wendig	wenden
	inwendig	einwenden
Einwand		wandte ein
	auswendig	abwenden
Vorwand		
	aufwendig	aufwenden
Aufwand	▸ aufwändig ◂	wandte auf

In ähnlicher Weise soll man nun *überschwänglich* schreiben, „weil" es sich vom *Überschwang* ableite, während der *Schwengel*, der die gleichen Wurzeln hat, von der Reformwut unangetastet blieb (anders als der *Stengel*, der wegen der *Stange* zum *Stängel* mutierte). Tatsächlich gehen die Wörter *schwenken*, *schwanken*, *schwingen* und *Schwung* allesamt auf die gleichen Wurzeln zurück (mittelhochdeutsch *swingen*), nicht hingegen die Wörter *schwanger* und *schwängern* (von mhd. *swanger*) die nun plötzlich dem „Volksetymologen“ (fälschlich) als „angenommene Verwandte“ erscheinen. All dies unter dem Vorwand (!) der Vereinfachung.

Die Frage, die wir stellten, war ja nicht, ob eine Veränderung der Sprachnorm sinnvoll oder auf irgendeine Weise begründbar ist, sondern ob sie (a) wirklich eine Vereinfachung und damit einhergehend eine Erleichterung beim Spracherwerb bringt und (b) einen so großen Nutzen bringt, dass er alle Nachteile aufwiegt. Diese beiden Kriterien sind in den meisten Fällen bei dieser Reform objektiv nicht erfüllt. Statt dessen stehen wir heute vor einem Scherbenhaufen von Publikationen, die in den letzten dreißig Jahren erschienen und mindestens drei „Rechtschreibungen“ folgten.

Lassen Sie mich dieses Kapitel mit einer passenden Anekdote beenden. Als Max Brod 1925, kurz nach Franz Kafkas Tod, gegen den ausdrücklichen Wunsch des Verstorbenen, dessen Roman *Der Process* (so der Titel des Manuskripts) posthum veröffentlichte, passte er den Titel an die gängige Rechtschreibung an, indem er das *c* zu einem *z* veränderte: *Der Prozess*. Ab 1945 wurde auch das Doppel-*s* am Ende an die damaligen deutschen Rechtschreibnormen angepasst, und der Roman erschien fortan als *Der Prozeß*. In der Kritischen Kafka-Ausgabe (KKA) von 1990 orientierte sich der Herausgeber an Kafkas Handschrift und brachte sein altertümliches *c* zurück, behielt aber das damals regelkonforme *ß* – aus nicht ganz schlüssigen Gründen – bei (*Der Proceß*), das erst in der „Historischkritischen Franz-Kafka-Ausgabe“ (FKA) (ab 1995) wieder verschwand (*Der Process*). Nach der Rechtschreibung von 1996 wäre die Schreibung *Der Prozess* die aktuell, also rund hundert Jahre nach Kafkas Tod, korrekte, und so ist der Roman auch seither in einigen Ausgaben erschienen:

Original (MS)	*Der Process*
1925 (Brod)	*Der Prozess*
1945	*Der Prozeß*
1990 (KKA)	*Der Proceß*
1995 (FKA)	*Der Process*
1996 (FSR)	*Der Prozess*

Damit hatte der Roman in etwas mehr als siebzig Jahren vier verschiedene Titel und zwei davon jeweils mit rund sieben Jahrzehnten Abstand sogar ein zweites Mal. So kann man anhand eines einzigen kurzen Wortes in einem einzigen Buchtitel bereits die Komplexität der Problematik erkennen, die sich aus der Abwägung von Treue zum Original einerseits und Befolgung aktueller Rechtschreibregeln andererseits ergibt. Die Sprache ist kein Modeartikel wie ein Kleid oder ein Paar Schuhe, die man in kurzen Abständen wechseln kann (aber auch aus Nachhaltigkeitsgründen lieber länger tragen sollte). Eher gleicht sie einer Tätowierung: Sie ist auf Dauer angelegt, und jede Änderung ist entweder hässlich oder schmerzhaft oder beides.

Der kleine Unterschied

Deutsch, das haben wir gesehen, ist unlogisch. Es kann zudem eine ungeheuer brutale Sprache sein: Wenn ein Mann auf einen zweiten trifft, werden sie – ohne Wenn und Aber – entmannt, denn aus ***der** Mann* + ***der** Mann* wird ***die** Männer*, das heißt: Substantive, die etwas Männliches bezeichnen, erhalten, wie alle anderen Substantive, im Plural den femininen bestimmten Artikel *die* verpasst. Und sogar ***die** Männlichkeit* ist feminin! (Zum Ausgleich dafür ist allerdings ***der** Feminismus* maskulin.) Glücklicherweise beschränkt sich dieses Vorgehen aber auf die Sprache – körperlich bleiben alle Beteiligten unversehrt. Denn: **Das biologische Geschlecht und das grammatikalische sind ganz verschiedene Dinge.**

Wenn man die vielfach geäußerten Forderungen nach einer „geschlechtergerechten Sprache" hört, muss man ja im Umkehrschluss annehmen, es gebe in unserer Sprache eine „Geschlechterungerechtigkeit". Das ist in der Tat der Fall, wie die Duden-Redaktion feststellt: „Die deutsche Sprache ist mehrheitlich weiblich – zumindest wenn es nach der mengenmäßigen Verteilung der Artikel geht. Betrachtet man nämlich alle Substantive im Rechtschreibduden, die von nur einem Artikel begleitet werden, verlangen davon 46% den weiblichen Artikel *die*“, nur 34% sind „männlich“ und die restlichen 20% „sächlich“.[54]

Doch bevor hier ein Aufschrei radikaler Maskulisten zu hören ist: Wir sprechen eben nur vom grammatikalischen Geschlecht – lateinisch *genus* genannt, französisch *genre*, englisch *gender*. All diese Begriffe gehen auf das griechische Wort *γένος* zurück, denn vermutlich hat Aristoteles in der Grammatik zum ersten Mal eine Einteilung in „Geschlechter“ vorgenommen. Was das natürliche (von lat. *natus*, also das „angeborene“) Geschlecht angeht (lateinisch *sexus*, französisch *sexe*, englisch *sex*), unterscheidet sich die Welt im deutschen Sprachraum freilich nicht von der übrigen Welt: Die überwiegende Zahl der unbelebten Dinge und der abstrakten Vorstellungen und Begriffe, aber auch zahlreiche Lebewesen sind geschlechtslos oder beidgeschlechtlich, während es unter den übrigen Lebewesen eine weitgehend gleichmäßige (hälftige) Verteilung zwischen einem „männlich“ und „weiblich“ genannten Geschlecht gibt, das durch die Geschlechtschromosomen bestimmt wird.[55] Bei Säugetierarten (einschließlich dem Menschen) und anderen zweigeschlechtlichen Arten nennen wir Individuen mit zwei X-Chromoso-

[54] https://www.duden.de/sprachwissen/sprachratgeber/Die-Verteilung-der-Artikel-Genusangabe-im-Rechtschreibduden, Abruf 2023-12-16.

[55] Im Jahr 2022 lebten ca. 42,8 Millionen Frauen (50,7% der Gesamtbevölkerung) und 41,6 Millionen Männer (49,3%) in Deutschland („Bevölkerung nach Nationalität und Geschlecht 1970 bis 2022 in Deutschland“, Statistisches Bundesamt [Destatis], Stand 2023-06-20, https://www.destatis.de/DE/Themen/Gesellschaft-Umwelt/Bevoelkerung/Bevoelkerungsstand/Tabellen/deutsche-nichtdeutsche-bevoelkerung-nach-geschlecht-deutschland.html, Abruf 2024-01-04). Ich spreche in diesem Zusammenhang nur vom angeborenen biologischen Geschlecht, nicht von „gefühlten“ oder operativ herbeigeführten Geschlechtszuordnungen oder Registereintragungen.

men *weiblich* und solche mit einem X- und einem Y-Chromosom *männlich.* Auch diese sprachliche Bezeichnung ist willkürlich festgelegt. Ähnlich wie man Blutgruppen als „A“ oder „B“ bezeichnet, könnte man die beiden Geschlechter auch *XX* und *XY* nennen – oder meinetwegen *Yin* und *Yang.*[56] Diese Verteilung – hier graphisch veranschaulicht – verdeutlicht ebenfalls, dass es überhaupt keine Deckungsgleichheit (**Kongruenz**) zwischen Sexus und Genus geben kann:

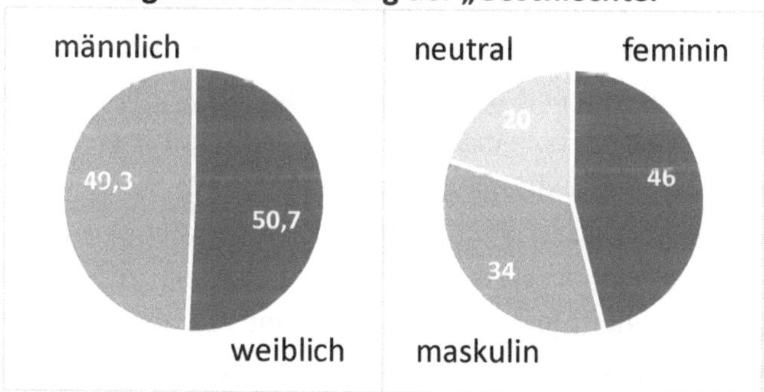

links: Verteilung von Männern und Frauen in Deutschland (Quelle: Statistisches Bundesamt); rechts: Verteilung von Substantiven in der deutschen Sprache nach Genus (Quelle: Duden-Redaktion)

Verwirrend wird die Sache erst dadurch, dass wir sowohl in der Biologie als auch in der Linguistik im Deutschen das Wort *Geschlecht* verwenden. Dabei ist das Geschlecht in der Biologie etwas Festgelegtes und Definierbares (siehe oben), in der Grammatik hingegen

[56] Zur Theorie, es könne mehr als zwei biologische (!) Geschlechter (Sexus) geben, empfehle ich diesen sehr einfach und verständlich gehaltenen Artikel: Tomas Bogardus, “How Our Shoes Can Help Explain the Biology of Sex”, *Reality's Last Stand*, 2022-08-09 (https://www.realityslaststand.com/p/how-our-shoes-can-help-explain-the, Abruf 2024-01-03).

etwas völlig Willkürliches, das dem Bezeichneten (Signifikat) nicht von Natur aus innewohnt. „*Grundsätzlich* haben Genus und Sexus keinerlei Verbindung, dennoch wird teils fälschlicherweise immer wieder eine gezogen“, heißt es beim Korrektoratsdienst Correctura.[57]

Der weniger verwirrende Begriff *Genus* ist auch deshalb zu bevorzugen, weil er sich eben nicht nur auf das Geschlecht bezieht. In der biologischen Systematik bezeichnet er schlicht die Gattung, also eine Stufe zwischen Familie und Art: Die Art Mensch (*Homo sapiens*) gehört zur Gattung *Homo* innerhalb der Familie der Menschenaffen (*Hominidae*). Auch in der Kunst gibt es den Begriff *Genus* für die Gattung, häufiger wird jedoch das französische Fremdwort *Genre* gebraucht, das die gleiche Bedeutung hat. Solange wir *Genus* also als „Gattung“ übersetzen, geraten wir überhaupt nicht in Gefahr, ihn geschlechtsspezifisch zu sehen. Allerdings dürften wir dann in der Sprachwissenschaft auch nicht mehr die Begriffe *männlich* oder *maskulin* und *weiblich* oder *feminin* verwenden, da sie ja der irrtümlichen Gleichsetzung von Grammatik und Biologie unnötig Vorschub leisten.

Hier ist die englische Sprache klarer: beim biologischen Geschlecht spricht man von *male* (männlich) und *female* (weiblich), beim grammatischen Geschlecht von *masculine*, *feminine* und *neuter*. Die Begriffe sind nicht austauschbar, daher ist eine Verwechslung (wie im Deutschen) auch nicht möglich.

---

[57] https://www.correctura.com/wissen/sprache/gendern/index.aspx, Abruf 2024-01-19.

Statt des Begriffs *Geschlecht* (oder *Genus*) könnte man rein theoretisch ebensogut den Begriff *Farbe* wählen und alle Begriffe, die im Deutschen den Artikel *der* tragen, etwa als „rot" bezeichnen, jene mit *die* als „grün" und jene mit *das* als „gelb". Wenn ich also *das Mädchen* sage, würde ich einem Menschen mit XX-Chromosomen den gelben Artikel zuordnen, wenn ich *die Frau* sage, würde ich einem Menschen mit XX-Chromosomen hingegen den grünen Artikel zuordnen, und wenn ich *der Star* oder *die Person* sage, würde ich Menschen ohne Verweis auf ihre Geschlechtschromosomen den roten bzw. grünen Artikel zuordnen.

	XX	XY	?
rot	*der Vamp*	*der Mann*	*der Star*
grün	*die Frau*	*die Memme*	*die Person*
gelb	*das Mädchen*	*das Bübchen*	*das Genie*

Da dieses Gedankenexperiment in der Praxis kaum umzusetzen ist, verwende ich in diesem Text einerseits die vertrauten Begriffe *männlich* und *weiblich*, wenn ich über Biologie und **Sexus** (*der Sexus*, Plural *Sexus* mit langem *u*) spreche, andererseits *maskulin* und *feminin* sowie *neutral*, wenn ich über Grammatik und **Genus** (*das Genus*, Plural *Genera*) spreche. Dies ist eine reine Konvention ohne inhaltliche Aussagekraft, die lediglich der Verständlichkeit dienen soll.

Weil im „Deutschen … das Genus nicht am Nomen markiert" wird,[58] kann ich Sätze wie den folgenden bil-

[58] https://grammis.ids-mannheim.de/systematische-grammatik/2263, Abruf 2023-12-16.

den, die grammatisch einwandfrei sind und zugleich die biologische Zugehörigkeit der bezeichneten Personen in keiner Weise in Frage stellen oder im Zweifel lassen:

> Die Kanzlerin [feminin] ist ein Mensch [maskulin] von öffentlichem Interesse, dessen [maskulin] Ehemann [maskulin] jedoch eine Person [feminin] ist, die [feminin] das Rampenlicht scheut.

Das unterstrichene Relativpronomen *dessen* bezieht sich auf ein grammatikalisches Maskulinum (*Mensch*) und zugleich auf ein Subjekt, das grammatikalisch feminin und biologisch weiblich ist, nämlich die Kanzlerin; beim unterstrichenen Relativpronomen *die* ist es genau umgekehrt. Am jeweiligen biologischen Geschlecht der beiden Personen ändert sich dadurch freilich rein gar nichts.

Während *Mensch* und *Person* grundsätzlich auf beide Geschlechter angewandt werden können, gibt es aber auch Begriffe, bei denen sich Genus und Sexus „widersprechen" würden (!), wenn es denn eine Kongruenz gäbe. Ein Begriff wie *Memme*, vom Genus her ein Femininum, wird wohl häufiger oder gar ausschließlich auf einen Mann angewandt, der *Vamp* (Maskulinum) hingegen ist grundsätzlich eine Frau. Und „Seine Heiligkeit" (der Papst) war bisher (offiziell) stets männlich. Das ist nicht logisch, aber durchaus lernbar.

Man sollte sich auch vor Augen halten, dass eine Einteilung des Genus in – unter anderem – *maskulin* und *feminin* nur eine Eigenschaft bestimmter, aber längst nicht aller Sprachen ist. Es gibt Sprachen (sogar eng mit dem Deutschen verwandte, wie etwa einige skandinavische und das Niederländische), in denen es andere Unterscheidungsgrenzen gibt, nämlich zwischen *Utrum* (grob für Lebewesen, von lat. *utrum* = „eines von beiden") und *Neutrum* (grob für Lebloses, von lat. *neutrum* = „keines von beiden"). Rund die Hälfte aller Sprachen kennt überhaupt kein Genus, darunter Türkisch, Japanisch oder Chinesisch, die am weitesten verbreitete Muttersprache überhaupt. Im winzigen Dänemark gibt es Dialekte mit einem Geschlecht (z.B. Westjütisch), zwei Geschlechtern (z.B. Süd- und Ostjütisch) und drei Geschlechtern (z.B. Ostdänisch). Im Englischen existiert das Genus noch versteckt, auch wenn es für alle Genera nur je einen bestimmten und unbestimmten Artikel gibt: für *the man* (unbestimmt: *a man*) verwendet man das Personalpronomen *he*, für *the/a woman* das Personalpronomen *she*, für *the/a table* das Personalpronomen *it*. Aber auch diese Genera sind nicht zwingend an ein biologisches Geschlecht gebunden: Ein Tier, dessen biologisches Geschlecht man nicht kennt (das aber ein Geschlecht hat), ist *it*, ein Schiff hingegen *she* (genau wie im Deutschen, wo es ja auch *die Gorch Fock* heißt, obwohl es den Namen eines Mannes trägt). Trotzdem besitzen Hunde, Enten und Pferde in all den Ländern, in denen solche Sprachen gesprochen werden, selbstverständlich die gleichen biologischen Geschlechter wie im deutschen Sprachraum.

Jedes Kind weiß, dass Hunde, Enten oder Pferde männlichen oder weiblichen Geschlechts sein können –

hier spreche ich vom Sexus. Unabhängig davon ist *der Hund* im Deutschen vom Genus her stets maskulin, *die Ente* immer feminin und *das Pferd* durchgängig neutral.

*) auch: der Drohn (männlich, Maskulinum)

Wir sprechen in solchen Fällen von einem *generischen Maskulinum*, *Femininum* bzw. *Neutrum*.[59] Auch das ist

[59] Das Wort *generisch* leitet sich nicht von *genus* im Sinne von „Geschlecht", sondern im Sinne von „Gattung" ab. Bei einer generischen Bezeichnung, die das Gegenteil einer ge-

nicht logisch, aber offenbar sind nicht einmal Kinder von dieser Eigenheit unserer Sprache verwirrt.

Bei einer Übereinstimmung von generischer und spezifischer Form erschließt sich die jeweilige Bedeutung meist aus dem Kontext. Wenn ich sage: „Alle Enten haben Federn", unterscheide ich nicht zwischen Geschlechtern (männliche/weibliche), ebensowenig wie ich nach Altersgruppen (junge, alte, …) oder Lebensräumen (europäische, asiatische, …) unterscheide. Schreibe ich jedoch: „Enten haben braunes, Erpel hingegen buntes Gefieder", schränke ich die Bedeutung von *Enten* auf das weibliche Geschlecht ein, da die Bezeichnung *Erpel* ausschließlich für männliche Enten verwendet wird. Wenn männliche Enten ein buntes Gefieder haben, können nicht alle Enten braunes Gefieder besitzen, sondern nur die „Nicht-Erpel". Gleiches gilt, wenn ich den Satz „Alle Ärzte haben Medizin studiert" (*Ärzte* generisch) dem Satz „Ärzte verdienen mehr als Ärztinnen" (*Ärzte* geschlechtsspezifisch) gegenüberstelle. Die „explizite Nennung führt erst zur mentalen Trennung", wie der slowakische Germanist Tomas Kubelik schreibt.[60] Es hätte schließlich wenig Sinn, einen Oberbegriff mit einem Unterbegriff zu paaren: „alle Vögel und Störche" oder „alle Wale und Delphine" sind unsinnige Aussagen, weil Störche Vögel sind

---

schlechtsspezifischen ist, handelt es sich also um eine Gattungsbezeichnung (und *Gattung* ist hier wiederum nicht im Sinne der biologischen Systematik zu verstehen!).

[60] Tomas Kubelik, *Genug gegendert: Eine Kritik der feministischen Sprache*, Jena: Projekte, 2015; siehe dazu auch: Martina Werner, „Zur Verwendung geschlechtergerechter Sprache – die grammatische Kategorie Genus", LMU München, 2007 (http://www.frauenbeauftragte.uni-muenchen.de/berichte/berichte_veranstalt/handreichung2007.pdf, Abruf 2024-01-08).

und Delphine Wale, also im Überbegriff bereits eingeschlossen. Ebenso ist das Liedzitat „Amsel, Drossel, Fink und Star“ inhaltlich unsinnig, weil die Art der Amseln (auch Schwarzdrosseln genannt) zur Familie der Drosseln gehört. Daraus folgt aber: **Erst durch die Erwähnung eines Geschlechts wird der generische Begriff zu einem geschlechtsspezifischen.**

Um dies durch eine Analogie zu verdeutlichen, lösen wir uns einmal für einen Augenblick von den geschlechtskennzeichnenden Suffixen und wenden uns einer anderen, ebenfalls sehr geläufigen Art der Suffixe zu: den Diminutivsuffixen *-chen* oder *-lein.*

> Die heimkehrenden Olympiasieger blickten auf ein Meer aus Fahnen.

sagt zunächst nichts über die Größe der Fahnen aus. Ich gehe einmal davon aus, dass große und kleine dabei sind, weil dies der Lebenserfahrung entspricht. Schreibt der Reporter jedoch: „… ein Meer aus Fahnen und Fähnchen“, dann hebt er besonders hervor, dass es unter anderem auch kleine Fahnen – Fähnchen – gab. Das ist eigentlich überflüssig und bringt keinen Mehrwert – und erst durch die explizite Erwähnung schränkt der Reporter die Bedeutung von *Fahnen* ein: nun sind ausschließlich große Fahnen gemeint (die Fahnen, die nicht unter den Begriff *Fähnchen* fallen).

Noch ein anderes Beispiel: Auch das Wort *Tag* hat zwei unterschiedliche Bedeutungen, eine umfassendere („Zeitraum von 24 Stunden“) und eine engere („Zeit von Sonnenauf- bis -untergang“). Wenn wir sagen: „An dem Haus wurde drei Tage gearbeitet“, gehen wir davon aus, dass hier 3×24 Stunden gemeint sind. Ersetzen wir „Tage“ durch „Tage und Nächte“, ist genau der gleiche Zeitraum gemeint, jedoch schränken wir die Bedeutung von *Tage* nun ein, da ja nicht 24 Stunden plus die Zeit von Sonnenunter- bis -aufgang („Nacht“) gemeint sein kann. Sagen wir hingegen „drei Nächte“, kann das nur heißen, dass nachts gearbeitet wurde, tagsüber hingegen nicht. Wollten wir den umgekehrten Fall betonen, müssten wir konkretisieren („nur bei Tageslicht“), weil „Tage“ für sich allein stehend eben nicht nur die helle Phase des Tages bezeichnet.

3 Tage①	24h		24h		24h	
3 Tage② und Nächte	☼	☽	☼	☽	☼	☽
3 Nächte		☽		☽		☽

① = 24-Stunden-Zeitraum, ② = Zeit von Sonnenauf- bis -untergang

Wir erkennen die Parallele zum Geschlechterbeispiel: der allgemeinere Begriff schließt den spezifischen (für die kleine Fahne, den „kurzen“ Tag, die männliche Ente, den weiblichen Arzt) ein, aber nicht umgekehrt.

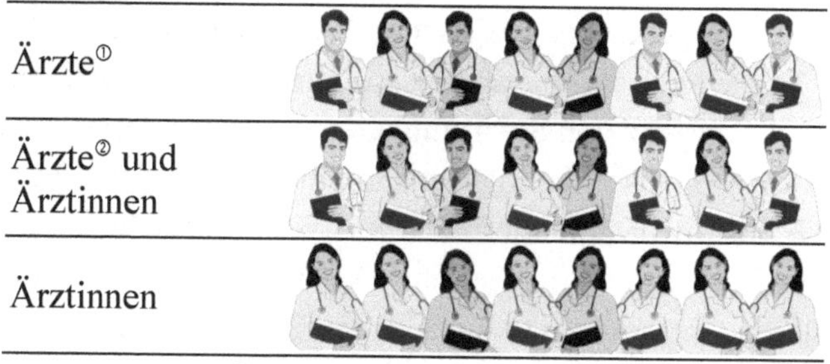

① = generisch, ② = spezifisch

Da nur jeweils einer der Begriffe generisch verwendet wird, herrscht hier in der Tat ein grammatikalisches (!) Ungleichgewicht, das nicht zu bestreiten ist. Dieses Ungleichgewicht kann aber durch die (überflüssige) Doppelnennung nicht beseitigt werden, weil die zusätzlich genannte Form (Enterich/Ärztin) ja nicht die generische Bedeutung der ursprünglich genannten Form (Ente/Arzt) auf magische Weise aus der Welt schafft. Sie verwandelt sie lediglich im konkreten Fall in eine spezifische. So wie ein Tag aus Tag und Nacht besteht und die Familie der Enten aus Enten und Erpeln, kann der Beruf des Arztes von Ärzten und Ärztinnen ausgeübt werden.

Begriffe hingegen, die eindeutig einem biologischen Geschlecht zugeordnet werden – ob durch eigene Wortschöpfungen wie *Erpel* oder *Stute*, durch Anhängen einer Nachsilbe wie bei *Gänserich* oder *Wölfin* oder durch Kombinationen wie *Elefantenbulle* oder *Walkuh* – sind in vielen Fällen grammatikalisch maskulin oder feminin, können aber auch neutral sein, etwa beim Anhängen von *-männchen* oder *-weibchen*. Die generischen Begriffe können ebenfalls Maskulina, Feminina oder Neutra sein und dabei auch identisch mit einem der beiden geschlechtsspezifischen Begriffe (*Katze*, *Fuchs*).

Das wohl geläufigste Beispiel aus dem Tierreich für die Divergenz von Sexus und Genus ist die bereits oben erwähnte (ausschließlich) männliche Biene oder Wespe, die allgemeinsprachlich als *die Drohne* bezeichnet wird: „Majas Freund Willi ist eine Drohne." Niemand findet diesen Satz merkwürdig. (In der Fachsprache gibt es darüber hinaus auch die Bezeichnung *der Drohn*.)

Umgekehrt geht es auch: Sie kennen vermutlich das Volkslied „Die Vogelhochzeit“. Dort heißt es zu Beginn der zweiten Strophe: „Die Drossel war der Bräutigam“ – selbst wenn es sich um zwei männliche homosexuelle Vögel gehandelt hätte, würde man immer noch sagen, dass die Drossel der eine und die Amsel der andere Bräutigam sei.

Apropos „Drossel, Fink und Star“: Wie sieht es beim Menschen aus? Lesen Sie einmal diesen Satz:

> Als Gast einer Talk-Show bekannte Pop-Star Madonna, Fan der Pop-Art-Größe Andy Warhol zu sein, einer Ikone der Kunst und einer Koryphäe auf dem Gebiet des Siebdrucks.

Sind Sie gestolpert? Kam Ihnen irgendein Teil dieses Satzes merkwürdig oder grammatikalisch falsch vor? Hatten Sie Verständnisschwierigkeiten? Vermutlich nicht – denn dieser Satz ist nicht nur völlig korrekt, sondern auch alternativlos – und das, obwohl Sexus und Genus in keinem einzigen Fall übereinstimmen:

> Als **Gast** [Genus: maskulin] einer Talk-Show bekannte Pop-**Star** [Genus: maskulin] **Madonna** [Sexus: weiblich], **Fan** [Genus: maskulin] der Pop-Art-**Größe** [Genus: feminin] **Andy Warhol** [Sexus: männlich] zu sein, einer **Ikone** [Genus: feminin] der Kunst und **Koryphäe** [Genus: feminin] auf dem Gebiet des Siebdrucks.

Bei allem Mangel an „Logik“ ist es eben im Deutschen nicht nur legitim, sondern wird auch vom durchschnittlichen Leser oder Hörer nicht beanstandet, dass eine Frau als „der Star des Abends“ oder ein Mann als „die Koryphäe auf einem Fachgebiet“ bezeichnet wird. Ebenso könnte man beide als „das Maß aller Dinge“ in ihren Disziplinen bezeichnen, also mit einem Neutrum. Und so wie ein Publikumsliebling oder ein Profi weiblich sein kann, kann eine Waise oder eine Geisel durchaus ein Junge oder ein Mann sein.

Bei von Natur aus geschlechtslosen Objekten (also Dingen ohne Sexus) ist die Zuordnung eines Genus zwangsläufig willkürlich, wenn man nicht durchgehend das Neutrum verwendet. Im Englischen ist *the star* im ursprünglichen Sinn ein grammatikalisches Neutrum und bezeichnet zunächst ein geschlechtsloses Objekt („Stern“) und erst im übertragenen Sinn („berühmte Person“) ein geschlechtliches Wesen. Bei der Übernahme des Wortes in seiner übertragenen Bedeutung ins Französische orientierte man sich am femininen Pendant *étoile* (für den geschlechtslosen „Stern“, von lat. *stella*) und machte *la star* (Femininum) daraus, während man im Deutschen *der Stern* zum Vorbild nahm und daraus *der Star* (Maskulinum) ableitete. Das bedeutet, dass Johnny Hallyday in seinem Heimatland *la star du rock'n'roll* war und Marlene Dietrich in ihrem *der Filmstar der Dreißiger.*

Weshalb verwirrt uns das nicht? Wenn wir Deutschsprechende von Madonna oder Marlene Dietrich hören, sehen wir vor unserem geistigen Auge weibliche Personen und werden dieses Bild nicht „korrigieren“, wenn diesen Frauen ein grammatikalisch maskuliner Begriff wie *Star* zugeordnet wird. Der Grund dafür ist, dass die Zuordnung von Begriffen zu einem biologischen Geschlecht – ganz unabhängig von der Grammatik – im Kopf stattfindet und auf eine Vielzahl von außersprachlichen Informationen zurückgeht, die in der realen Welt verwurzelt sind und auf unseren Erfahrungen fußen. Dieser Tatsache wird aber von Sprachideologen widersprochen, die behaupten, nicht die Wirklichkeit, sondern die Grammatik präge unsere Vorstellung – also eben nicht unser Wissen, dass Madonna und Marlene Dietrich Frauen sind oder waren, sondern allein das (maskuline) Genus von *Star*.

Probieren Sie selbst aus, welche dieser Thesen stimmt. Fragen Sie beliebige Menschen, was sie sich vor ihrem geistigen Auge vorstellen, wenn sie Sätze hören wie:

Dieses Unternehmen braucht
eine neue Führungskraft.

oder

Diese Firma ist auf der Suche nach
einer neuen Reinigungskraft.

Nach der Theorie, dass einzig das grammatikalische Genus unsere Vorstellung bestimmt, müssten eigentlich alle Menschen bei beiden Sätzen an Frauen gedacht haben – und zwar ausschließlich an Frauen: *die Kraft* ist schließlich ein Femininum. Ist das auch so? Schön und wünschenswert wäre es, beide Geschlechter gedanklich einzubeziehen, aber vermutlich ist das nicht der Fall. Freilich kann eine Reinigungskraft sowohl ein Mann als auch eine Frau sein – ebenso wie die Führungskraft. Aber das grammatikalische Geschlecht für sich vermag es nicht, Vorurteile oder Voreingenommenheiten zu beseitigen. Allein die Realität, die wir im Alltag wahrnehmen, bestimmt unsere Vorstellungen. Solange wir mehr „Putzfrauen“ als „Putzmänner“ sehen und andererseits mehr Männer in leitender Stellung als Frauen, tendiert unsere Vorstellung von *die Kraft* in die eine oder andere Richtung, unabhängig vom Genus. Es ist sehr zu wünschen, dass sich die Welt weiter in Richtung einer Gleichbehandlung der Geschlechter verändert – aber wir führen diese Änderung gewiss nicht durch eine Änderung der Sprache herbei: **Die Sprache bildet die Realität ab, sie schreibt sie nicht vor.**

Sie können Ihre Voreingenommenheit an sich selbst überprüfen, indem Sie diesen fiktiven „Steckbrief“ lesen und versuchen, sich ein Bild von der gesuchten Person zu machen:

GESUCHT!

Nach einem bewaffneten Banküberfall sucht die Polizei nach einer Person, die ca. 1,80 m groß ist, schlank, heller Teint, mit blonden Haaren, etwas ungepflegt wirkend, etwa 50 Jahre alt.

Während Sie die Beschreibung gelesen haben, ist vor Ihrem geistigen Auge nach und nach ein Bild dieser Person entstanden. Aber ist Ihnen aufgefallen, dass in der Beschreibung eines der wichtigsten Merkmale fehlt: das Geschlecht? Trotzdem war die Person, die Sie sich vorgestellt haben, nicht geschlechtslos. Doch welches Geschlecht haben Sie intuitiv (mangels konkreter Information) zugeordnet? Ich vermute einmal, dass es ein Mann war. Sie müssen sich dafür nicht schämen, denn tatsächlich sind die meisten Bankräuber Männer. Sie haben sich höchstwahrscheinlich nicht durch das grammatikalische Femininum *Person* dazu verleiten lassen, einen biologisch weiblichen Täter zu vermuten, sondern sind einfach – und das wird Ihnen niemand verübeln – von Ihrer Lebenserfahrung ausgegangen. Wenn Sie Nachrichten lesen, *XY* schauen oder Polizeistatistiken kennen, dann wissen Sie, dass die Wahrscheinlichkeit extrem hoch ist, dass ein bewaffneter Banküberfall von einem Mann verübt wurde.

Auch wenn berichtet wird, ein Bankräuber habe Geiseln genommen oder durch einen Krieg gebe es nun unzählige Waisen im Land, stelle ich mir nicht vor, dass es sich bei diesen Opfern ausschließlich um weibliche Personen handelt, wenngleich das Genus von *Geisel* und *Waise* feminin ist. Und wenn mir jemand erzählte, ein Geiselnehmer sei in die Umkleidekabine eines Herrenfußballvereins eingedrungen, dann übertrumpft die inhaltliche Wahrscheinlichkeitsvermutung, dass es sich bei den Geiseln um Männer handelt, alle etwaigen sprachlichen Rückschlüsse vom Genus auf das biologische Geschlecht der Opfer. Wenn wir von der (grammatikalisch femininen) Schweizergarde des Papstes sprechen, können wir uns sogar hundertprozentig sicher sein, dass es sich um Männer handelt.

Mehr Geschlecht als (ge)recht

Jene lautstarke Bewegung, die geflissentlich ignorieren möchte, dass Sexus und Genus nicht korrespondieren müssen, bedient sich einerseits nicht des (missverständlichen) Begriffs *Geschlecht*, schafft aber andererseits auch keine sprachliche Klarheit (wie ich es hier versuche) durch die Übernahme der fachsprachlichen Begriffe *Genus* und *Sexus* aus dem Lateinischen, sondern verwendet lieber einen dritten, diesmal englischen Geschlechtsbegriff: *gender*. Auch er geht auf das lateinische *genus* (und das griechische *γένος*) zurück und gelangte über das Französische, das die Normannen nach England brachten, ins Englische.

Das *Oxford English Dictionary* (OED), eines der maßgebenden Wörterbücher der englischen Sprache, definiert *gender* unter anderem als "any of several other analogous categories into which nouns may be divided (regardless of any connection with sex)", also eine von mehreren Kategorien, in die man Substantive einteilen kann – unabhängig vom Sexus (engl. *sex*).[61] Als Bei-

[61] Leider hat man aber auch im Englischen schon früh damit begonnen, die Begriffsbedeutungen zu verwischen. Zwar steht in offiziellen Dokumenten – auch im deutschen Reisepass beispielsweise – weiterhin häufig das Wort *sex*, wenn vom Geschlecht die Rede ist, doch im generell (auch diesem Wort liegt *genus* zugrunde!) recht prüden angelsächsischen Sprachraum wich man ab dem frühen 20. Jahrhundert auf *gender* aus, um das Wort *sex* zu

spiele werden Sprachen genannt, in denen Substantive nach den Kategorien „belebt“ und „unbelebt“ (vgl. S. 79) oder „edel“ und „unedel“ eingeteilt werden – wobei die Irokesen dem „edlen“ *gender*, laut zitierter Quelle, Männer, Götter und Engel zurechnen, dem „unedlen“ hingegen Frauen, Kinder und Tiere![62]

Wer also – im Widerspruch zu dem, was wir im vorangegangenen Kapitel gezeigt haben – die These vertritt, dass zum Beispiel das Wort *Stars* implizit alle Frauen („weil“ *der Star* maskulin ist) und das Wort *Geiseln* alle Männer („weil“ *die Geisel* feminin ist) ausschlösse, muss die Sprache gewaltsam vergeschlechtlichen – und bedient sich dabei des Kunstwortes *gendern*, das in aller Munde zu sein scheint, von dem aber niemand so recht weiß, was es eigentlich bedeuten soll – und vor allem, wie man es in die Sprachpraxis umsetzen soll. (Wir kommen später – ab S. 146 – noch darauf zurück.)

Bei *gendern* handelt es sich um einen Scheinanglizismus, ähnlich wie *Handy*, *Beamer* oder *Box* (für einen Lautsprecher). Das sind Begriffe, für die es bereits vorher sowohl deutsche (*Mobiltelefon*, *Videoprojektor*, *Lautsprecher*) als auch englische (*cell phone*, *[video] projector*, *[loud]speaker*) Wörter gab, die die Benutzer jedoch ablehnen – vermutlich, um sich besonders weltmännisch zu gebärden … oder weltfrauisch.

vermeiden, das in dieser Zeit immer mehr zum Synonym für „Geschlechtsverkehr“ mutierte (als Kurzform für *sexual intercourse*). In jüngerer Zeit hat sich dann die Soziologie den Begriff *gender* angeeignet, um mit ihm ein vage definiertes „soziales Geschlecht“ zu bezeichnen, das sich – wie auch immer – von biologischen (XX vs. XY) unterscheiden soll. An dieser Stelle begeben wir uns nun auf ein Gebiet, das man stundenlang diskutieren könnte – aber das soll nicht Gegenstand dieses Kapitels sein. Uns geht es hier einfach nur um Sprache.

[62] https://www.oed.com/viewdictionaryentry/Entry/77468, Abruf 2021-06-28.

Würde es im Englischen tatsächlich ein Verb "*to gender*" geben, hätte es vermutlich genau die gegenteilige Bedeutung – aber auch dazu später mehr (S. 108ff.).

Vergeschlechtlichen oder neudeutsch **„*gendern*" bedeutet also, den Aspekt des Geschlechts dort einzuführen, wo er zuvor gar nicht vorhanden war oder keine Rolle spielte**, weil der vorhandene Begriff – unabhängig vom Genus – bereits die Gesamtheit beider (oder jedweder anderer) Geschlechter umfasste – und von der Mehrheit auch so verstanden wurde.

Doch dieser wichtige Gesichtspunkt wird in der Debatte gerne beiseite geschoben. Befürworter der Sprachvergeschlechtlichung verstehen sich als Vollstrecker eines selbsterteilten Erziehungsauftrags. Statt „die durch gesellschaftliche Übereinkunft … entstandene und dokumentierte Entwicklung der Sprache" abzubilden, würden sie sie am liebsten „hoheitlich ordnen und damit Änderungen aufzwingen" – genau das, was die Volksvertreter strikt ablehnen (vgl. S. 39). Im Unterschied zu den Rechtschreibreformern stehen den Geschlechtsreformbefürwortern (noch) nicht quasi-hoheitliche Institutionen wie Kultusministerkonferenz oder Rechtschreibrat als Durchpeitschungsinstrumente zur Verfügung, doch unternehmen sie alles, solche Institutionen für sich zu vereinnahmen. Mit der „großen Hure Duden" ist ihnen das schon ganz gut gelungen: „seit der Duden … Broschüren wie ‚Richtig gendern' herausgibt, biedert er sich nur noch den Sprachmoden an", meint Schmoll.[63]

[63] Schmoll, „20 Jahre Rechtschreibanarchie".

Dabei vollzieht sich aber „Sprachwandel und insbesondere grammatischer Wandel … nach dem Willen einer ganzen Sprachgemeinschaft und nach Regularitäten, die der Sprache innewohnen“, erklärt der Linguist Peter Eisenberg. „Er vollzieht sich nicht in voluntaristischen Akten von Sprachdesignern, die sich als Wandelmotoren, wenn nicht gar als Herrscher über die Sprache und Gedanken der Gesellschaft überhaupt aufspielen.“[64]

Sprache ist zweifelsohne einem ständigen Wandel unterworfen – der sich aber hauptsächlich auf der Bedeutungsebene abspielt und viel weniger auf der Ebene der Grammatik. So denken wir, wenn wir beispielsweise heute das Wort *Bürger* verwenden, nicht mehr an dessen ursprüngliche Bedeutung: Bürger waren die Verteidiger einer Burg[65] – eine recht kleine und elitäre Gruppe innerhalb der großen Gemeinschaft von Ein- oder Bewohnern eines Gebietes: Rittern, Adligen, Bauern, Handwerkern, Leibeigenen und so weiter. Während der Begriff ursprünglich also nicht die Gesamtheit aller Menschen einer Stadt oder eines Landes, sondern nur Menschen mit bestimmten Privilegien und Besitzrechten bezeichnete, ist es in unseren heutigen Demokratien selbstverständlich, dass solche Kriterien keine Rolle mehr spielen. Es gab auch Zeiten, in denen Menschen aufgrund ihres Geschlechts oder ihrer Hautfarbe oder ihres sozialen Standes von Bürgerrechten

---

[64] Peter Eisenberg, „Die Vermeidung sprachlicher Diskriminierung im Deutschen“, *Der Sprachdienst*, Nr. 1–2, Januar–April 2020, S. 28f.

[65] *Duden*, Bd. 7: *Etymologie*, S. 90.

ausgeschlossen waren – Sklaven etwa im antiken Rom. Wenn wir heute jedoch sagen: „Jeder Bürger hat mit Vollendung des 18. Lebensjahres das Recht zu wählen“, kommt niemand auf die Idee, dass hier eine bestimmte Menschengruppe – etwa Besitzlose, Arbeitslose, Rothaarige, Dunkelhäutige oder Frauen – ausgeschlossen wären. Im 17. Jahrhundert oder im antiken Rom hingegen wäre genau das möglicherweise der Fall gewesen.

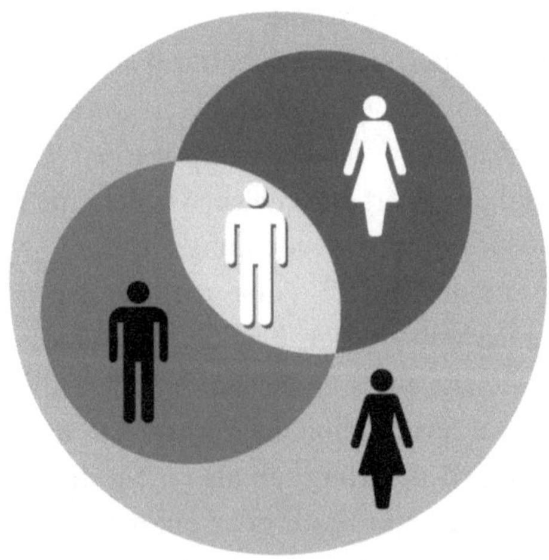

Der Begriff Bürger in unterschiedlichen Zeiten und Kulturen

Werfen wir einen kurzen Blick in die Geschichte des Begriffs anhand einiger Beispiele. Wer war mit dem Begriff *Bürger* (oder dem landessprachlichen Pendant, das wir als *Bürger* ins Deutsche übersetzen) gemeint? (Ich habe die Beschreibungen sehr stark gekürzt, weil es hier nur um eine bewusst vereinfachende, schematische Darstellung der Sachverhalte geht.)

Wo und wann?	Wer?
Lagiden-Dynastie in Ägypten	Angehöriger der makedonischen Elite, später bestimmte Einwohner einzelner Städte wie Alexandria oder Ptolemoaios
antikes Griechenland (*πολίτης*)	männlicher Richter an Gerichtshöfen und Teilnehmer an Volksversammlungen in einer πόλις (Stadt)
antikes Rom (*civis*)	Einwohner von Rom und Umgebung (Geburtsrecht, aber erwerbbar) mit Vorrechten, Teilnehmer an Wahlen und Volksversammlungen, Stimmgewichtung vermögensabhängig
Frühmittelalter (*civis*)	Mitglied der städtischen Oberschicht aus einer ratsfähigen Familie mit Immobilienbesitz
Frz. Revolution (1792–1795) (*citoyen*)	jeder Franzose, unabhangig von Geschlecht, Herkunft, Hautfarbe
USA (1790) (*citizen*)	„freie weiße Person",[66] die mindestens zwei Jahre in den USA gelebt hat; ab 1865 auch Menschen afrikanischer Abstammung, aber keine Indianer (bis 1962 in Neumexiko) und Asiaten
Deutsches Reich (1935–1945)	„Staatsangehörige deutschen oder artverwandten Blutes, der durch sein Verhalten beweist, daß er gewillt und geeignet ist, in Treue dem Deutschen Volk und Reich zu dienen" (Reichsbürgergesetz)
Deutschland (seit 1949)	jeder Deutsche

[66] Naturalization Act of 1790: "free White persons … of good character"

Trotz dieser wechselhaften Geschichte des Wortes käme heutzutage – in einem zeitgenössischen Kontext – niemand auf die Idee, den Begriff *Bürger* in irgendeiner anderen als der aktuellen, allumfassenden Bedeutung zu verstehen, und in dieser Bedeutung wird nicht zwischen Geschlecht, Hautfarbe, Status, Herkunft oder Vermögen unterschieden.

In der Tat ist heutzutage kaum ein Fall vorstellbar, in dem zwischen männlichen und weiblichen Bürgern in irgendeinem Kontext Unterschiede gemacht würden, vor allem nicht vor dem Gesetz.[67] Folglich besteht auch überhaupt kein Grund für eine besondere Hervorhebung von *Bürgerinnen*. Wenn ich sie dennoch explizit nenne, sage ich zwar ausdrücklich: „Alle Bürger dürfen wählen, auch die weiblichen“, aber das ist beim heutigen Begriffsverständnis ebenso überflüssig wie der Satz: „Alle Bürger dürfen wählen, auch dunkelhäutige“ oder „… auch homosexuelle“ oder „… auch mittellose“. Diese Begriffsinhalte sind so selbstverständlich, dass ein derartiger Zusatz schon beinahe entwürdigend wirkt.

Hätte eine Zeitung nach der Einführung des Frauenwahlrechts getitelt:

Endlich dürfen alle Bürger wählen!

wäre dieser Satz von den Lesern richtig verstanden worden: Endlich dürfen sowohl die männlichen als auch

[67] Lediglich im Strafrecht gibt es noch geschlechtsspezifische Regelungen, etwa zum Exhibitionismus (§ 183 StGB), der (täterbezogen) nur bei Männern unter Strafe steht, oder zur willkürlichen Genitalverstümmelung („Beschneidung“) (§ 226a), die (opferbezogen) nur dann strafbar ist, wenn sie an Frauen vorgenommen wird.

die weiblichen Bürger wählen. Hätte die Überschrift hingegen gelautet:

> Endlich dürfen alle Bürgerinnen
> und Bürger wählen!

hätte die Schlagzeile zu Recht Befremden ausgelöst, denn die Formulierung „endlich … alle" impliziert ja, dass zuvor zumindest einige bereits wählen durften – das war aber bei Bürgerinnen (also der Untergruppe der weiblichen Bürger) nicht der Fall gewesen.

Es gehört schon eine große Anstrengung des Nicht-verstehen-Wollens dazu, den Satz „Jeder Bürger hat mit Vollendung des 18. Lebensjahr das Recht zu wählen" misszuverstehen (nämlich nur auf männliche Bürger zu beziehen). Insofern ist die Hauptaufgabe der gegenseitigen Verständlichkeit (und der Unmissverständlichkeit) der Sprache beim generischen Gebrauch des Wortes erfüllt – auch ohne Vergeschlechtlichung.

Der Satz „Nicht jeder Fan [Maskulinum] ist Mitglied [Neutrum] eines Fan-Clubs" kann schon deshalb von niemandem beanstandet werden, weil es gar keine alternativen Formen gibt, die auf das eine oder andere Geschlecht hinweisen: Dieser Satz ist – mangels Alternativen – grundsätzlich geschlechtsneutral, auch wenn *Fan* ein (generisches) Maskulinum ist.

Auch der Satz „Alle Bewohner des Dorfes waren Kunden von Metzger Müller" im Nachruf auf den verstorbenen Fleischer wird von den meisten Menschen nicht missverstanden, denn sofern wir uns nicht in der Mönchsrepublik Athos befinden, dürfte allen Lesern klar sein, dass es sich bei den Dorfbewohnern um männliche und weibliche Personen handelt – vermutlich auch um alte und junge, hell- und dunkelhäutige, Deutsche und Ausländer. Das erschließt sich auch aus der Tatsache, dass jede Eingrenzung auf eine Teilmenge von Dorfbewohnern eines Zusatzes bedürfte: „Alle männlichen Dorfbewohner waren Kunden der Prostituierten Rosi“ oder „Alle erwachsenen Dorfbewohner waren Kunden der Spielhalle“ oder „Alle deutschen Dorfbewohner nahmen an der Bundestagswahl teil“. Wollen wir explizit die weiblichen Dorfbewohner hervorheben, bietet uns unsere Sprache zwar die Kurzform *Dorfbewohnerinnen* (dazu mehr im nächsten Kapitel), aber das bloße Vorhandensein dieser Form erzwingt nicht ihren Gebrauch an Stellen, wo er schlicht überflüssig ist. Denn: **Die bloße Existenz einer geschlechtsspezifischen Form hebt die Neutralität eines Satzes mit generischer Form nicht auf.**

Ein anderes Beispiel: Es ist nicht anzunehmen, dass eine Mehrheit der Hörer – oder auch nur ein einziger – den Satz

> Die Frühgeborenen werden
> mit Spendermilch versorgt, die nicht
> von der eigenen Mutter stammt.

so verstehen würde, dass die Milch von Männern stammt – nur weil es „Spender-“ und nicht „Spenderinnenmilch“ heißt. Der Kontext und die Kenntnis biologischer Fakten sorgen hier für unmissverständliche Eindeutigkeit. Aber auch wenn ein Bürgersteig – im Unterschied zur Spendermilch – rein theoretisch für Männer reserviert sein könnte, wird niemand auf eine solch absurde Annahme kommen, weil sie jeder Lebenserfahrung widerspricht. Sprache beschreibt die reale Welt und existiert nicht in einem Vakuum, also ohne Bezug zur Wirklichkeit.

Tatsächlich werden Bürgersteige ja auch nicht nur von (männlichen wie weiblichen) Bürgern im strengen Sinn des Wortes genutzt, sondern auch von ausländischen Touristen oder staatenlosen Asylbewerbern, ja sogar von Hunden und Katzen beiderlei Geschlechts. Dennoch bedürfen all diese Nutzer keiner gesonderten oder gar hervorgehobenen Nennung, weil wir den Begriff intuitiv – aufgrund unseres Hintergrundwissens und unserer Lebenserfahrung – mit dem richtigen Inhalt füllen und folglich niemals missverstehen würden.

Es ist sogar höchst wahrscheinlich, dass der Begriff *Bürgersteig* in einem Sachbericht oder in einem Roman auftauchen könnte, der im Iran oder in Saudi-Arabien angesiedelt ist, im Deutschland der NS-Diktatur oder in Südafrika unter dem Apartheid-Regime – obwohl in diesen Fällen die Vermutung durchaus berechtigt ist, dass bestimmte Bevölkerungsgruppen von der Nutzung ausgeschlossen sind, waren oder sein könnten: Frauen, Juden, „Nichtweiße“ (jeweils nach der Definition des herrschenden Regimes). Auch hier würde man den Begriff *Bürgersteig* verwenden, aber wohl eine Erklärung hinzufügen, die uns verdeutlicht, dass unsere Maßstäbe und unsere Erfahrung hier explizit ausgesetzt werden müssen, also keine Anwendung finden. Ein Satz wie

> Im Land X dürfen Frauen
> den Bürgersteig nicht benutzen.

wäre nur dann widersinnig, wenn wir *Bürgersteige* tatsächlich ausschließlich als „Gehwege für Männer" verstünden. In Wahrheit ergibt er aber für die meisten von uns deshalb einen Sinn, weil er etwas Besonderes, Unerwartetes (die Ausnahme von der „Regel") ausdrückt: Frauen dürfen etwas nicht nutzen, was nach unserem Verständnis für alle da sein sollte. Eine explizite Doppelnennung wie:

> Frauen dürfen den Bürger- und
> Bürgerinnensteig nicht benutzen.

wäre auf jeden Fall barer Unsinn, ganz gleich, auf welcher Seite der Vergeschlechtlichungsdebatte man steht.

Es gibt in der realen Welt von heute so wenige Kontexte, in denen entweder nur männliche oder nur weibliche Personen gemeint sind, dass Aussagen, die ein generisches Substantiv (ob Maskulinum, Femininum oder Neutrum) enthalten, von den meisten Menschen automatisch so verstanden werden, dass sie die generische und nicht die geschlechtsspezifische Form enthalten. Nehmen Sie zur Überprüfung die Sätze:

> ① Alle Patienten haben ein Recht
> auf freie Arztwahl.

und

> ② Alle Patienten haben ein Recht auf
> kostenlose Prostatauntersuchungen.

Welcher der beiden Sätze ruft eher Verwunderung hervor? Satz ① wird von den meisten Menschen so verstanden, dass männliche wie weibliche Patienten männliche wie weibliche Ärzte frei wählen dürfen – und kaum jemand würde ihn so missverstehen, dass ausschließlich männliche Patienten ausschließlich unter männlichen Ärzten wählen dürfen. Nach kurzem Stutzen käme hingegen bei Satz ② möglicherweise der Einwand: „Sollte es nicht heißen: ‚Alle männlichen Patienten haben ein Recht auf kostenlose Prostatauntersuchungen‘?“ Dieser Einwand kommt genau deshalb, weil *Patienten* grundsätzlich als generische Form verstanden wird!

Sätze wie „Jeder Katholik kann Priester werden“ oder „Jede Ente kann Eier legen“ sind gerade deshalb nicht nur missverständlich, sondern inhaltlich falsch, weil „jeder Katholik“ nicht automatisch als „jeder männliche Katholik“ und „jede Ente“ nicht automatisch als „jede weibliche Ente“ verstanden wird. Diese Sätze bedürfen daher der geschlechtlichen Präzisierung. **Weil generische Bezeichnungen generisch verstanden werden, bedürfen Spezifizierungen eines Zusatzes.**

Motion und Emotion

Wie wir auf Seite 97 gesehen haben, gibt es grammatische Maskulina (neben *Fan* zum Beispiel auch *Profi*, *Liebling*, *Spaßvogel*) oder Feminina (wie *Waise*, *Geisel*, *Ikone*, *Person*[68]), die eine Geschlechtskennzeichnung gar nicht erst zulassen. Auf der anderen Seite gibt es solche, die es erlauben, durch einfaches Anhängen eines Suffixes – Linguisten sprechen hier von **Movierung** oder **Motion** – jenes biologische Geschlecht zu kennzeichnen, das mit dem grammatischen Geschlecht nicht übereinstimmt.

Im Deutschen ist die weitaus gängigste Form der „Feminisierung" das Anhängen der Nachsilbe *-in* an das (generische) Maskulinum. Dabei stellt sich aber die Frage: Ist das Anheften oder „Antackern" einer Nachsilbe an einen grammatikalisch maskulinen Stamm wirklich ein Schritt in Richtung einer Gleichbehandlung? Wollen sich emanzipierte Frauen tatsächlich als „Ableitung" einer maskulinen Wortform verstehen? Ist

---

[68] Dass ausgerechnet die Moderatorin einer RTL-Show mit dem Titel *Der große IQ-Test* (am 13. Juni 2022) von „Person oder Personin" sprach, darf man wohl als versteckten Seitenhieb von Sonja Zietlow betrachten, die sich von den ihr ganz offensichtlich aufgezwungenen vergeschlechtlichten Moderationstexten sichtlich genervt fühlte. Gleichzeitig hatte offenbar niemand in der Redaktion Bedenken, das Publikum in Gruppen wie „Blondinen" (nur Frauen) und „Glatzenträger" (nur Männer) einzuteilen.

das nicht so, als forme man – um ein längst überholtes Bild zu bemühen – „das Weib“ aus der Rippe Adams?

Die Erschaffung des -in: Die Frau als „Ableger“ des Mannes

Hier haben Sprachen wie das Italienische oder Spanische einen klaren Vorteil, denn sie hängen oft an einen geschlechtsunspezifischen Stamm (der nicht als eigenständiges Wort existiert) entweder das Suffix *-o* oder das Suffix *-a* an, um ein männliches bzw. weibliches Wesen zu kennzeichnen: *fornaio* ist der männliche, *fornaia* der weibliche Bäcker in Italien, in Spanien sind es *panadero* und *panadera*. (Die Stämme *fornai-* oder *panader-* existieren nicht als eigenständige Wörter.)[69] Es mutet schon fast wie Satire an, wenn einige ultraradikale Sprachideologen (wie die „AG Feministisch Sprachhandeln“ der Humboldt-Universität zu Berlin)

[69] Es gibt allerdings auch im Spanischen Ausnahmen zu dieser Regel: *caballo* bezeichnet das Pferd, *caballa* hingegen die Makrele.

versuchen, diese gewachsene Eigenheit anderer Sprachen mit roher Gewalt auf das Deutsche zu übertragen, indem sie eine völlig sprachfremde „neutrale“ Endung in die Sprache einführen wollen: „Eini guti Lehri“ oder „Ens gutens Lehrens“ oder „Dx gutx Lehrx“. (Nein, das habe ich nicht erfunden![70]) Derartiger Unsinn entspricht ohnehin nur auf den ersten Blick dem oben angeführten Muster anderer Sprachen, denn das Italienische und das Spanische (hier als Beispiele genannt) kennen keine neutrale Endung, lediglich einen neutralen Stamm.

Bleiben wir also bei der realistischeren und praktikableren Lösung des Anhängsels am maskulinen Stamm. Eine solche Herabwürdigung nehmen viele Frauen aus gutem Grunde nicht hin – allerdings leben viele dieser Frauen in anderen Ländern. Wie so oft hilft es uns, einmal über den Tellerrand zu schauen, wie man in anderen Sprachräumen zur Movierung steht. Eine solche Recherche fördert manches zutage, was deutsche Sprachfeministen lieber nicht wahrhaben wollen und daher gerne ignorieren. So berichtet Nele Pollatschek, die Literatur und Philosophie studierte, aber auch außerhalb des Elfenbeinturms berufliche Erfahrungen gesammelt hat, dass ein englischer Professor sie einmal gefragt habe, „ob wir in Deutschland Angela Merkel wirklich als ‚BundeskanzlerIN‘ bezeichnen und ob denn die deutschen Feministen nichts dagegen täten.“ Wie sich

[70] vgl. den Abschnitt „X-Endung (ebenso: andere Suffixe wie -a, -ens, -i, …)“ im Artikel „Leitlinien der GfdS zu den Möglichkeiten des Genderings [sic!]“ der Gesellschaft für deutsche Sprache (https://gfds.de/standpunkt-der-gfds-zu-einer-geschlechtergerechten-sprache/, Abruf 2024-01-19).

nämlich Deutschlands Grüne ungern damit konfrontiert sehen, dass viele ihrer finnischen Parteifreunde – ausdrücklich aus Gründen des Umwelt- und Klimaschutzes – die friedliche Nutzung der Kernenergie befürworten,[71] so nehmen deutsche Sprachfeministen nur ungern zur Kenntnis, dass viele Gleichgesinnte in anderen Ländern und Sprachräumen nicht nur ihre Ansichten nicht teilen, sondern sogar mit den gleichen Begründungen zu völlig gegenteiligen Schlussfolgerungen gelangen.

Pollatschek, die sich als Schriftsteller bezeichnet, der unter anderem auch Frau und Jude ist, erklärt, dass der von ihr zitierte Professor meinte: „Tun die deutschen Feministen denn nichts dagegen, dass es unterschiedliche Wortformen für Männer und Frauen gibt, dass also Männer und Frauen sprachlich unterschiedlich behandelt werden?“ Pollatschek sieht im sogenannten „Gendern“, wie jener Professor, „eine sexistische Praxis, deren Ziel es ist, Sexismus zu bekämpfen.“ Es bringe nämlich ein in diesem Zusammenhang völlig irrelevantes Merkmal einer Person – das Geschlecht – erst ins Spiel und stelle es sogar in den Vordergrund, vor allen anderen Merkmalen:

> Wenn wir im Deutschen gendern, dann sagen wir damit: Diese Information ist so wichtig, dass sie immer mitgesagt werden muss. Und wir sagen: Nur diese Information muss immer mitgesagt werden. Es ist richtig, auf alle anderen Identitätskategorien nur dann zu verweisen,

[71] Rudolf Hermann, „Atomkraft, ja bitte! Warum Finnland weiterhin auf Kernenergie setzt“, *Neue Zürcher Zeitung*, 2023-04-21 (https://www.nzz.ch/wirtschaft/atomkraft-ja-bitte-warum-finnland-weiterhin-auf-kernenergie-setzt-ld.1730818, Abruf 2023-12-18).

> wenn sie relevant sind, nur das Geschlecht wird immer angezeigt, damit machen wir es zur wichtigsten Identitätskategorie.[72]

In den meisten Fällen ist es bedeutungslos, welchem Geschlecht ein Schriftsteller angehört – sieht man einmal von besonderen Fällen ab, in denen die eine oder andere Perspektive im Werk oder für dessen Verständnis eine Rolle spielt. Für die Nationalsozialisten, die die Bücher jüdischer Schriftsteller in spektakulären Aktionen verbrannten, weil die Autoren Juden waren,[73] hätte hingegen das Identitätsmerkmal „Jude" eine viel größere Rolle gespielt als das Geschlecht – daher wurden im NS-Jargon häufig die Attribute *Juden-* oder *jüdisch(-)* verwendet, jedoch nicht nur bei Schriftstellern, sondern auch für – beispielsweise – Schuster, Bäcker, Bankiers und Kaufleute. Klemperer schreibt in seinem *LTI*:

> noch häufiger als der »Jude« kommt das Adjektiv »jüdisch« vor, denn vor allem durch das Adjektiv läßt sich jene Klammer bewirken, die alle Gegner zu einem einzigen Feind zusammenbindet … (S. 224).

Den Sprachfeministen geht es selbstverständlich nicht um die Zusammenfassung von Frauen zu einem Feindbild, aber es geht auch hier um eine völlig überflüssige Gruppierung nach einem völlig irrelevanten Merkmal, und darin liegt die sprachliche Parallele.

---

[72] Nele Pollatschek, „Deutschland ist besessen von Genitalien: Gendern macht die Diskriminierung nur noch schlimmer", *Der Tagesspiegel*, 2020-08-30 (https://www.tagesspiegel.de/kultur/gendern-macht-die-diskriminierung-nur-noch-schlimmer-4192660.html, Abruf 2023-12-18).

[73] Mehr zur Verbrennung von Büchern nach einer Vorlage des (jüdischen) Autors René Goscinny im modernen Kanada finden Sie auf Seite 197.

Als aufgeklärter Mensch von heute werden Sie sich zu Recht fragen, welche Rolle es spielt, ob bestimmte Kaufleute, bei denen Sie einkaufen, Juden, Hindus, Moslems oder Christen sind. Die Antwort ist klar: Es spielt eben im Alltag keine Rolle – es spielt aber ebenso keine Rolle, ob sie Männer oder Frauen ist.

Auch spielt es keine Rolle, ob sie verheiratet oder unverheiratet sind. Wenn Sie jedoch 1960 bei „Fräulein Müller" um die Ecke einkauften, haben sie dieses irrelevante Identitätsmerkmal implizit ins Spiel gebracht. Weil es aber eine überflüssige Information ist, hat sich die Anrede „Fräulein" sowohl aus der Alltags- als auch aus der Amtssprache still und leise verabschiedet – auch wenn kaum jemand, der das Wort *Fräulein* früher gebrauchte, böse Absichten damit verfolgte. (Es gab durchaus unverheiratete Frauen, die Wert auf die Anrede legten.) Die eigentliche Frage war jedoch: Weshalb sollte man die unverheirateten Frauen besonders (positiv oder negativ) hervorheben, wenn der Begriff *Frau* generisch alle Frauen – verheiratet und unverheiratet – bereits abdeckt? Genau das geschieht aber mit dem Merkmal „Geschlecht", wenn ich von *„Bürgern und Bürgerinnen"* spreche: Ich hebe ein Geschlecht besonders hervor, das bereits durch *Bürger* abgedeckt ist. Auch bei der Abschaffung des Begriffs *Fräulein* hätte man, so schreibt Pollatschek,

> argumentieren können, dass dies die verheiratete Frau zum Standard macht und die unverheiratete diskriminiert. … Knapp fünfzig Jahre später wissen wir, dass das Gegenteil passiert

> ist: Indem wir das Wort Frau unabhängig vom Ehestatus einsetzen, haben wir es ziemlich erfolgreich von der Bedeutungsebene „verheiratet“ getrennt.

Im Englischen sind geschlechtsspezifische Bezeichnungen daher bei Personen, die sich für die Gleichbehandlung und Gleichberechtigung aller Menschen einsetzen, aus genau diesen Gründen verpönt. Vor allem empfindet man es – aus Sicht des „angehängten“ Geschlechts – als demütigend und erniedrigend, ein Geschlecht durch Suffix aus dem anderen abzuleiten, da dies ja die Unterordnung unter einen „Oberbegriff“ signalisiert. „Der englische Gedanke ist schlichtweg dieser: **Der Weg zu Gleichheit ist Gleichheit**. Wer will, dass Männer und Frauen gleich behandelt werden, der muss sie gleich behandeln und das heißt, sie gleich zu benennen“, schreibt Pollatschek.

Einer der auch im Ausland bekanntesten movierten Begriffe im Englischen ist vermutlich das Wort *actress* für „Schauspielerin“, das alljährlich bei der Verleihung der Academy Awards (“Oscars”) fällt. Während bei den Oscars und anderen großen Filmpreisen noch (Stand Anfang 2026) eine “Best Actress” gekürt wird, honorieren die (jüngeren) Actor (!) Awards, die von der Schauspieler(!)gewerkschaft SAG-AFTRA vergeben werden, eine “Outstanding Performance by a Female Actor”, also eine „herausragende Leistung durch einen weiblichen Schauspieler“. Darüber hinaus wird seit einiger Zeit heftig diskutiert, ob nicht die Geschlechtertrennung in den Schauspielkategorien (nur dort gibt es sie) überhaupt aufgehoben werden sollte, weil auch dadurch ein irrelevantes Merkmal in den Vordergrund rückt: Es wird nach Geschlechtern getrennt, aber nach keinem anderen Merkmal. Michael Bronski schrieb bereits 2018 einen Kommentar, in dem er sich dafür aussprach, "Best Actress" als "Oscar"-Kategorie ersatzlos zu streichen:

> We no longer say poetess, sculptress, executrix, aviatrix, comedienne, lady novelist, or priestess – so why actress? … It has become increasingly common nowadays to refer to both men and women performers as actors.[74]

> Wir sagen nicht mehr *Dichterin, Bildhauerin, Vollstreckerin, Fliegerin, Komikerin, Romanautorin* oder *Priesterin* – weshalb dann *Schauspielerin*? … Es ist heutzutage zunehmend üblich geworden, sowohl männliche als auch weibliche Darsteller als *Schauspieler* zu bezeichnen.

Hier werden sich einige Menschen im deutschen Sprachraum verblüfft die Augen reiben: „Man sagt nicht mehr *-in*?“ Und die unmovierte Form für beide Geschlechter ist „zunehmend üblich“ ("increasingly common")? Anders ausgedrückt: Auch im Englischen gab es einmal zahlreiche geschlechtsspezifische (feminisierende) Formen, doch werden diese heutzutage als unzeitgemäß und überholt empfunden.

Tatsächlich gibt es im englischen Sprachraum viele weibliche Schauspieler, die sich durch den Gebrauch

[74] Michael Bronski, "Commentary: Why the Oscars Should Ditch the Best Actress Award", *Fortune*, 2018-03-02.

des geschlechtsspezifischen Begriffs *actress* diskriminiert fühlen. Whoopi Goldberg soll einmal gesagt haben: "An actress can only play a woman. I'm an actor – I can play anything"[75] („Eine Schauspielerin kann nur eine Frau spielen. Ich bin Schauspieler – ich kann alles spielen."[76]) Und in dem 2010 veröffentlichten *Style Guide* der britischen Zeitungen *Observer* und *Guardian* werden die Mitarbeiter ausdrücklich angehalten: „Verwenden Sie [*Schauspieler*] sowohl für männliche als auch für weibliche Schauspieler; verwenden Sie *Schauspielerin* nicht, außer in der Bezeichnung eines Preises, z.B. Oscar für beste Schauspielerin."[77] Das Handbuch erklärt dazu:

actress comes into the same category as authoress, comedienne, manageress, 'lady doctor' … and similar obsolete terms that date from a time when professions were largely the preserve of one sex (usually men). … There is normally no need to differentiate between the	*Schauspielerin* gehört in die gleiche Kategorie wie *Schriftstellerin, Komikerin, Managerin, Ärztin* … und ähnliche veraltete Begriffe, die aus einer Zeit stammen, als Berufe großenteils die Domäne eines Geschlechts (üblicherweise Männer) waren. … Es besteht normalerweise kein Bedarf, zwischen den Geschlechtern zu unter-

[75] Cole Morton, "Whoopi Goldberg in full flight", *The Guardian*, 2009-04-18 (https://www.theguardian.com/world/2009/apr/18/whoopi-goldberg-saturday-interview, Abruf 2024-01-02).

[76] Auch das wird ja inzwischen von manchen in Frage gestellt – aber das ist schon wieder ein anderes Thema.

[77] "Use [*actor*] for both male and female actors; do not use *actress* except when in name of award, eg Oscar for best actress."

sexes – and if there is, the words male and female are perfectly adequate: Lady Gaga won a Brit in 2010 for best international female artist, not artiste, chanteuse, or songstress.[78]	scheiden – und wenn dies der Fall ist, reichen die Wörter *männlich* und *weiblich* vollkommen aus: Lady Gaga gewann 2010 einen Brit [Award] als bester internationaler weiblicher Künstler, nicht Künstlerin, Chanteuse oder Sängerin.

Absurderweise fordern aber im deutschen Sprachraum gerade diejenigen, die sich großzügig bei der englischen Sprache bedienten, als es um den Begriff *gender* ging, dass die deutschen Äquivalente zu den oben im Englischen genannten Begriffen, die Bronski als "obsolete" („veraltet, überholt, altmodisch") bezeichnet (also *Schauspielerin*, *Dichterin*, *Bildhauerin*, *Fliegerin*, *Romanschriftstellerin* oder *Priesterin*) hierzulande nicht ebenso in der Mottenkiste der Ewiggestrigen verschwinden wie im Englischen, sondern sogar noch viel häufiger gebraucht werden!

Pollatschek meint dazu:

> Während die Deutschen sich für das permanente Benennen von Geschlechterunterschieden entschieden haben, haben die Briten sich entschieden, das Anzeigen von Geschlechtlichkeit so weit wie möglich zu vermeiden. Dafür haben sie[,] mit typisch britischer Pragmatik, die Form gewählt, die ihre Sprache sowieso als generisch hergibt.

[78] Stephen Pritchard, "The readers' editor on… Actor or actress? – Some female thespians say it is offensive to be described as an actress", *The Guardian*, 2011-09-25.

Abgesehen davon, dass die Pauschalisierung „die Deutschen“ fragwürdig ist (ein großer Teil der Bevölkerung würde wahrscheinlich nicht zustimmen), hat Pollatschek vollkommen recht.

Aber nicht nur im Englischen, sondern auch in anderen Sprachen wird die Movierung diskutiert – und das nicht erst seit ein paar Jahren. Im Französischen gibt es unterschiedliche Schemata, um aus generisch maskulinen Substantivformen feminine Pendants zu bilden: *actrice* zu *acteur* („Schauspieler“), *boulangère* zu *boulanger* („Bäcker“), *championne* zu *champion* („Meister“), *paysanne* zu *paysan* („Bauer“), *gendarmette* (oft scherzhaft) zu *gendarme* („Gendarm“), *monteuse* zu *monteur* („Cutter“ beim Film). Allerdings kann sich auch die Bedeutung verändern: aus dem maskulinen *dépanneur* („Pannenhelfer“) wird mit der femininen *dépanneuse* ein „Abschleppfahrzeug“, und während *maître* ein „Meister“ oder „Lehrer“ sein kann und zudem die Anrede für einen Rechtsanwalt männlichen oder weiblichen Geschlechtes, kann die *maîtresse* die „Geliebte“ oder eben, wie unser Lehnwort, die „Mätresse“ sein. Bereits zu Beginn des vorigen Jahrhunderts diskutierten weibliche Anwälte in Frankreich, ob sie sich als *avocat* (generisches Maskulinum[79]) oder *avocate* (abgeleitetes Femininum) bezeichnen sollten.

> Die meisten Frauen entschieden sich dafür, *avocat* auf ihre Visitenkarten drucken zu lassen,

[79] Als eine sehr ausführliche, unaufgeregte und wissenschaftlich fundierte Abhandlung zum generischen Maskulinum empfehle ich: Eckhard Meineke, *Studien zum genderneutralen Maskulinum*, Heidelberg: Universitätsverlag Winter, 2023.

> weil sie befürchteten, dass *avocate* als minderwertige Form eines Anwalts interpretiert werden könnte. Sie wählten die gleiche Bezeichnung wie die Männer, um ihnen zu signalisieren: Wir sind genauso gute Anwälte wie ihr![80]

Die Befürchtung war, dass die gesonderte Ausweisung des Geschlechts wie eine Warnung („Vorsicht, Frau!") verstanden werden könnte – oder als Unterstellung besonderer Ungeschicklichkeit, wie etwa bei ungewöhnlich breiten und hell erleuchteten „Frauenparkplätzen" mit abgepolsterten Wänden. Das französische Argument von vor über hundert Jahren ist folglich das gleiche wie das von Whoopi Goldberg gegen die englische Bezeichnung *actress*.

Auch die italienische Politikerin Stefania Prestigiacomo, die immerhin von 2001 bis 2006 Minister (!) für Chancengleichheit (*ministro per le pari opportunità*) war, sagte 2004 in einem Interview:

Eliminerei ministra. Suona male ed è accompagnata da una sottile ironia che sembra indicarla come un incidente della politica.[81]	Ich würde *Ministerin* eliminieren. Es klingt schlecht und wird von einer subtilen Ironie begleitet, die anzudeuten scheint, es handele sich um einen Unfall der Politik.

Sämtliche Amtsinhaber in diesem Ministerium, das es seit 1955 (mit einigen Änderungen in der Bezeichnung) gibt, waren und sind Frauen – und alle waren ***ministro***,

[80] Fabian Payr, *Von Menschen und Mensch*innen*, Wiesbaden: Springer, 2021, S. 60.
[81] in *Corriere della Sera-Magazine*, 2004-10-14, zitiert in: Luca Serianni, *Prima lezione di grammatica*, Rom: Laterza, 2006, S. 134f.

selbst die gebürtige Deutsche Josefa Idem, die 2013 für ein paar Monate das Ministerium leitete.

Nun könnte man vielleicht argumentieren, das englische *actress*, das französische *avocate* oder das italienische *ministra* seien nicht eins zu eins auf das deutsche *Schauspielerin*, *Anwältin* bzw. *Ministerin* übertragbar. Wie steht es dann aber mit Bezeichnungen, die aus eben jenen Sprachen stammen? Weibliche Komiker bezeichnen sich hierzulande zum Beispiel gerne mit dem französisch-englischen Begriff *Comedienne*, den der oben zitierte *Style Guide* 2010 in Großbritannien (s. S. 110) und Bronski 2018 in den USA (s. S. 109) ausdrücklich als Beispiel für obsolete Begriffe nennen.

Zeitliche Verlaufskurve für den Gebrauch des Wortes Comedienne *in deutschen Zeitungen (nach DWDS)* [82]

[82] Wortverlaufskurve für „Comedienne", erstellt durch das Digitale Wörterbuch der deutschen Sprache (DWDS) (https://www.dwds.de/r/plot/?view=2&corpus=zeitungenxl&norm=abs&smooth=line&genres=0&grand=1&slice=1&prune=0&window=0&wbase=0&logavg=0&logscale=0&xrange=1946%3A2023&q1=Comedienne, Abruf 2024-01-22).

Demnach war der Begriff, als er sich Anfang des Jahrtausends in die deutsche Sprache einschlich (siehe Graphik oben), bereits veraltet, überholt und altmodisch, als er begann, hier Fuß zu fassen.

Als sei die Übernahme veralteter englischer Bezeichnungen noch nicht fragwürdig genug, wird selbst auf diesem Gebiet noch fleißig an der Sprache herumgedoktert. Für den weiblichen Manager etwa könnte man die – laut *Style Guide* – zwar obsolete, aber immerhin existierende englische Form *manageress* übernehmen, doch auch hier hängt man in fragwürdiger Sprachenverkleisterung lieber ein deutsches *-in* an und bastelt sich die Kunstform *Managerin*. Noch um 1990 war *The Manageress* der Titel einer kurzlebigen britischen Fernsehserie, die in Frankreich *Miss Manager et ses footballeurs* hieß und in Deutschland *Unser Boss ist eine Frau*. Heute würden wohl alle drei Titel in den jeweiligen Ländern Stirnrunzeln hervorrufen, aber aus unterschiedlichen Gründen – so ändern sich die Zeiten.

Tatsächlich fordern die Sprachvergeschlechtlicher hierzulande sogar dort, wo wir einen englischen Begriff in die deutsche Sprache übernommen haben, dieser Begriff in der Herkunftssprache aber kein – auch noch so obsoletes – weibliches Pendant besitzt, eine Verweiblichungsform, die dann ein englisch-deutschen Zwitterwesen wie etwa „*Teenagerin*" ergibt.

Selbst Berufsbezeichnungen wie *DJ* (eine Abkürzung für *Disc-Jockey*), bei denen man kaum eine maskuline Endung entdecken kann, werden mit haarsträubenden Feminisierungen bedacht („*DJane*"), über die englische

Muttersprachler nur verständnislos den Kopf schütteln können.

Vom deutschen Wort *Produzent* kann ich legitim eine feminine Form ableiten, nämlich *Produzentin*. Das Englische kennt eine solche feminine Form ("*produceress*") nicht – Produzenten beiderlei Geschlechts heißen hier *producer*. Folglich kann es auch keine „*Producerin*" geben und ebenso keine „*Singerin-Songwriterin*", „*Cheerleaderinnen-Coachin*", „*Userin*", „*Content-Creatorin*", „*Wedding-Plannerin*" (und erst recht keine „*Wedding-Planerin*" = „Hochzeitshobelin"!) oder ähnliche Abstrusitäten, die sich aber hartnäckig in Texten finden.

Eines der Argumente der Sprachvergeschlechtlicher lautet bekanntlich, wenn man die Endung *-in* nicht verwende, stellten sich die meisten Menschen ausschließlich männliche Lebewesen vor. Wir haben aber bereits ausführlich dargelegt, dass sich Wörter durch ihren Bezug zur realen Welt mit Inhalten füllen (vgl. S. 87f.). Es ist nun einmal eine statistisch belegbare Tatsache, dass Kindergärtner vorwiegend weiblich und Müllwerker vorwiegend männlich sind, und keine Sprachregelung der Welt wird dieses Ungleichgewicht in absehbarer Zeit ändern, solange es weniger männliche Stellenbewerber in Kindergärten und weniger weibliche bei den Entsorgungsbetrieben gibt – und keine Einstellungsquote hoheitlich erzwungen wird.

Auch Cheerleading Squads werden wohl in absehbarer Zeit nicht paritätisch besetzt, solange man hier keine Männerquote einführt. Viele Menschen hierzulande sind sogar überrascht, wenn sie erfahren, dass

Cheerleading jemals (ganz früher sogar ausschließlich!) von Männern ausgeübt wurde (George W. Bush war ein Cheerleader). Danach war es viele Jahre eine reine Frauensportart, und erst in den letzten Jahren öffneten sich einzelne Squads – im Zuge der Gleichberechtigung – wieder für Männer, was sicherlich zu begrüßen ist. Hier hat sich also mehrfach ein gesellschaftlicher Wandel in die eine und in die andere Richtung vollzogen. Doch wieviel Prozent der Bevölkerung würden beim Wort *Cheerleader* heute vorrangig (!) an einen Mann denken – nur weil ein *-in* am Ende „fehlt"?

Auch ich bin noch damit aufgewachsen, dass die (damals noch recht junge) Berufsgruppe der Raumfahrer nahezu ausnahmslos aus Männern bestand – daran konnte auch eine einsame russische Alibi-Kosmonautin nichts ändern. Dennoch habe ich im Laufe der Jahre genügend Astronauten beiderlei Geschlechts und vieler unterschiedlicher Nationalitäten und Hautfarben gesehen, so dass sich die ursprüngliche Vorstellung – die ja nicht auf Vorurteilen, sondern auf einem realen Ungleichgewicht beruhte – ohne große geistige Anstrengung meinerseits automatisch verändert hat.

In einem Video zum Thema meint auch die Wissenschaftsjournalistin Mai Thi Nguyen-Kim, die vom Branchenblatt *medium magazin* zur „Journalistin des Jahres 2020" gekürt wurde[83]: „Sollten wir nicht lieber versuchen, einen männlich assoziierten Plural wie ‚Wissenschaftler' in unseren Köpfen geschlechtsneutral zu

[83] https://www.mediummagazin.de/preistraeger/journalisten-des-jahres/2020/mai-thi-nguyen-kim-2/, Abruf 2024-01-03.

machen? … [W]enn ich sage: ‚Ich bin Chemiker', mache ich dadurch nicht glasklar, dass Chemiker auch Frauen sind?"[84] Dem pflichtet auch Kubelik bei: „Eine Veränderung in der Weltsicht, in den Themen und Prioritäten der Sprecher führt … zu einem natürlichen Sprachwandel. Entscheidend ist, dass die gesellschaftliche Entwicklung der sprachlichen Anpassung vorausgeht."[85]

Pollatschek sieht auch Parallelen zu anderen identitätsbestimmenden Merkmalen. Über Jahrzehnte oder gar Jahrhunderte seien Begriffe wie *Bundeskanzler* (in Deutschland) oder *Prime Minister* (in England) in der Vorstellung der Menschen mit dem Attribut „männlich" assoziiert worden – aber nicht, weil die Wörter grammatikalisch maskulin seien, sondern weil die Ämter faktisch von männlichen Personen bekleidet wurden. Die Wahl von Merkel bzw. noch früher Thatcher (und später May und Truss) habe diese Vorstellung aufgelöst, und daher sei es für heutige Briten nicht mehr selbstverständlich, beim Wort *Prime Minister* nur an Männer zu denken. Dazu bedürfe es nicht eines umständlichen Sprachkonstrukts wie "*Prime Ministers and Prime Ministresses*". Vergleichbar damit sei auch, dass

> das Wort "US-President" für die ersten Jahrhunderte der amerikanischen Geschichte per Gesetz nur Weiße bezeichnen konnte und faktisch bis 2008 nur weiße Männer bezeichnet

[84] Mai Thi Nguyen-Kim, „Sollte man gendern?", maiLab, *YouTube*, 2018-10-17 (https://youtu.be/yUuE_aCrKsQ, Abruf 2024-01-03).

[85] Tomas Kubelik, *Genug gegendert*.

> hat. Die Realität, also Barack Obama, hat die Sprache verändert.[86]

Bis zum Amtsantritt Angela Merkels war es üblich (und durch Evidenz begründet), bei Bundeskanzlern an Männer zu denken. Die sechzehnjährige Kanzlerschaft einer Frau hat diese Vorstellung verändert. Wenn wir heute also von den Kanzlern der Bundesrepublik Deutschland sprechen, beziehen wir – geschult (um nicht zu sagen „umerzogen") durch die Realität – automatisch eine Frau mit ein – auch ohne Anhängsel.

Ohnehin ist *Kanzler* – wörtlich ein „Türsteher" oder „Schrankenwärter" (von lat. *cancellus* = „Schranke", davon abgeleitet „Kanzel") – eine Berufsbezeichnung. Sie kann, so der Duden, „ohne Artikel in Prädikativen auftreten. Dieser Gebrauch hebt die Berufsrolle hervor. Es ist hier daher zulässig, auch bei Bezug auf eine weibliche Person die maskuline Form zu verwenden."[87]

Das Bundesministerium der Justiz geht noch weiter und schreibt in seinem *Handbuch der Rechtsförmlichkeit* (3. Auflage) unter der Überschrift „Sprachliche Gleichbehandlung von Frauen und Männern":

> Werden in Vorschriften Personen bezeichnet, stimmt das grammatische Geschlecht der gewählten Personenbezeichnungen ... nicht immer mit dem natürlichen Geschlecht der benannten Personen überein. Herkömmlich wird die grammatisch maskuline Form verallgemeinernd verwendet **(generisches Maskuli-**

[86] Nele Pollatschek, „Deutschland ist besessen von Genitalien".
[87] Duden, Band 4, *Die Grammatik*, 9. Auflage, Berlin: Dudenverlag, 2016, S. 1007.

> **num**). … So können mit den Bezeichnungen „der Eigentümer", „der Verkäufer", „der Mieter" männliche und weibliche, aber auch juristische Personen gemeint sein. … Aus dem Grundsatz der Gleichberechtigung von Männern und Frauen (Artikel 3 Absatz 2 des Grundgesetzes) folgt, dass sich Vorschriften in der Regel in gleicher Weise an Männer und Frauen richten.[88]

Wenn wir eine Berufs- oder Tätigkeitsbezeichnung von einem Verb ableiten, sprechen wir vom *Nomen agentis*. Dazu hängen wir in vielen Fällen die Endung *-er* an (im Englischen ebenfalls, im Französischen *-eur*, im Italienischen *-ore* usw.) und verwenden den maskulinen Artikel: Ein Mensch, der arbeitet, ist ein Arbeiter; ein Mensch, der zeichnet, ein Zeichner. Dabei können wir, je nach Herkunft des zugrundeliegenden Verbs, auch fremdsprachige Endungen verwenden: *Restaurator* (lateinisch), *Masseur* (französisch) oder *Trainer* (englisch) etwa für Menschen, die restaurieren, massieren oder trainieren.

Diese Art der Ableitung des Substantivs von einem Verb gibt es aber nicht nur für Berufe und Tätigkeiten, sondern auch für unbelebte Sachen. Spätestens hier wird klar, dass beim *Nomen agentis* nicht etwa die (biologische) Männlichkeit des Bezeichneten im Vordergrund stehen kann (und auch nicht impliziert wird) – sonst gäbe es keinen *Radiowecker*, *Bleistiftspitzer*, *Staubsauger*, *Hosenträger* oder *Büstenhalter*, denn all diese

[88] http://hdr.bmj.de/page_b.1.html#an_110, Abruf 2024-01-19.

Gegenstände sind selbstverständlich völlig geschlechtslos. Selbst der *Reiseveranstalter* oder der *Autohersteller* besitzen kein biologisches Geschlecht, auch wenn hinter den Unternehmen Menschen stecken. Und ein (Freund und) *Helfer* kann auch die biologisch geschlechtslose Organisation *Polizei* sein, deren Genus feminin ist.

Eisenberg schreibt daher:

> Bei den Personenbezeichnungen im Deutschen ist das Maskulinum unmarkiert. Während die feminine Form *Lehrerin* ein Sexusmerkmal hat, weist die maskuline Form *Lehrer* ein solches Merkmal nicht unbedingt auf. Das Wort kann sich auf Männer beziehen, muss es aber nicht, während dem Wort *Lehrerin* der Bezug auf weibliche Wesen fest eingeschrieben ist.[89]

Er folgert daraus, dass *Nomina agentis* mit ihrem unmarkierten Genus aus sich heraus eine generische Bedeutung haben und als generisches Maskulinum einfach nur „Tätige" bezeichnen. „Dass *Malerin* und *Maler* in Hinsicht auf ihren Sexusbezug einfach gleichgesetzt werden," bezeichnet Eisenberg als „die schlichteste Variante von semantischen Fehlleistungen".[90]

Anders ausgedrückt: Die Endung *-er* und alle verwandten Endungen sind keine maskulinen Endungen, sondern Teil des Stammes eines abgeleiteten Substantivs. Dennoch scheint allein diese Buchstabenkombination bei manchen Sexualisierungsfanatikern schon eine Kampfhaltung und den Zwang zum An-

[89] Eisenberg, S. 25.
[90] Eisenberg, S. 27.

hängen eines *-in* auszulösen. Auf diese Weise entstehen dann auch Absurditäten wie „*Witwerinnen*" (statt *Witwen*) oder – kein Scherz! – „*Mitgliederinnen*".

Michael Winterbottoms sozialkritische Satire *Greed* (2019) weist im Abspann auf die Verhältnisse in der Bekleidungsindustrie hin, unter anderem mit der Aussage: "80% of garment factory workers are women". In der deutschen Fassung steht hingegen an dieser Stelle, dass 80% aller Arbeiterinnen in der Textilindustrie Frauen seien. Man muss sich die Frage stellen, welchem Geschlecht die übrigen 20% der Arbeiterinnen angehören – denn ich war stets davon ausgegangen, dass hundert Prozent aller Arbeiterinnen (in jeder Industrie) Frauen seien.

Ein ähnliches „Problem" entsteht, wenn man versucht, Sätze wie „Frauen sind die besseren Autofahrer" oder „Der Bankräuber war eine Frau" sprachfeministisch zu „bearbeiten", denn es ergibt offensichtlich keinen Sinn (oder ist redundant), wenn man sagt „Frauen sind die besseren Autofahrerinnen" (sie sind ja die einzigen Autofahrerinnen) oder „Die Bankräuberin war eine Frau" (das ist bereits durch die feminine Form *Bankräuberin* ausgedrückt).

Wenn eine Fußballkommentatorin nun meint, ihre Zuschauer „aus der Kommentatorinnenkabine" begrüßen zu müssen, ist dies ebenso unsinnig, wie die Behauptung, Olaf Scholz sei ins „Kanzlerinnenamt" eingezogen, als er von Angela Merkel das „Amt (!) der Bundeskanzlerin" übernommen habe. Wenn die Kommentatorin ihre Kabine (in der sie allein sitzt), gleich für sämtliche „Kommentatorinnen“ (Plural) in Beschlag nimmt, reserviert sie sie für Kollegen ihres eigenen Geschlechts, schließt aber das andere Geschlecht kategorisch aus, während eine Kommentatorenkabine ebenso von Kommentatoren beiderlei Geschlechts besetzt werden kann wie das Kanzleramt von Politikern beider Geschlechter.

Auch wenn also überhaupt kein Bedarf besteht, die durch die Verwendung des einen oder anderen Genus vermeintlich (!) ausgeschlossenen biologischen Geschlechter ausdrücklich durch das Anhängen der entsprechenden Nachsilbe einzubeziehen, wird genau dies von Sprachsexualisierern gefordert. Ich darf dann nicht mehr nur von *Hunden* und *Gänsen* sprechen, wenn ich sowohl männliche als auch weibliche Exemplare meine, sondern muss von *Hunden und Hündinnen* beziehungsweise *Gänsen und Gänserichen* sprechen. Von *Menschen* und *Personen* zu sprechen, ist hingegen weiterhin „erlaubt“, weil es eben nicht zu jedem generischen Maskulinum oder Femininum eine geschlechtsunterscheidende Form gibt. Diese gibt es zum Beispiel auch nicht zu *Bösewicht*, *Clown*, *Fan*, *Israeli*, *Jammerlappen*, *Lehrling*, *Nazi*, *Nichtsnutz*, *Schlingel*, *Star*, *Taugenichts*, *Vize*, *Vorstand*, *Wonneproppen* oder *Wuchtbrumme* – aber hier stößt man schon hin und wieder auf Phantasiegebilde wie „*Bösewichtin*“, „*Clownin*“, „*Israelin*“, „*Vorständin*“, „*Wonneproppin*“ oder „*Wuchtbrummer*“. Der Weg von der „*Vizin*“ zur „*Nazin*“ ist wohl nicht mehr weit, und es sollte dann auch nicht verwundern, irgendwo irgendwann in einer medialen

Absonderung zu lesen, dass „*Starinnen* viele *Faninnen*" haben. Begriffe wie „*Landsmännin*" oder „*Namensvetterin*" sind noch einmal Sprachvergewaltigungen der besonderen Art, da es zu *Mann* und *Vetter* bereits weibliche Pendants (*Frau* und *Base*) gibt. Der bekannte Investigativjournalist Günter Wallraff schlug dem Fass den Boden aus, als er im Fernsehen zu einer Gesprächspartnerin meinte, man habe sie wohl zur „*Sündenböckin*" gemacht!

Selbst der Staat unterliegt immer wieder derartigen Trugschlüssen. Als der Bundestag 1990 die vierte Novelle des Arzneimittelgesetzes (AMG) verabschiedete, wurde es in den audiovisuellen Medien für die Anbieter zur Pflicht, Werbung für rezeptfreie, apothekenpflichtige (sogenannte "Over-the-Counter"- oder OTC-) Arzneimittel mit dem Satz

> Zu Risiken und Nebenwirkungen lesen Sie
> die Packungsbeilage und fragen Sie
> Ihren Arzt oder Apotheker.

abzuschließen. Diese Formulierung war in Zusammenarbeit mit dem Kommunikationswissenschaftler Prof. Dr. Hans Mathias Kepplinger entwickelt und sorgfältig ausgearbeitet und abgewogen worden. Im Jahr 2023 wurde nun diese griffige, einprägsame und völlig unmissverständliche Formulierung im Heilmittelwerbegesetz (HWG)[91] verändert zu:

[91] Gesetz über die Werbung auf dem Gebiete des Heilwesens (Heilmittelwerbegesetz – HWG), zuletzt geändert durch Art. 7 G v. 19.7.2023 I Nr. 197, § 4, Abschnitt 3 (https://www.gesetze-im-internet.de/heilmwerbg/BJNR006049965.html, Abruf 2024-01-11).

> Zu Risiken und Nebenwirkungen lesen Sie die Packungsbeilage und fragen Sie Ihre Ärztin, Ihren Arzt oder in Ihrer Apotheke.[92]

Die Änderung unterstellt erstens den Verbrauchern die Dummheit, vorher keine weiblichen Ärzte konsultiert zu haben (weil sie vermeintlich nicht vom generischen Maskulinum erfasst waren), schreibt zweitens eine Reihenfolge der Geschlechter vor (Nennung der Ärztin vor dem Arzt) und nimmt drittens die so wichtigen Apotheker völlig aus dem Beraterkreis heraus – denn aus dem neuen Satz geht ja nicht hervor, wen man „in Ihrer Apotheke" fragen soll: den Apotheker, den pharmazeutisch-technischen Assistenten (PTA), die zufällig anwesende Putzkraft oder einen anderen Kunden? Gewiss sind „Frag doch mal deinen Sportlehrer!" (ausgebildete Fachkraft) und „Frag doch mal in der Turnhalle!" (Raum) nicht gleiche, austauschbare Aufforderungen. Völlige Klarheit wurde einer umständlichen und verworrenen Konstruktion ohne jeglichen Mehrwert geopfert. Hier liegt zudem einer der seltenen (und dennoch erschreckenden) Fälle vor, in denen der Gesetzgeber der privaten Wirtschaft Wort für Wort vorschreibt, von einer klaren und eindeutigen Formulierung zu einer schwammigen, missverständlichen zu wechseln. Während der Staat privaten Anbietern mit der FSR nicht wirklich diktieren konnte, fortan nur noch

[92] „Fragen Sie Ihre Ärztin, Ihren Arzt oder in Ihrer Apotheke", Bundesverband der Arzneimittel-Hersteller e.V. (B.A.H.) (https://www.bah-bonn.de/unsere-themen/selbstmedikation/fragen-sie-ihren-arzt-oder-apotheker/, Abruf 2024-01-11).

„Tunfisch“ oder „Raufasertapeten“ zu verkaufen, greift er nun hier aktiv in den Sprachgebrauch ein. Interessanterweise bedient sich der Gesetzestext selbst durchgehend des generischen Maskulinums.[93] So „schlimm“ kann es dann wohl doch nicht sein.

Ein weiteres Beispiel dafür, dass das generische Maskulinum vom weitaus größten Teil der Bevölkerung nicht als Bezeichnung für ausschließlich männliche Personen wahrgenommen wird, ist der Begriff *Wirtschaftsweise.* Auf den ersten Blick scheint das Wort geschlechtsneutral, weil der Bestandteil *Weise* sowohl als Maskulinum (*der Weise*) als auch als Femininum (*die Weise*) verwendet werden kann und ihm somit eine umständliche Geschlechtsanpassung erspart bleibt. Tatsächlich enthält das Wort aber noch ein zweites, verstecktes generisches Maskulinum, nämlich den *Wirt*, zu dem es ja ein weibliches Pendant gibt, die *Wirtin*. Muss man hier also von *„Wirt- und Wirtinschaftsweisen“* sprechen? Und spätestens wenn die allumfassenden *Bürgermeisterkandidaten* – konsequent zu Ende gedacht – durch *„Bürger- und Bürgerinnenmeister- und -meisterinnenkandidaten und -innen“* ersetzt werden müssten, sollte auch der hartnäckigste Movierungsfanatiker erkennen, wo dieses System an seine Grenzen stößt.

Wer nun glaubt, ich würde mir derartig lächerliche Konstruktionen nur ausdenken, um die absurden Theorien der Sprachideologen zu karikieren, muss nur einen

[93] z.B. § 10 (1): „Für verschreibungspflichtige Arzneimittel darf nur bei Ärzten, Zahnärzten, Tierärzten, Apothekern und Personen, die mit diesen Arzneimitteln erlaubterweise Handel treiben, geworben werden.“

Blick in die *Tageszeitung* (oder *taz*) werfen, die Hauspostille der Sprachverunstalter, die sich auch gerne ohne fremde Hilfe der Lächerlichkeit preisgibt. Dort heißt es beispielsweise in einem (inhaltlich überholten) Kommentar des Redakteurs Lukas Wallraff vom März 2019 augenscheinlich ohne jeden Anflug von Ironie: „Kann also nur noch die SPD Kramp-Karrenbauers Kanzlerinschaft verhindern?“ [94] Würde die *taz* deren Amtsführung dann wohl eher als „*meisterinlich*“ oder als „*stümperinhaft*“ bezeichnen? Und ist „AKK“ mit Angela Merkel eher „*befreundint*“ oder „*verfeindint*“? Und vor allem: Darf sie sich als Frau überhaupt noch „Karrenbauer“ nennen?

Das Beispiel von der „*Kanzlerinschaft*“ zeigt aber auch, dass eine grundsätzliche Movierung inhaltlich nicht immer korrekt ist. Beispielsweise kann man eine Liste der Bundeskanzler der Bundesrepublik Deutschland bis zum Jahr 2023 nicht als eine „Liste der Bundeskanzler und Bundeskanzlerinnen“ bezeichnen, sondern allenfalls der „Bundeskanzler und Bundeskanzlerin“, wenn man das generische Maskulinum nicht (an)erkennt (dazu müsste man den Inhalt der Liste aber schon vorab kennen, was man nicht in jedem derartigen Fall voraussetzen kann). Es wäre falsch, Angela Merkel als „achte Bundeskanzlerin der Bundesrepublik Deutschland“ zu bezeichnen, denn sie war die erste Kanzlerin, aber der achte Kanzler. Es wäre ebenso falsch gewesen, nach der Bundestagswahl von 2005 zu schrei-

[94] Lukas Wallraff, „Alle Wege führen zu AKK“, *taz*, 2019-03-13; Hervorhebung hinzugefügt (https://taz.de/Kommentar-Kanzlerinwechsel/!5576641/, Abruf 2023-12-18).

ben, Angela Merkel sei „die nächste Bundeskanzlerin“, da ja keiner ihrer Vorgänger Bundeskanzlerin war. Auch würden alle rational denkenden Menschen zustimmen, wenn man behauptet, Olaf Scholz folgte im Amt des Bundeskanzlers auf Angela Merkel – wer allerdings abstreitet, dass Merkel Bundeskanzler war (sondern Bundeskanzlerin), müsste sagen, Scholz sei als Kanzler unmittelbarer Nachfolger von Schröder. Ein Besucher aus einem fernen Land, der wenig über deutsche Geschichte weiß, erhielte also auf die Frage, wer Vorgänger von Olaf Scholz im Amt des Bundeskanzlers gewesen sei, zwei verschiedene Antworten – je nachdem, ob der Antwortende die Theorie vertritt, dass die unmovierte Form geschlechtsspezifisch sei (die *taz* müsste dann antworten: „Schröder“) oder nicht (die meisten Menschen würden antworten: „Merkel“). Tatsache ist, dass Frau Merkel durch ihre Eigenschaft, eine Frau zu sein, jedenfalls kein neues „Amt der Bundeskanzlerin“ schuf.

Selbst wenn man die Argumente, die für oder gegen die Sprachsexualisierung vorgebracht werden, trotz aller Probleme als gleichwertig betrachtete, handelte es sich doch letztendlich nur um eine Debatte, ob Briten, Australier und Japaner auf der „richtigen“ Seite der Straße fahren oder wir Europäer. Und wenn es kein eindeutiges „Richtig“ oder „Falsch“ gibt, sollten bei der Sprache Kriterien wie Klarheit, Lesbarkeit, Verständlichkeit und Wirtschaftlichkeit (Sprach- und Schreibökonomie) ausschlaggebend sein.

No Sex, Please!

Nun nehmen wir einmal – rein hypothetisch – an, die Sprachsexualisierer hätten tatsächlich rationale Argumente, die für eine Vergeschlechtlichung der Sprache sprächen. Wir erinnern uns: Eines ihrer Hauptargumente ist, dass generische Begriffe jeweils nur das biologische Geschlecht (Sexus) abdeckten, das dem grammatikalischen Geschlecht (Genus) des Wortes entspricht und kein anderes. Voraussetzung für diese angebliche sprachliche „Unterdrückung" eines biologischen Geschlechts müsste demnach jedoch logischerweise das Vorhandensein eines biologischen Geschlechts sein: Man kann nichts unterdrücken, was es nicht gibt – sollte man annehmen.

Die Absurdität der Gleichsetzung von Genus und Sexus entlarvt sich also spätestens dann selbst, wenn man alles, was grammatikalisch feminin ist, als biologisch weiblich betrachtet, also künstlich sexualisiert. Obwohl hier kein existierendes (biologisches) Geschlecht bevor- oder benachteiligt werden kann, sieht man immer wieder, wie grammatikalisch femininen (und sogar neutralen!) Dingen ohne Not ein objektiv nicht vorhandenes biologisches Merkmal der „Weiblichkeit" zugeordnet wird. Wir beschäftigen uns daher in diesem Kapitel mit dem Geschlecht des Geschlechtslosen – genauer: dem Genus des Asexuellen.

Wir haben bereits festgestellt, dass es keinen Zwang zur Kongruenz (also der Übereinstimmung von Genus und Sexus) gibt (vgl. S. 75):

> Mehr als die Hälfte der Menschen [Genus: maskulin] sind Frauen [Sexus: weiblich].

ist nicht nur völlig korrekt, sondern auch alternativlos. Darüber hinaus besitzen aber auch Dinge und abstrakte Vorstellungen ohne biologisches Geschlecht stets ein grammatikalisches: *der Baum* [m], *die Zeitung* [f], *der Impressionismus* [m], *das Fest* [n], *die Regierung* [f], *das Mittelalter* [n], *der Witz* [m] und so weiter. Hier spielt die Biologie offensichtlich keine Rolle, und folglich kommt die Kongruenz von Genus und Sexus erst gar nicht ins Spiel.

Aber es gibt auch keinen Kongruenzzwang zwischen den Genera. Der Baum [m] ist eine Pflanze [f] ist deshalb ebenso korrekt und logisch wie Die Blume [f] ist ein Gewächs [n]. Folglich stimmen auch die Sätze: Die Kiefer [f] ist ein Baum [m] oder Die Hortensie [f] ist ein Strauch [m]. Ich kann sogar sagen:

> Die Lampe [Femininum] ist ein schönes Möbelstück [Neutrum], ein nützlicher Gegenstand [Maskulinum] und eine Zierde [Femininum] für den Raum.

Die Logik dieses Satzes ist nicht zu beanstanden – und würde ich Die Lampe durch Der Schrank [Maskulinum] oder Das Sofa [Neutrum] ersetzen, wäre der Satz ebenso korrekt.

Gleichermaßen selbstverständlich ist: Die Petersbasilika [f] ist eine Kirche [f] – aber die Tatsache, dass *die Basilika* ein Femininum ist, macht den Gegenstand, also die Basilika selbst, nicht zu einem weiblichen Wesen, denn Der Kölner Dom [m] ist eine Kirche [f] und Das Ulmer Münster [n] ist eine Kirche [f] sind ebenfalls fehlerfreie Aussagen. Warum sollte man das Femininum *Kirche* auch „maskulinisieren" oder „neutralisieren"? Es gibt keinen Grund dazu.

Tatsächlich sind Maskulinisierungen und Neutralisierungen auch kaum zu finden – Feminisierungen hingegen erschreckend häufig. Der Unsinn scheint also in dem einen Fall den meisten Schreibern einzuleuchten, im anderen nicht.

Ein Tisch ist im Deutschen vom Genus maskulin, besitzt aber kein biologisches Geschlecht. Wenn ich sage: „Jeder Tisch hat Beine", dann schließe ich – trotz des (grammatikalischen) Maskulinums – garantiert keinen Tisch aus, weil es (biologisch) weibliche Tische nicht gibt (ebensowenig wie männliche). Gleiches gilt, wenn ich von „allen Fernsehsendern Deutschlands" spreche. Auch diese Formulierung schließt keinen einzigen Sender aus: Es heißt zwar *der Sender*, aber es gibt keine weiblichen. Und wenn ich von „allen Zeitungen" spreche, gilt das ebenso: *die Zeitung* ist zwar ein Femininum, aber es gibt keine männlichen Zeitungen, also schließe ich keine Zeitung aus. Aus dieser Logik folgt eigentlich selbstverständlich, dass auch keine Movierung erfolgen darf. Die Kiefer ist keine „*Bäumin*“, die Hortensie keine „*Sträuchin*“ und die Lampe keine „*Gegenständin*“. Dem würden wohl die meisten rational denkenden Menschen zustimmen – nicht aber die *taz*!

Man reibt sich schon die Augen, wenn man liest, dass Ulrike Winkelmann, eine Chefredakteurin der *taz*, ihre Zeitung als „Vorreiterin der Sprachpolitik“ bezeichnet[95] und sogar eine renommierte Quelle wie der Deutschlandfunk biologisch völlig geschlechtsfreie Nachrichtenagenturen „Vorreiterinnen“ nennt.[96] *Agentur* ist die Passivform der 3. Person Plural im Futur I (Indikativ) des Verbs *agere*, bedeutet also „sie werden bewegt werden“. Die Agentur als Einrichtung ist ohne jeden Zweifel eine geschlechtlose Sache. Wer hatte sich hier diskriminiert gefühlt oder wäre durch das Maskulinum „Vorreiter“ benachteiligt worden? Und welches biologische Geschlecht will man einer Sache zuordnen, die grammatikalisch ein Neutrum ist?

> Das Fahrrad [Neutrum] ist ein Nachfolger [Maskulinum] der Draisine [Femininum].

ist ein alternativloser Satz, den wohl auch jeder akzeptieren würde – wie sonst sollte man es ausdrücken? Ein „Nachfolgendes“? Ich kann die Aussage aber auch so umformulieren:

---

[95] Jenni Zylka und Steffen Grimberg, „Zwischen Sternchen und Ignoranz: Wie deutsche Medien mit der Genderfrage umgehen“, mdr.de, 2021-07-06 (https://www.mdr.de/medien360g/medienwissen/wie-medien-gendern-100.html, Abruf 2024-01-10).

[96] Marco Bertolaso, „Warum auch wir von ‚Belarus‘ sprechen“, deutschlandfunk.de, 2020-08-07 (https://www.deutschlandfunk.de/in-eigener-sache-warum-auch-wir-von-belarus-sprechen.2852.de.html?dram:article_id=481918, Abruf 2024-01-10).

Die Draisine [Femininum] ist ein Vorläufer [Maskulinum] des Fahrrads [Neutrum].

Weshalb sollte dieser Satz nun falsch sein? Weshalb sollte es nun plötzlich heißen: „Die Draisine ist eine Vorläuferin …“? Laut *taz*, dem Vorreiter – pardon, der „Vorreiterin“! – der Sprachpolitik, wird aber genau das von jenen radikalen Sprachsexualisierern gefordert, die nicht beim Sexus Halt machen, sondern auch noch das gesamte feminine Genus mit in den sprachlichen Abgrund reißen möchten.

Selbst die gemeinnützige, mit Steuermitteln geförderte Stiftung Warentest ist sich nicht zu schade, eine Matratze als „Testsiegerin“ zu bezeichnen.[97] Dem Autor muss wohl der bekannte T-Shirt-Aufdruck „Die beste jemals getestete Matratze ging mit mir zur Schule“ durch den Kopf gespukt sein – anders lässt sich die völlig unnötige Sexualisierung dieses leb- und geschlechtslosen Gegenstands kaum erklären.

Die Liste solcher Beispiele ist schier endlos. So war in einem Fernsehbericht auch von der „Vorgängerin“ einer neu erbauten Brücke die Rede. Damit wären nun alle deutschen Brücken weibliche „Wesen“ – und folglich der Pont Neuf in Paris oder der Ponte Vecchio in Venedig männliche? Und was ist mit dem (in der Muttersprache sächlichen) Tower Bridge?[98]

---

[97] „Nachhaltig gut schlafen“, *test*, 10/2023, S. 47.

[98] Ich weiß, dass „das Tower Bridge“ merkwürdig klingt und „die Tower Bridge“ (analog zum deutschen Genus von *Brücke*) üblich ist, aber: „Für die Festlegung des Genus eines Fremdwortes im Deutschen gibt es keine feste Regel.“ (Dudenredaktion [Hg.], *Richtiges und gutes Deutsch: Wörterbuch der sprachlichen Zweifelsfälle*, Mannheim: Bibliographisches Institut, 2005, S. 319).

In einem anderen Fernsehbericht hörte ich den Satz: „Bauherrin ist die Stadt …“. Abgesehen davon, dass „Herrin“ schon eine recht fragwürdige Konstruktion ist, fragt man sich auch hier, weshalb der Begriff Bauherr an das grammatikalische Geschlecht des Subjekts angepasst werden soll, denn auch die Stadt besitzt zweifelsohne kein biologisches Geschlecht. Schließlich wird aus *der Bauherr* auch nicht *„das Bauherr*“, wenn beispielsweise *das Dorf* Auftraggeber wäre.

Und warum heißt es in einem Wikipedia-Artikel: „Die *maréchaussée* war … eine Vorläuferin der Gendarmerie“?[99] Die Maréchaussée hat (wie die Polizei oder die Feuerwehr) kein biologisches Geschlecht, sie ist eine Organisation, die zudem in ihrer Frühzeit nur männliche Mitglieder hatte. Ist die Päpstliche Schweizergarde (die ausschließlich aus Männern besteht) folglich die „Beschützerin“ des Papstes?

Würde man diese „Logik“ weiter ausdehnen, müsste es nicht nur heißen: Die Mannschaft von Sylvia Neidel wurde Fußballweltmeisterin der Damen (mit der „Begründung“, dass *Mannschaft* ja ein grammatikalisches Femininum sei), sondern „logischerweise“ auch: Die Mannschaft von Jogi Löw wurde Fußballweltmeisterin der Herren.

Nach einer solch absurden „Logik“ wäre dann auch der NDR (Norddeutsche Rundfunk) ein Sender („weil“ *Rundfunk* ein Maskulinum ist), die ARD (Arbeits-

[99] https://de.wikipedia.org/wiki/Koninklijke_Marechaussee, Abruf 2021-05-13; Unterstreichung hinzugefügt.

gemeinschaft der öffentlich-rechtlichen Rundfunkanstalten der Bundesrepublik Deutschland) hingegen eine „Senderin" („weil" *Gemeinschaft* ein Femininum ist!) – und das ZDF (Zweite Deutsche Fernsehen)? Das wäre dann wohl ein „Sendendes" (auch nach Sendeschluss?).

Nun kann man den Denkfehler („feminin = weiblich") bei einer Übertragung des Genus Femininum auf eine tote oder abstrakte Sache noch halbwegs nachvollziehen – auch wenn es ein Fehler bleibt. Völlig abstrus aber wird es, wenn die Schweizer Regierung auf einer amtlichen Website einen Gastkommentar des Bundespräsidenten und des Präsidenten des Internationalen Komitees vom Roten Kreuz (IKRK) veröffentlicht, in dem es heißt: „... das IKRK ist die Hüterin des humanitären Völkerrechts und die Beschützerin der Kriegsopfer"[100] – an welcher Stelle schreit hier ein Neutrum (*das Komitee*) nach der Feminisierung? An welcher Stelle des Satzes kommt überhaupt ein Femininum ins Spiel? (Nicht einmal *das Rote Kreuz* ist feminin!) In der (offiziellen) französischen Fassung der Seite heißt es hingegen: « le CICR est le gardien du droit international humanitaire et le défenseur des victimes de la guerre »[101] – im Französischen ist *comité* ein Masku-

[100] „Genfer Konventionen: Menschlichkeit gegen Kriegsgräuel" (https://www.eda.admin.ch/eda/de/home/das-eda/aktuell/dossiers/dossier-jubilaeen-2019/genfer-konventionen-menschlichkeit-gegen-kriegsgraeuel.html, Abruf 2024-02-05; Hervorhebung hinzugefügt).

[101] «Conventions de Genève: le pari de l'humanité contre l'horreur» (https://www.eda.admin.ch/eda/fr/dfae/dfae/aktuell/dossiers/dossier-jubilaeen-2019/genfer-konventionen-menschlichkeit-gegen-kriegsgraeuel.html, Abruf 2024-02-05; Hervorhebung hinzugefügt).

linum. Gleiches gilt für die italienische Textfassung: Zu *il comitato* heißt es «il CICR rimane il guardiano del diritto internazionale umanitario e il difensore delle vittime di guerra».[102] Das Komitee unterzieht sich also nicht nur einer sprachlichen Übersetzung, sondern einer biologischen Geschlechtsumwandlung.

Inzwischen geht die blinde Feminisierungswut so weit, dass ein bekannter Fernsehmoderator zum Beispiel sagte: „Carolin Kebekus ist eine der lustigsten Menschen, die ich kenne." Natürlich ist sie *einer*, weil *der Mensch*, gleich welchen biologischen Geschlechts, maskulin ist. Auch der Satz „Barbara ist eine von zwei Schöffen" (*ARD CrimeTime*) ist falsch, da *Schöffe* grammatikalisch ein Maskulinum ist (auch wenn in diesem Fall mindestens einer der Schöffen, nämlich Barbara, biologisch weiblich ist). Andererseits kann (und muss!) man sagen: „Kaiser Nero war eine der schillerndsten Persönlichkeiten seiner Zeit" oder „Paula ist eines der schlausten Mädchen ihrer Klasse", weil *Persönlichkeit* ein Femininum und *Mädchen* ein Neutrum ist, unabhängig vom Genus des Subjekts (Nero bzw. Paula).

Trotzdem hört und liest man auch immer wieder falsche Konstruktionen wie: „Das Mädchen hat ihre Hausaufgaben vergessen" statt des korrekten „seine Hausaufgaben" (bezogen auf das Neutrum *Mädchen*). Eben-

[102] «Le Convenzioni di Ginevra: la scommessa dell'umanità contro l'orrore» (https://www.eda.admin.ch/eda/it/dfae/dfae/aktuell/dossiers/dossier-jubilaeen-2019/genfer-konventionen-menschlichkeit-gegen-kriegsgraeuel.html, Abruf 2024-02-05; Hervorhebung hinzugefügt).

so kümmert sich das Weibchen des Zaunkönigs nicht um „ihre Küken“ (*Die Sendung mit der Maus*, 9. März 2025), sondern um seine, denn selbstverständlich ist *das Weibchen* (vgl. S. 84) zwar weiblich – aber eben kein Femininum! Unsinnig sind auch Sätze wie der folgende, der in einer TV-Fahndungssendung fiel. Geschildert wurde ein Raubüberfall auf eine Frau. Dann hieß es: „Das Opfer wurde niedergeschlagen und ihre Handtasche geraubt.“ Auch das Opfer ist ein Neutrum, und folglich kann auch nur seine Handtasche geraubt werden – der Satz wäre im Falle eines männlichen Opfers der gleiche gewesen wie hier im Falle des weiblichen Opfers: Genau das zeichnet das Neutrum aus – es ist (geschlechts)neutral. Der grammatische Fehler, der in den hier genannten Fällen begangen wurde, beweist aber einmal mehr, dass die Vorstellung von dem (biologisch weiblichen) Wesen das grammatikalische Genus Neutrum (*Mädchen*, *Weibchen*, *Opfer*) völlig überlagert (wie auch im Beispiel vom weiblichen Star auf S. 86). Und genau diese Tatsache belegt erneut, dass die Behauptung unhaltbar ist, die Grammatik – und nicht die Realität – lenke stets die Vorstellung. Das genaue Gegenteil ist hier der Fall: Die Realität lenkt die Vorstellung – wenn auch in diesen Fällen in die falsche Richtung.

Partizip, nicht ganz perfekt

Neben der Vergeschlechtlichung der Sprache – also der Einführung eines Sexus-Merkmals an Stellen, an denen es zuvor keines gab – besteht freilich noch die Option, die Sprache so weit wie möglich zu neutralisieren, also Maskulinum und Femininum (ob moviert oder nicht) mehr oder weniger elegant zu umschiffen. Das englische Verb *to neuter* bedeutet so viel wie „kastrieren" oder „sterilisieren". Tatsächlich scheint es sich auf den ersten Blick als eleganter Ausweg aus dem vermeintlichen Dilemma, sich zwischen maskulinen oder femininem Formen entscheiden zu müssen oder alternativ sprachfremde Gebilde zu konstruieren, anzubieten, eine sprachlich neutrale Form zu suchen.

Dazu stünden im Deutschen substantivierte Partizipien zur Verfügung. Die Substantivierung des **Partizips Perfekt** (auch Partizip II oder Mittelwort der Vergangenheit genannt) ist eine durchaus geläufige, in der Sprache „heimische" Form: *der/die Gefangene, der/die Geliebte, der/die Betrunkene, der/die Verdächtige* usw. Da hier die maskuline und feminine Form bereits im Singular identisch sind (aber dadurch keineswegs ihr Genus verlieren!), ergibt sich für den Plural keine „Movierungsproblematik": *die Gefangenen, die*

Betrunkenen, die Verdächtigen können allesamt (trotz des femininen Artikels *die*!) sowohl männlichen als auch weiblichen Geschlechts sein. Auch die Substantivierung des **Partizips Präsens** (Partizip I oder Mittelwort der Gegenwart) ist fest in unserer Sprache verankert: *der/die Reisende, der/die Überlebende, der/die Mitwirkende, der/die Vorsitzende, der/die Leidtragende* und so weiter.

Es stellt sich allerdings die Frage, ob dieses Wortbildungsmuster als Ersatz wirklich geeignet ist, denn es kann durchaus Bedeutungsunterschiede geben. Nehmen Sie dieses Beispiel:

① Wegen der akuten Brandgefahr ist das Rauchen im Wald verboten.
② Rauchende müssen mit Bußgeldern rechnen.
③ Raucher, die sich an das Verbot halten, müssen keine Strafe fürchten.

Diese Sätze sind klar, unmissverständlich und sinnvoll. Mit den Rauchenden in Satz ② sind nur solche Raucher gemeint, die gegen das Rauchverbot verstoßen. Mit den Rauchern in Satz ③ sind hingegen Menschen gemeint, die gewohnheitsmäßig zwar rauchen, jedoch vorübergehend darauf verzichten. Während des Waldspaziergangs sind sie Nichtrauchende, ohne wohl gleich zu (dauerhaften) Nichtrauchern zu werden. Klar ist: Die Wörter *Raucher* und *Rauchende* sind hier nicht austauschbar, denn wenn man sie austauschte, würden in Satz ② auch gesetzestreue Raucher (Gewohnheitsraucher, die im Wald nicht rauchen) bestraft und Satz ③ wäre schlicht widersinnig (Rauchende, die nicht rauchen?).

Noch deutlicher wird der Unterschied bei Begriffen, die beide Optionen zulassen, jedoch mit klarem Bedeutungsunterschied. Wir alle sind während eines Teils unseres Lebens Schlafende, also Menschen, die vorübergehend schlafen – doch die wenigstens von uns sind Schläfer, also Agenten oder Terroristen, die unerkannt in der Gesellschaft leben, bis sie für einen Einsatz „geweckt" werden. Absurd klänge es, wenn in einer Zeitung stünde, ein Terroranschlag sei von einem „Schlafenden" verübt worden, wenn es sich tatsächlich um einen Schläfer handelte.

Hinzu kommt, dass mit den substantivierten Partizipien durch die Hintertür eine Verarmung des Wortschatzes vorangetrieben wird. Eine der am häufigsten verwendeten Formen ist heutzutage vermutlich der Begriff *Forschende* als Ersatz für *Forscher*. Das wäre zunächst einmal hinnehmbar. Doch es fällt auch auf, dass der Begriff immer häufiger als Ersatz für das Wort *Wissenschaftler* gebraucht wird, beispielsweise in der Übersetzung des englischen Wortes *scientist* – vermutlich, weil sich zum *Wissenschaftler* kein substantiviertes Partizip („Wissenschaftelnde"?) bilden lässt. Hier wird die Sprache also eines Begriffs beraubt, der keineswegs redundant ist – schließlich gibt es Forschung (die systematische Suche nach neuen Erkenntnissen) und Wissenschaft (die Gesamtheit des Wissens) – in Österreich sogar im Namen eines Ministeriums (Bundesministerium Bildung, Wissenschaft und Forschung = BMBWF). Wissenschaftler sind folglich Personen, die sich systematisch mit Wissenschaft und ihrer Weiterentwicklung beschäftigen, während Forscher Personen sind, die Erscheinungen der Welt und ihre möglichen Zusammenhänge wissenschaftlich untersuchen.

Eine Sprache wie das Englische kennt solche Feinheiten nicht: ein *teacher* ist ein Lehrer (beliebigen Geschlechts), der diese Tätigkeit beruflich, also dauerhaft ausübt. Begibt er sich (vorübergehend) auf Reisen, wird er zum *travel(l)er*, doch im Deutschen wird er zum oder zur *Reisenden* – ein Begriff, aus dem eindeutig hervorgeht, dass diese Bezeichnung nur vorübergehend zutrifft, nämlich während der Reise – einen beruflichen „*Reiser*" gibt es im Deutschen nicht. Während wir vielleicht auch den *Vielreisenden* kennen, ist der Begriff *Vielflieger* ein typischer Anglizismus, nämlich die allzu wörtliche Übersetzung von *frequent flyer*.

Obwohl es sich beim deutschen Wort *Student* bereits um die Ableitung von einem lateinischen Partizip Präsens handelt (*studentes* = die „Strebenden" oder „sich Mühenden", von *studens* „strebend, sich mühend"), fühlten sich unzählige Institutionen bemüßigt, das eine, längst eingebürgerte Wort durch das andere zu ersetzen, und so entstanden dann Zungenbrecher wie „Studierendenparlament". Als „neutrale" Umformulierung des Begriffs „Abschluss der Studenten" empfiehlt die Gesellschaft für deutsche Sprache (GfdS) die Formulierung „studentischer Abschluss"– aber müsste es nicht konsequenterweise *studierendenischer* heißen? Weiter als mit einem movierten „*studentinisch*" kommen wir auch hier nicht.[103]

An einer evangelischen Hochschule mag man *studierende Protestanten* finden, auf einer Demonstration dagegen *protestierende Studenten* – ganz offensichtlich sprechen wir hier von zwei völlig verschiedenen Dingen, die aber mit „*studierenden Protestierenden*" oder „*protestierenden Studierenden*" auf eine Stufe gestellt würden. Die Unterscheidung zwischen anhaltendem Zustand oder dauerhafter Eigenschaft einerseits (*Raucher*, *Student*, *Protestant*) und einer vorübergehenden Tätigkeit andererseits (*rauchend*, *studierend*, *protestierend*) geht verloren.

Als der Student Benno Ohnesorg 1967 an einer Demonstration teilnahm und dabei von dem DDR-Spion und Stasi-Agenten Karl-Heinz Kurras erschossen wurde,[104] gingen Bilder des sterbenden Studenten und Demonstranten durch die Medien – jedoch nicht die eines studierenden oder demonstrierenden Sterbenden und folglich auch nicht eines sterbenden Studierenden oder Demonstrierenden. Mit seinem Tod hörte er auf, ein Studierender oder ein Demonstrierender zu sein, war aber trotzdem kraft seiner Immatrikulation ein Student und aufgrund seiner vorherigen Teilnahme an den Protesten gegen den Schah ein Demonstrant.

---

[103] https://gfds.de/standpunkt-der-gfds-zu-einer-geschlechtergerechten-sprache/, Abruf 2024-01-19.

[104] „Mordfall Ohnesorg: Die Rolle der Stasi im Kurras-Komplex", Deutschlandfunk, 2020-01-30 (https://www.deutschlandfunk.de/mordfall-ohnesorg-die-rolle-der-stasi-im-kurras-komplex-100.html, Abruf 2024-02-05).

Wenn der Delinquent (ein „Verfehlender“) im Gefängnis sitzt, ist er vermutlich kein „*Delinquierender*“ mehr und der verurteilte Mörder kein „*Mordender*“, ebensowenig wie einsitzende Straftäter noch „*Straftuende*“ sind, wenn sie bereits Buße tun: Straftäter, Mörder oder Delinquenten haben ihre Straftaten oder Verfehlungen (Delikte) ja zu dieser Zeit bereits hinter sich gebracht. Und wenn von Arbeitern ohne Beschäftigung die Rede ist, kann man ebenso wohl kaum von „*arbeitslosen Arbeitenden*“ sprechen, ohne sich lächerlich zu machen.

In all diesen Fällen sind die vorgeschlagenen Alternativen umständlich, klingen bürokratisch, hemmen den Sprachfluss, widersprechen dem Sprachgefühl, sind mitunter unlogisch, im schlimmsten Fall völlig widersinnig – und bringen wenig praktischen Nutzen.

Hinzu kommt, dass sie kaum Abhilfe für das vermeintliche „Problem“ der Geschlechterdifferenzierung schaffen, denn im Singular unterscheidet man nach wie vor zwischen *ein Studierender* und *eine Studierende*, mit dem Unterschied, dass diese Bezeichnungen nun tatsächlich als geschlechtsspezifisch und nicht generisch wahrgenommen werden, denn *der Studierende* kann eben nicht mehr weiblich sein, *der Student* schon. Der „Gewinn“ gegenüber *ein Student* bzw. *eine Studentin* sind zusätzliche Buchstaben und Silben.

Vollends absurd wird es, wenn, wie ich kürzlich auf einer Website las, „ein Mitarbeitender“ zitiert wird. Es handelt sich also eindeutig um eine (konkrete) männliche Person, die zudem auch noch unzweideutig als solche identifiziert wird – warum kann er also nicht einfach ein „Mitarbeiter“ sein?[105]

In einer Produktrezension schrieb eine Person, sie habe ein gekauftes Kleidungsstück von „einem Schneiderer*in“ (sic!) ändern lassen. Wenn man einmal davon ausgeht, dass es auch hier um eine einzelne konkrete Person geht, muss man sich fragen, ob der Verfasser den Schneider(er) nicht eindeutig einem Geschlecht zuordnen konnte oder sich einfach nur einen Spaß erlaubte.

Und die Sprachverdrehung hat es sogar in Gesetzestexte geschafft. Auch die ausgerechnet unter dem CSU-Verkehrsminister Peter Ramsauer mühevoll in eine unverständliche Kunstsprache übersetzte deutsche Straßenverkehrsordnung (StVO) von 2013[106] ersetzt den gebräuchlichen Begriff *Fußgänger* durch das lächerliche Konstrukt *zu Fuß Gehende*, verwendet aber im Singular weiterhin die maskuline Form, z.B. in § 49, 24. a: „als zu Fuß Gehender“ statt „als Fußgänger“ – beides sind (generische) Maskulina.[107] Zudem heißen die Querungen ganz inkonsequent weiterhin *Fußgängerüberwege*, obwohl es doch Fußgänger eigentlich gar nicht mehr gibt. Hat sich bei „*Zufußgehendenüberwegen*“ etwa im StVO-Verschwurbler noch ein letztes Quentchen Sprachgefühl gerührt? Und nachdem man

---

[105]: „Auf Instagram lieferte ein Baumarkt-Mitarbeitender in einem Kommentar die Antwort“ (https://www.watson.de/leben/social%20media/925240156-hornbach-geheimnisvoller-diebstahl-von-baumarkt-dach, Abruf 2022-09-28).

[106] vgl. auch Jan Fleischhauer, „Dummdeutsch im Straßenverkehr“, *Der Spiegel*, 2013-03-28 (https://www.spiegel.de/politik/deutschland/neue-geschlechtsneutrale-stvo-dummdeutsch-im-strassenverkehr-a-891487.html, Abruf 2024-01-02).

[107] Auch der ADAC verwendet z.B. in seiner *Motorwelt* (3/2023, S. 61) das Partizip im Maskulinum: „… gilt man als Radfahrender …“ und „… entzieht die Behörde dem Radfahrenden …“ – *Radfahrer* hätte es auch getan!

seit der Falschschreibreform schon nicht mehr *rad-fahrend* sein kann, sondern nur noch *Rad fahrend*, wurde der *Radfahrer* im Gesetzestext nun durch den *Rad Fahrenden* ersetzt. Im Falle eines Vergehens müsste ein Gericht dann statt eines Fußgängers oder Radfahrers einen „zu Fuß Gegangenen“ oder einen „Rad gefahren Habenden“ zur Rechenschaft ziehen.

Geht es noch umständlicher? Es geht! Während das über 500 Jahre alte Wort *Lehrling* sowohl männliche als auch weibliche Personen ausreichend abdeckte (wie alle Wörter, die auf *-ling* enden: „Die [weiblichen] Kessler-Zwillinge waren die Lieblinge der Nation“), erfand man zuerst – analog zu den *Studierenden* – das noch umständlichere Passivwort *Auszubildende*, ein substantiviertes Gerundiv. Weil das fünfsilbige Wort aber offensichtlich völlig alltagsuntauglich war, kürzte man es umgangssprachlich auf *Azubi* ab – ein etymologisch sinnloser Begriff, der in den Augen der Sprachneutralisierer aber immerhin den Vorteil hatte, potentiell geschlechtsneutral zu sein. Doch auch damit konnte man sich nicht zufriedengeben: Man behauptete nun nachträglich, dass dieses frischerfundene Generikum – ähnlich wie das Wort *Lehrling*, das es ja gerade erst abgelöst hatte – ein Maskulinum sei und erfand dazu die (weibliche) *Azubine* – nicht etwa analog zum Lebewesen *Biene*, sondern zu *Maschine* und *Turbine*, auch wenn es diesen an männlichen Pendants mangelt. Man hatte also das geschlechtsneutrale *Lehrling* durch ein Wort ersetzt, zu dem man eine Unterscheidung zwischen Geschlechtern erst gewaltsam herbeiführte!

Eine Scheinlösung für ein Scheinproblem

Wenn wir nun immer noch annehmen, dass es trotz aller Stichhaltigkeit der in den vorhergehenden Kapiteln aufgezählten Gegenargumente einen Grund gäbe, das vorhandene biologische Geschlecht von Lebewesen und sogar das nicht vorhandene von Sachen in allen Lebenslagen hervorzuheben, dann stellt sich die nächste Frage: Wie kann ich diese Doppelnennung möglichst elegant (und auch noch platzsparend) zu Papier bringen? Und wie spreche ich diese Kurzform dann aus?

Eine Möglichkeit ist die Verwendung von Klammern, also etwa „Vorsitzende(r)“ oder „Präsident(in)“. So wären auch in der Anrede „Liebe Kund(inn)en“ sowohl generisch alle Kunden als auch explizit Kundinnen (also ausschließlich weiblich Kunden) angesprochen – dies wäre zumindest eine kurze Schriftform. Wenn man sie laut vorläse, müsste man sie allerdings auflösen, denn „Klammer auf“ und „Klammer zu“ würde den Lesefluss doch erheblich stören. Zudem: Wenn man „Liebe(r) Leser(in)“ schreibt, setzt man einmal die maskuline Endung (des Adjektivs) und einmal die feminine (des Substantivs) in Klammern, doch auflösen müsste man dies in „Liebe Leserin, lieber Leser“ (oder umgekehrt), also einmal den ersten und einmal den zweiten Klammerzusatz auslassen – ein wenig zu kompliziert zum (flüssigen) Lesen!

Ein Klammerzusatz ist manchen Sprachideologen außerdem nicht radikal genug. Während sie das Anheften eines Movems wie *-in* an eine vorgeblich männliche (gemeint ist: maskuline) Wortform offenbar nicht als herabwürdigend empfinden (vgl. dazu S. 102f.), sehen sie in der Einklammerung eine Herunterstufung auf eine untergeordnete Ebene und lehnen sie daher ab.[108]

Also musste eine neue Zeichensprache aus dem Hut gezaubert werden – und hier begann nun wirklich das kreative Chaos. Zu den verbreitetsten „Lösungen“ gehörten Unterstriche (_), Schrägstriche (/), Asteriske (*), Doppelpunkte (:), Halbhochpunkte (·) und eine sogenannte „Binnen-Versalie“ (nicht „Binnen-I“, denn das würde ja einseitig nur feminisierte Formen betreffen!), also ein Großbuchstabe inmitten des Wortes. Heraus kamen die Wortschöpfungen „*Kolleg_in*“, „*Hexe*r*“, „*Ärzt/in*“, „*Ente:riche*“ oder „*GänseRich*“.

Wie realitätsfern all diese Scheinlösungen sind, zeigt ein Beispiel aus der Praxis. Der Schweizer Pädagoge und Übersetzer Arthur Brühlmeier zitiert aus einem Protokoll des Basler Gesundheitsdepartements: „In be-

[108] Laut Rotkel Textwerkstatt „erfährt die Klammerschreibweise von feministischer Seite berechtigte Kritik, da die weibliche Form konsequent eingeklammert und so in die Optionalität verschoben wird“ (https://infothek.rotkel.de/genderwoerterbuch/klammer.html, Abruf 2024-01-04). Diese Kritik ist keineswegs „berechtigt“, sondern barer Unsinn, da nicht nur die femininen Suffixe eingeklammert werden, sondern auch die maskulinen, etwa in *Witwe(r)*. Eigeklammert wird einfach die längere Form, unabhängig vom Genus.

stimmten Situationen haben Patient/in und Arzt/Ärztin natürlich keine andere Wahl …“. [109] Wie soll der Schrägstrich hier gedeutet oder gelesen werden? Er hat offensichtlich zwei völlig verschiedene Funktionen: einmal („Patient/in“) steht hinter ihm ein an den vor ihm stehenden Wortstamm anzuhängendes Movierungssuffix (korrekterweise müsste hier wenigstens noch ein Bindestrich stehen: „Patient/-in“), einmal („Arzt/Ärztin“) steht hinter ihm eine komplette feminine Form, die als Alternative zur maskulinen vor dem Schrägstrich angeboten wird. Der Satz bedarf also einer eigenen Leseanleitung (vielleicht als Beipackzettel?).

Abgesehen davon, dass alle oben genannten Schreibweisen nach den Regeln der deutschen Sprache nicht vorlesbar sind, haben sie einen weiteren Nachteil: Sie trennen einen geschlechtslosen Wortstamm von einer geschlechtsspezifischen Endung – das ungenannte Geschlecht blieb dabei auf der Strecke: Es gibt zwar Kolleginnen und Ärztinnen, aber weder „der Kolleg“ noch „der Ärzt“ als korrekte Maskulina – und auch *Hexe* oder *Ente* sind kein Plural für die feminine Form: es müsste *Hexen* und *Enten* heißen, doch ein *n* taucht bei den Beispielen nirgendwo im Buchstabenangebot auf.

Und wenn ein Unternehmen die Anrede seiner gemischtgeschlechtlichen Kundschaft von „Lieber Kunde“ auf „Liebe:r Kund:in“ umstellt, spricht es nun zwar explizit die (zuvor implizierten) weiblichen Kunden an

[109] Arthur Brühlmeyer, „Sprachfeminismus in der Sackgasse“, Fassung von 2023 (https://www.bruehlmeier.info/texte/diverses/sprachfeminismus-in-der-sackgasse/, Abruf 2024-01-04).

(die sich aus dem Zeichengewirr die passenden Buchstaben für „Liebe Kundin“ aussuchen dürfen), lässt aber den Rest der Kundschaft im Regen stehen. Das vermeintlich maskuline Adjektiv „Lieber“ findet nämlich kein passendes maskulines Substantiv in der Buchstabensuppe. Oder soll dafür nun eine Wortschöpfung (!) wie „der Kund“ herhalten? Mit anderen Worten: Eine Formulierung wie „*Kund*in*“, ganz gleich, wie sie geschrieben wird (*Kund_in*, *KundIn* usw.) ist – ebenso wie die „*Bäuer_in*“ oder die „*ÄrztIn*“ – nichts anderes als die Einführung eines (nicht existenten) generischen Femininums in die deutsche Sprache, weil sie die maskuline Form ersatzlos streicht.[110]

Um sie zu erhalten, müsste ich von „*Ente*riche*n*“ und „*Ga/äns*e*riche*n*“ sprechen (*a* und *ä*, um auch den Fall abzudecken, dass es sich bei drei Gänsen um eine weibliche und zwei männliche handelt) und bei der Aussprache nach Möglichkeit auch noch einen Schluckauf, ein Stottern oder einen anderen Sprachfehler imitieren (ohne mich über Sprachbehinderte lustig zu machen!), weil ein Asterisk im Gesprochenen nicht umsetzbar ist.

Zudem sind ja nicht nur Substantive von der Umschreibung betroffen, sondern alle darauf verweisenden Satzbestandteile. Wie etwa soll man „Wir suchen einen jungen Franzosen“ feminisieren? Etwa: „Wir suchen eine*n junge*n Franzos*in“? Darin wäre weder die

---

[110] vgl. auch Payr, S. 83: „Die Genderstern-Schreibweise erweist sich bei näherer Betrachtung letztlich als generisches Femininum mit Sternchen, bei dem die männlichen Formen unterschlagen werden.“

generisch maskuline Form *Franzosen* enthalten noch die feminine Form *Französin*. Hier fällt also nicht nur ein Geschlecht unter den Tisch, sondern es fallen sogar beide fort.

Besser konnte man den Unsinn dieser Schreibungen eigentlich gar nicht veranschaulichen als es die US-Firma Mattel tat, die 2022 ausgerechnet im Scherzmonat April für die deutsche (und nur für diese!) Ausgabe ihres Spiels Scrabble® einen „Geschlechtsstein“ mit dem Aufdruck „***IN**“ einführte, der gleich mit zehn Ideologietreuepunkten belohnt wird.[111] Lassen wir einmal außer acht, dass die Firma damit zwei Grundregeln ihres eigenen Spiels (das in den 1930er Jahren in den USA erfunden wurde und seit 1953 auch in deutscher Version erhältlich ist) verletzt, nämlich dass jeder Stein nur <u>einen</u> Buchstaben enthält und dass die Wörter dem amtlichen Sprachgebrauch entsprechen oder in einem Wörterbuch zu finden sein müssen. Natürlich steht es dem Hersteller offen, die Regeln selbst zu ändern. Doch was erreicht man nun mit dieser Änderung?

Ein Wort wie **KUNDIN**, **WANDERIN**, **HÜNDIN** oder gar **ÄFFIN** konnte man durch Anlegen an **KUNDE**, **WANDERER**, **HUND** oder **AFFE** zuvor <u>nicht</u> bilden und kann es auch mit dem neuen Stein <u>nicht</u>, weil man zur Movierung – zusätzlich zur Ergänzung von **-IN** – erst ein **-E** bzw. **-ER** entfernen und in einigen dieser Fälle einen Vokal durch einen Umlaut ersetzen müsste.

[111] „Am ‘Welt Scrabble® Tag’ gibt es den Stein des Anstoßes zum Gendern“, Pressemitteilung, Mattel, 2022-04-13 (https://news.mattel.de/pressreleases/am-welt-scrabble-r-tag-gibt-es-den-stein-des-anstosses-zum-gendern-3175450, Abruf 2024-01-25).

Wörter wie **BÄCKERIN** oder **ENTERICH** konnte man auch bisher schon durch Anfügen von **-IN** bzw. **-RICH** an **BÄCKER** bzw. **ENTE** bilden, allerdings mit mehreren Steinen (für weniger Punkte) – eines eigenen Steins bedurfte es dazu jedenfalls nicht. Der neue Stein erlaubt nun zwar das Bilden von **BÄCKERIN** mit einem einzigen Stein (statt zweien) und für satte zehn (statt zwei) Punkte, nicht aber die Bildung von **ENTERICH** auf gleiche Weise: Dafür muss man immer noch vier Steine sammeln und erhält am Ende doch nur acht Punkte. Was der Geschlechtsstein also zeigt, ist die unverhohlene Einseitigkeit des Unterfangens, da die merkwürdige Ausnahmeregelung nur auf eine Movierung zum Femininum anwendbar ist – und auch dort, wie wir gesehen haben, nur auf die Fälle, in denen es bisher ohnehin möglich war.

Die „Asterigisierung“ scheitert also schon an der (konsequenten) schriftlichen Umsetzung – von der sprachlichen ganz zu schweigen, die immer wieder in kläglichen Versuchen endet, in die deutsche Sprache eine Art ‘Okina[112] einzubauen, die hier nun wirklich nicht heimisch ist. Und während man bei „Freund:innen“ noch eine gekünstelte Stolperpause einlegen kann, ist dies bei Schöpfungen wie „Eine:r“ kaum zu bewerkstelligen. Das musste auch Sat.1 feststellen, als man sich den (inzwischen zu *Wer schlägt sie alle?* geänderten) Show-Titel *Eine:r schlägt sie alle* ausdachte, der aber von den Moderatoren konsequent „einer“ gelesen wurde.

---

[112] ‘Okina ist der stimmlose glottale Plosiv in der hawai‘ischen Sprache, z.B. im Wort *Hawai‘i*.

Während die Verschriftlichung der Sprache ursprünglich allein dazu diente, das Gesprochene (daher *Sprache* und nicht *Schreibe*!) festzuhalten, erleben wir hier einmal mehr (siehe auch S. 65) den Versuch, das Geschriebene die gesprochene Sprache diktieren zu lassen.

In romanischen Sprachen wäre es noch viel schwerer als im Deutschen, durch Einfügen irgendwelcher „Marker" eine gleichgewichtige Darstellung maskuliner und femininer Formen zu erreichen – in Sprachen mit Austauschendungen (*-o* und *-a* beispielsweise im Spanischen oder Italienischen, vgl. S. 103) ist es gar unmöglich. Hier scheint man solche Probleme aber auch gar nicht zu haben. In der spanischen Version der Quizshow *The Chase* (in Deutschland als *Gefragt – gejagt* bekannt) gibt es (seit Beginn der Ausstrahlung) mehr weibliche als männliche „Jäger" – und dennoch heißt die Show dort *El cazador*, also „Der Jäger" – und es regt sich niemand auf. Die Jägerinnen werden in der Sendung als *cazadoras* bezeichnet, aber der Titel wird generisch verstanden.

Im Spanischen gibt es schließlich auch *Vater* (*el padre*) und *Mutter* (*la madre*) als geschlechtsspezifische Begriffe, doch die Eltern sind stets *los padres*, also Maskulinum Plural – auch wenn sie aus *padre* (Maskulinum) und *madre* (Femininum) bestehen. Würde man hingegen *los padres y las madres* sagen, verstünde das Gegenüber automatisch „die Väter und die Mütter", was aber keineswegs bedeutungsgleich mit „die Eltern" (in den meisten Fällen eine Mutter und ein Vater) wäre. Das Ungleichgewicht des generischen Begriffs gegenüber dem geschlechtsspezifischen (vgl. S. 84) besteht also auch im Spanischen, aber es wird einfach nicht als Problem gesehen.

Während die Österreicher die vierte Zeile ihrer Bundeshymne („Heimat bist du großer Söhne“) 2012 zum holprigen „Heimat großer Söhne und Töchter“ mit Extrasilbe umdichteten,[113] fühlen sich alle männlichen und weiblichen Italiener als *fratelli d'Italia* in der italienischen Nationalhymne gleichermaßen angesprochen. Auch wenn *fratelli* der Plural von *fratello* („Bruder“) ist, ist die Mehrzahl ebenso geschlechtsneutral wie das deutsche Äquivalent *Geschwister*, das ja (im Unterschied zu *Gebruder*!) ebenfalls beide Geschlechter umfasst, obwohl es sich aus dem – nur für Frauen gebrauchten – Wort *Schwester* herleitet. Es wundert folglich auch keinen Italiener, wenn die Partei *Fratelli d'Italia* von einer Frau geführt wird.

Und was machen die Franzosen? Auch bei unseren westlichen Nachbarn gibt es immer wieder Versuche kreativer Sprachakrobatik. So bildet der TV-Sender arte, der sich als Kultursender versteht, in der französischen Fassung der deutschen Produktion *42: Die Antwort auf fast alles* das folgende Konstrukt: *agriculteur.ice.s*. Verstanden? Hier soll die generische (maskuline) Form *agriculteur* („Landwirt“) mit ihrer femininen (*agricultrice*) verschmolzen werden, die dann beide in den Plural gesetzt werden. Um dies irgendwie anzudeuten,

[113] „Bundeshymne würdigt nun auch die großen Töchter Österreichs“, Parlament Österreich, Parlamentskorrespondenz Nr. 1207, 2011-12-07 (https://www.parlament.gv.at/aktuelles/pk/jahr_2011/pk1207, Abruf 2024-02-05).

werden willkürlich zwei Punkte eingestreut. Die Entschlüsselungsanleitung: Für die generische (maskuline) Form ignoriert man einfach den Einschub zwischen den beiden Punkten, aber zur Dechiffrierung der femininem Form muss man – in der Art eines Rebus – die Buchstaben *eu* vor dem *r* erst einmal streichen (aber woran soll man das erkennen?) und dann die Buchstaben *ice* hinter dem *r* einsetzen und anschließend die völlig planlos gesetzten Punkte wieder löschen:

	agricult	eu	r	.	ice	.	s
m	agricult	eu	r				s
f	agricult		r		ice		s

Entschlüsselungsdiagramm für französische „Inklusivsprache"

Im Deutschen würde das so etwas wie *Ba/äuer.inne.n* entsprechen – was dann aber eher aussähe wie der Vorname eines Kindes von Elon Musk.

Tatsächlich haben die Franzosen – auch aufgrund solch abschreckender Beispiele – auf höchster Regierungsebene (an)erkannt, in welchen Abgrund Sprachverschlimmbesserer ihr Sprachbewusstsein zu steuern drohen und dem ganzen Spuk rechtzeitig einen Riegel vorgeschoben.[114] Jean-Michel Blanquer, Minister für

[114] Règles de féminisation dans les actes administratifs du ministère de l'Éducation nationale, de la Jeunesse et des Sports et les pratiques d'enseignement (https://www.education.gouv.fr/bo/21/Hebdo18/MENB2114203C.htm, Abruf 2021-06-30).

Bildung, Jugend und Sport, erließ dazu 2021 klare Regeln für die „Verweiblichung" (*féminisation*) in Verwaltungsakten seines Ministeriums und im Schulunterricht.

Er zitiert dazu Hélène Carrère d'Encausse und Marc Lambron von der Académie française mit den Worten:

Une langue procède d'une combinaison séculaire de l'histoire et de la pratique, ce que Lévi-Strauss et Dumézil définissaient comme ‹ un équilibre subtil né de l'usage ›.[115] En prônant une réforme immédiate et totalisante de la graphie, les promoteurs de l'écriture inclusive violentent les rythmes d'évolution du langage selon une injonction brutale, arbitraire et non concertée, qui méconnaît l'écologie du verbe.	Eine Sprache geht aus einer jahrhundertelangen Kombination von Geschichte und Praxis hervor, die Lévi-Strauss und Dumézil als „ein aus dem Gebrauch erwachsenes differenziertes Gleichgewicht" definierten. Indem sie eine sofortige und allumfassende Reform der Schreibung empfehlen, verletzen die Befürworter des inklusiven Schreibens durch ein brutales, willkürliches und unkoordiniertes Diktat, das die Ökologie der Sprache missachtet, die Rhythmen der Sprachentwicklung.

Im Sinne des Kampfes gegen geschlechtliche Diskriminierung, Gewalt in der Ehe, ungleiche Löhne und sexuelle Belästigung seien solche Eingriffe in die Sprache

[115] Erklärung von Georges Dumézil und Claude Lévi-Strauss in der Sitzung der Académie française vom 14. Juni 1984 (https://www.laicite-republique.org/feminisation-des-titres-et-des-fonctions-academie-francaise-14-juin-84.html, Abruf 2024-02-09).

non seulement contre-productive pour cette cause même, mais nuisible à la pratique et à l'intelligibilité de la langue française.	nicht nur kontraproduktiv im Sinne der eigenen Zielsetzung, sondern schädlich für die Praxis und Verständlichkeit der französischen Sprache.

Der Erlass betont ausdrücklich die Aufgabe staatlicher Bildungseinrichtungen, gleiche Chancen für Mädchen und Jungen zu schaffen, eine Kultur der Gleichheit zu fördern und gegen Diskriminierung vorzugehen. Im Rahmen der gültigen Grammatikregeln seien daher durchaus auch weibliche Formen bestimmter Begriffe – insbesondere bei Ämtern und Funktionen – zu verwenden, etwa als Berufsbezeichnungen für weibliche Personen und Amtsträger. Eine zentrale Aufgabe der Schule sei allerdings, das Beherrschen der französischen Sprache zu vermitteln, trüge es doch zum Kampf gegen Stereotypen bei und gewährleiste es die Chancengleichheit aller Schüler. Diese Ziele dürften nicht durch eine „inklusive" Schreibung unterlaufen werden,

dont la complexité et l'instabilité constituent autant d'obstacles à l'acquisition de la langue comme de la lecture. Ces écueils artificiels sont d'autant plus inopportuns lorsqu'ils viennent entraver les efforts des élèves présentant des troubles d'apprentissage.	deren Komplexität und Instabilität derart viele Hindernisse für den Spracherwerb wie für das Lesen darstellt. Diese künstlichen Hürden sind um so unangemessener, wenn sie die Anstrengungen von Schülern mit Lernschwierigkeiten behindern.

Die Schlussfolgerung für den Unterricht lautet daher: „die Einhaltung der Regeln von Grammatik und Satzbau ist Pflicht“ (« la conformité aux règles grammaticales et syntaxiques est de rigueur »). Konkret bedeutet dies:

il convient de proscrire le recours à l'écriture dite « inclusive », qui utilise notamment le point médian pour faire apparaître simultanément les formes féminines et masculines d'un mot employé au masculin lorsque celui-ci est utilisé dans un sens générique. L'adoption de certaines règles relevant de l'écriture inclusive modifie en effet le respect des règles d'accords usuels attendues dans le cadre des programmes d'enseignement. En outre, cette écriture, qui se traduit par la fragmentation des mots et des accords, constitue un obstacle à la lecture et à la compréhension de l'écrit. L'impossibilité de transcrire à l'oral les

Der Rückgriff auf die sogenannte „inklusive“ Schreibung, die den Mittepunkt verwendet, um gleichzeitig die feminine und maskuline Form eines Wortes darzustellen, dessen maskuline Form in generischem Sinne verwendet wird, sollte verboten werden. Tatsächlich verändert die Übernahme bestimmter Regeln zum inklusiven Schreiben die Einhaltung allgemeingültiger Regeln, die im Rahmen des Schulunterrichts üblich sind. Darüber hinaus ist diese Schreibung, die zur Fragmentierung von Wörtern und Kongruenzen führt, ein Hindernis für das Lesen und Verstehen des Geschriebenen. Die Unmöglichkeit, Texte

textes recourant à ce type de graphie gêne la lecture à voix haute comme la prononciation, et par conséquent les apprentissages, notamment des plus jeunes.	mit dieser Schreibung ins Mündliche zu übertragen, behindert das laute Vorlesen ebenso wie die Aussprache und folglich das Lernen, insbesondere für die Jüngsten.

Im Unterschied zu dem, was das Wort *inclusive* vorgebe, stelle eine derartige Schreibung also ein Hindernis beim Erlernen der Sprache dar, insbesondere bei Kindern mit bestimmten Behinderungen oder Lernschwierigkeiten und – das darf man hinzufügen – Schülern jeden Alters, für die die zu erlernende Sprache nicht Muttersprache ist. Während man also auf der einen Seite alles tut, um derart Benachteiligten den Weg in die Gesellschaft zu ebnen (was ohne Spracherwerb nahezu unmöglich ist), würde man ihnen nun ganz ohne Zwang und Not neue Hindernisse in den Weg stellen. Je nach Muttersprache des Kindes sind schon die grammatischen Genera (im Französischen wie im Deutschen) schwer zu vermitteln – dass diese nun auch noch auf eine bestimmte Weise interpretiert werden sollen, ist kaum nachvollziehbar.[116]

Dem stimmt auch der Rechtschreibrat (siehe S. 38) bezüglich der deutschen Sprache zu:

---

[116] vgl. auch Matthias Heine, „Frankreichs Premier verbietet Gender-Schreibweisen", *Welt*, 2017-11-22 (https://www.welt.de/kultur/article170857223/Frankreichs-Premier-verbietet-Gender-Schreibweisen.html, Abruf 2024-01-11). Als weiterführende Lektüre ist zu empfehlen: Caroline Fourest, *Génération offensée: De la police de la culture à la police de la pensée*, Grasset, 2020 (deutsche Ausgabe: *Generation beleidigt: Von der Sprachpolizei zur Gedankenpolizei. Über den wachsenden Einfluss linker Identitärer. Eine Kritik.* Tiamat, 2021).

> Die geschriebene deutsche Sprache ist nicht nur von Schülerinnen und Schülern zu lernen, die noch schriftsprachliche Kompetenzen erwerben … Rücksicht zu nehmen ist auch auf die mehr als 12 Prozent aller Erwachsenen mit geringer Literalität, die nicht in der Lage sind, auch nur einfache Texte zu lesen und zu schreiben. Auch Menschen, die innerhalb oder außerhalb des deutschsprachigen Raums Deutsch als … Fremdsprache erlernen, sollte der Sprach- und Schrifterwerb nicht erschwert werden.

Die Schlussfolgerung ist daher eindeutig:

> Der Rat hat vor diesem Hintergrund die Aufnahme von Asterisk („Gender-Stern"), Unterstrich („Gender-Gap"), Doppelpunkt oder anderen verkürzten Formen zur Kennzeichnung mehrgeschlechtlicher Bezeichnungen im Wortinnern in das Amtliche Regelwerk der deutschen Rechtschreibung zu diesem Zeitpunkt <u>nicht empfohlen</u>.[117]

Er liegt damit auf der gleichen Linie wie die Gesellschaft für deutsche Sprache (GfdS),[118] ein Verein, der vor allem von der deutschen Kultusministerkonferenz (siehe S. 38) und dem Kulturstaatsminister finanziert wird.

---

[117] Rat für deutsche Rechtschreibung, „Geschlechtergerechte Schreibung: Empfehlungen vom 26.03.2021", Pressemitteilung vom 26. März 2021 (https://www.rechtschreibrat.com/DOX/rfdr_PM_2021-03-26_Geschlechtergerechte_Schreibung.pdf26_Geschlechtergerechte_Schreibung.pdf, Abruf 2024-01-12, Hervorhebung hinzugefügt).

[118] „Leitlinien der GfdS zu den Möglichkeiten des Genderings" (https://gfds.de/standpunkt-der-gfds-zu-einer-geschlechtergerechten-sprache/, Abruf 2024-01-12).

Gibt es eine gerechte Sprache?

Wie sieht nun das **Fazit** aus? Anfangs glaubten die Befürworter der Sprachvergeschlechtlichung wohl, mit ein paar leichten kosmetischen Veränderungen ihre Ziele erreichen zu können: ein *-in* hie und da, ein paar holprige Partizipien dazwischen – voilà! Doch dann kamen die „*Bauer_innen*", die grammatikalisch falsch sind, die „*Kund:in*", die den Mann ausblendet, die „*streikenden Arbeitenden*", die die Logik ausblenden, die Wissenschaftler, die ihren Beruf an „*Forschende*" verlieren. Sie erinnern sich noch daran, dass wir auf Seite 44 scherzhaft eine vermeintlich vereinfachende Reform unserer Schriftsprache darstellten, die dann in letzter Konsequenz zu kaum noch lesbaren Wörtern wie „*ortokrafi*" führte. Nun sind wir nicht mehr weit von diesem Punkt entfernt oder haben ihn (durch Einführung neuer Zusatz- und Sonderzeichen) sogar schon überschritten – aber nicht, weil bestimmte Kräfte die Orthographie vereinfachen wollten, sondern weil sie die Sprache selbst unnötig verkomplizieren.

Leider zeigt sich immer wieder, dass unter dem Deckmantel von Gleichstellungsforderungen lediglich eine radikale Feminisierung betrieben wird, die sich sowohl in der Einführung eines (nicht existierenden) generischen Femininums mittels Einstreuung eines Stolperzeichens zeigt (vgl. S. 149) als auch in der künstlichen Feminisierung neutraler, geschlechtsloser Begriffe (vgl. Kapitel „No Sex, Please!“ ab S. 129).

Selbst in Bereichen, in denen das Genus bereits neutral (also sächlich) war und überhaupt kein Handlungsbedarf für einen „Geschlechterausgleich“ bestand, haben feministische Kampfgeschwader eingegriffen und generische Feminina eingeführt, die es nie zuvor gab: Aus dem *Bakterium* (Neutrum) wurde urplötzlich und ohne jede Not die *Bakterie* (Femininum) und aus dem *Amphibium* (Neutrum) die *Amphibie* (Femininum).

Ironischerweise gehören viele derer, die uns eine zweigeschlechtliche („binäre“) Ausdrucksweise gerne aufzwingen würden, auch Gruppen an, die gerade in bezug auf das Geschlecht jedwedes Denken in zwei Kategorien (sogenanntes „binäres“ Denken) aufheben möchten, indem sie zusätzlich zu den beiden biologischen Geschlechtern (oder sogar an deren Stelle) die Existenz weiterer „sozialer“ Geschlechter postulieren und Zwitterwesen oder „Geschlechtsflüssige“ zulassen, die sich ihr „gefühltes“ Geschlecht selbst aussuchen (und in Deutschland seit 2023 einmal pro Jahr ändern können[119]). Ein generisch verstandener Begriff wie *Mensch*, *Person* oder auch *Einwohner* schließt für die meisten, die ihn hören oder lesen, alle ein, unabhängig

[119] Bernhard Junginger, „Selbstbestimmungsgesetz: Einmal im Jahr ein neues Geschlecht“, *Augsburger Allgemeine*, 2023-08-22 (https://www.augsburger-allgemeine.de/politik/selbstbestimmungsgesetz-einmal-im-jahr-ein-neues-geschlecht-id67587921.html, Abruf 2024-01-26).

von ihrem biologischen Geschlecht, ihrer Hautfarbe, ihrer Religion und sogar ihrer ganz eigenen Definition ihrer selbst (in manchen Gegenden mögen sogar Hunde oder Schafe zu den Einwohnern zählen), während *Einwohner und Einwohnerinnen* das binäre Denken, also die Unterteilung in exakt zwei Kategorien (nicht mehr und nicht weniger), verfestigt und zementiert. Selbst wenn es einen dritten oder vierten Sexus gäbe, würde ihn die Sprache nicht abbilden können, da man kein korrespondierendes Genus finden kann. Sogar der Zwitter oder der Hermaphrodit, der ja schon von seiner Definition her beide Geschlechter (männlich und weiblich) in sich trägt, ist vom Genus maskulin. Eine „*Zwitterin*“ oder „*Hermaphroditin*“ zu bilden, wäre geradezu widersinnig, weil sie ein zweigeschlechtliches Wesen auf ein einzelnes Geschlecht – das weibliche – festlegte.

Am Ende muss man sich fragen, ob es überhaupt möglich ist, eine evolutionär gewachsene Sprache vollkommen zu neutralisieren, oder ob dieses Ziel nicht von vornherein viel zu hoch gesteckt war. Das Verbot der Fraternisierung (von lat. *frater* = „Bruder“), also der „Verbrüderung“, ist sowohl auf Frauen als auch auf Männer anzuwenden, aber wenn sich zwei Städte verschwistern, begegnen sich deren männliche Einwohner ebenso wie die weiblichen. Und auch wenn es seit 1963 Frauen gibt, die ins All fliegen, spricht man nach wie vor von bemannter (und nicht von „bemann- und -frauter“) Raumfahrt. Selbst der Begriff „Frauennationalmannschaft“ wird nicht als widersprüchlich empfunden. Der Android („Mannähnlicher“), der heutzutage hauptsächlich als Betriebssystem elektronischer Geräte alltagspräsent ist, ist ebensowenig geschlechtsneutral wie die Enzyklopädie und folglich der abgeleitete (und allgegenwärtige) Begriff *Wikipedia*: Im Wortbestandteil *-päd-* (oder englisch *-ped-*) steckten „Knaben“, weil historisch gesehen die Bildung ein Privileg freier und männlicher Griechen war und sich *παιδεία* ausschließlich auf sie bezog.

Genau solche Ungerechtigkeiten hat man heutzutage – außerhalb einiger im geistigen Mittelalter verharrender Systeme im südwestlichen Asien – glücklicherweise überwunden, und niemand käme im Europa des 21. Jahrhunderts auf die Idee, Frauen den Zugang zu einem Android-Smartphone oder den Zugriff auf Wikipedia aufgrund ihres Geschlechts zu verweigern – ebenso, wie man Mädchen auch mit einer Schülerjahreskarte fahren lässt und nicht verlangt, dass sie eigens eine „Schülerinnenjahreskarte“ kaufen, und Frauen einen Führerschein erwerben, keinen „Führerinnenschein“. Wichtig ist doch vor allem, dass ihnen kein Staat mehr aufgrund ihres Geschlechts die Fahrerlaubnis verwehrt, so wie es bis 2018 noch in Saudi-Arabien der Fall war. **Es kommt** also **darauf an, dass wir die Welt ändern und nicht die Sprache, die diese Welt abbilden (nicht formen) soll.**

Um diesen Gedanken zu veranschaulichen, können wir eine andere Abbildung der Welt heranziehen: Karten. Es gab immer wieder Versuche, unsere eurozentrische, nordlastige Sicht der Welt zu hinterfragen, indem man Karten gedruckt hat, in denen der Süden oben statt unten abgebildet ist, die also – nach herkömmlichem Verständnis – „auf dem Kopf“ stehen.

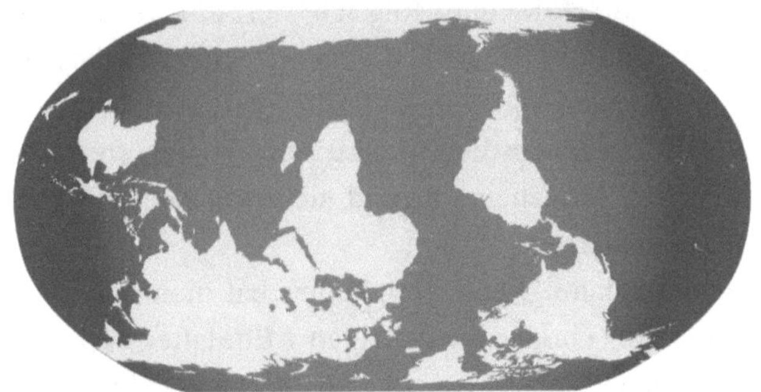

Die Welt steht kopf – oder etwa nicht?

Da es aber im Weltraum kein Oben und Unten gibt und die Nordung eine willkürlich festgelegte Konvention ist, sind diese Karten freilich genauso „richtig“ wie die genordeten. Sie regen uns vielleicht einen Moment lang zum Grübeln und zum Nachdenken über unsere Weltsicht an – aber letzten Endes sind sie Scherzartikel, denn sie würden im Alltag nur Verwirrung stiften und unser Leben erschweren. Die Nordung ist ebenso beliebig (und logisch nicht begründbar) wie der Rechtsverkehr (vgl. S. 128) oder die Einteilung des Tages in 24 Stunden, aber ohne eine solche Normung herrschte Chaos. Also bleiben wir bei unseren genordeten Karten.

Wir sprechen auch weiter vom *Nahen*, *Mittleren* und *Fernen Osten* (auch wenn sich die Bedeutung der Begriffe in verschiedenen Sprachen leicht unterscheidet), selbst wenn die Begriffe eurozentrisch sind: Von Indien aus gesehen liegt unser „Naher Osten“ (englisch *Middle East*) schließlich im Westen und der „Ferne Osten“ ist nicht mehr so fern. Trotzdem hat die Zeitung *Times of India* eine Rubrik namens "Middle East", in der beispielsweise über Syrien oder Afghanistan berichtet wird. Der Grund liegt nicht nur in der Kolonialgeschichte, die die englische Sprache nach Indien brachte, sondern auch in den praktischen Konsequenzen: Würde man in indischen Medien darauf beharren, Afghanistan (geographisch korrekt) etwa als „Nahen Westen" und Syrien als „Mittleren Westen" zu bezeichnen, wären Leser oder Zuschauer unnötig verwirrt, wenn sie eine britische Zeitung aufschlügen oder einen amerikanischen Nachrichtensender einschalteten. Und so spricht man in Neuseeland von *Middle East* und in Argentinien von *Medio Oriente* und meint immer die gleiche Gegend der Welt.

Ebenso leben wir auch mit völlig unlogischen Sprachen, in denen gleiche Laute unterschiedlich geschrieben und gleiche Buchstabenkombinationen unterschiedlich ausgesprochen werden, in denen ein Genus, das wir willkürlich „männlich" nennen, auch Lebewesen bezeichnen kann, die vom Sexus weiblich sind – oder Dinge, die gar kein Geschlecht besitzen.

Wir könnten auch beklagen, dass Wörter wie *recht* und *Recht* positiv und Wörter wie *link* und *linkisch* eher negativ belegt sind: Hier spiegeln sich Relikte alter Vorurteile, die die an sich wertfreien (oder gleichwertigen) Begriffe *rechts* und *links* in anderen Kontexten belasten können – das gilt übrigens auch für andere Sprachen, etwa das Französische, wo *gauche* („links") auch „unbeholfen" heißen kann, oder das Englische, wo *dexterity* neben „Rechtshändigkeit" auch „Geschicklichkeit" bedeutet, *sinister* (ursprünglich „links", aus dem Lateinischen) heute aber hauptsächlich „finster, unheilvoll".

In solchen Begriffen mögen sich mitunter historisch gewachsene, aber inzwischen überholte Ansichten spiegeln, doch ändern wir diese nicht dadurch, dass wir – im übertragenen Sinn – unsere Karten auf den Kopf stellen, sondern uns selbst: indem wir nämlich alte Begriffe mit neuen Inhalten füllen.

Je nach Geburtsjahr haben wir es geschafft, den Begriff *Telefon* im Laufe unseres Lebens mit immer neuen Inhalten zu verknüpfen: von Kurbeln über Wählscheiben und Tasten bis zum Touchscreen haben sich die Bedienungsoberflächen geändert und die Geräte selbst noch in wesentlich größerem Umfang, vom Sprachübermittler zum Allround-Utensil.

Telefon

Trotzdem können wir den Hörer auf einem Smartphone-Icon noch richtig deuten, und auch die Handgeste „Ruf mich an!“ ist über die Jahre die gleiche geblieben: ein „Hörer“ aus kleinem Finger und Daumen. Ebenso sprechen wir weiter von einem *Film* und *filmen*, auch wenn kaum noch jemand Film als Material zur Bewegtbildaufzeichnung verwendet. Wir können folglich heute sagen: „Ich hab die Kinder mit meinem Telefon gefilmt“ und jeder versteht, was gemeint ist – auch wenn ein solcher Satz vor hundert Jahren ganz und gar unverständlich gewesen wäre („Wie hast du denn eine Filmrolle in den Fernsprecher gelegt?“). Wir mussten dazu aber nicht die Begriffe ändern und sagen: „Ich habe die Kinder mit meinem Multifunktionskommunikations- und -audiovisionsaufzeichnungsgerät videographiert.“ Wir haben einfach die Inhalte der überlieferten Begriffe angepasst, ohne die Sprache unnötig zu verkomplizieren.

Wenn *Bundeskanzler* und *Wissenschaftler* also einen ebenso geschlechtsübergreifenden Inhalt bekommen wie *Mensch* und *Person*, *Star* und *Idol*, dann müssen wir unsere Sprache nicht verkomplizieren und in unlösbare Verknotungen verstricken.

Der Winnetou-Effekt

In den vorausgehenden Kapiteln haben wir unter verschiedenen Aspekten die immer gleiche Frage gestellt: Kann uns jemand diktieren, wie wir schreiben und sprechen? Und die Antwort lautete bisher in allen Beispielfällen schlicht und einfach: Nein. Dennoch haben wir festgestellt, dass es massive Versuche einzelner Interessengruppen – teils auch mit der Unterstützung offizieller Stellen – gibt, unsere Sprech- und Schreibweisen zu lenken. Wenn wir uns noch einmal den Parteislogan aus *1984* in Erinnerung rufen (vgl. S. 15), dann sehen wir aber, dass zur Lenkung (englisch *control*) der Gegenwarts- und vor allem der Zukunftssprache die Hoheit über die Geschichtsschreibung gehört: "Who controls the past, … controls the future" – und der Blick auf die Geschichte wird aus der Gegenwart gesteuert: "who controls the present controls the past."

Folglich ist es für diejenigen, die unsere Sprache lenken möchten, wichtig, unser Bild von der Vergangenheit zu steuern. Ich betone noch einmal: es handelt sich dabei in unserem Fall bislang nur um Interessengruppen ohne hoheitliche Befugnis und nicht um einen Orwell-Staat! Sie, liebe Leser, sind daher nicht verpflichtet, sich lenken zu lassen, aber Sie sollten wissen, wie man versucht, Ihre Wahrnehmung zu steuern – vor allem auch durch Sprache.

Ein Beispiel für einen Versuch, unser Geschichtsbild subtil zu steuern, nennt Oliver Stock in einem *Focus*-Kommentar. Folgendes hatte sich zugetragen:

> Die grüne Kandidatin für das Bürgermeisteramt in Berlin, Bettina Jarasch, hat beim Landesparteitag erzählt, dass sie als Kind gern „Indianerhäuptling" geworden wäre. Daraufhin brach in ihrer Partei ein Sturm der Entrüstung los, weil „Indianer" nicht mehr „Indianer" heißen, sondern „Native Americans". Jarasch entschuldigte sich und sprach von „unreflektierten Kindheitserinnerungen". Damit allerdings nicht genug: Ein paar Tage später löschten die obersten Sprachwächter ihrer Partei die fragliche Passage aus dem Mitschnitt von Jaraschs Rede. Zum Sprachverbot kam jetzt noch die Zensur.[120]

Weshalb sollte Frau Jarasch den Begriff *Indianer* nicht verwenden, der wohl nicht nur ihr seit der Kindheit geläufig ist? Was steckt hinter diesem Begriff? Wir alle sind vermutlich mit der Geschichte von Kolumbus vertraut, der den Seeweg in den Osten Asiens suchte, den die Spanier damals als *India* bezeichneten (und der folglich nicht mit dem modernen Indien deckungsgleich ist), und dann versehentlich in Amerika landete (das zu dieser Zeit freilich noch keinen Namen hatte).

[120] Oliver Stock, „Träume vom Indianer-Häuptling verboten: Wo endet bei den Grünen die Freiheit?", *Focus*, 2021-03-31 (https://www.focus.de/politik/deutschland/kommentar-traeume-vom-indianer-haeuptling-verboten-und-zensiert-wo-endet-bei-den-gruenen-die-freiheit_id_13145964.html, Abruf 2023-12-29).

Dass er die Menschen, die er dort antraf, *indios* nannte, kann man ihm nachsehen. Es war lediglich eine – wenn auch falsche – geographische Zuordnung.

Der jeweilige Begriff für die amerikanischen Indianer führt heutzutage in einigen Sprachen zu Verwirrung, in denen die Begriffe für diese Volksgruppen und der Begriff für die Bewohner des heutigen Indiens identisch sind (*Indian* im Englischen, *indien* im Französischen). Hier hat man sich teilweise mit Kunstbegriffen wie *Amerindian* oder *amérindien* beholfen. Im Deutschen unterscheiden wir praktischerweise *Inder* (Asien) und *Indianer* (Amerika), so dass hier keine Verwechslungsgefahr besteht. Und im Spanischen ist es genau umgekehrt: Hier leben die *indios* in Amerika und die *indianos* in Asien.

Analog zu den Begriffen *Europäer*, *Australier*, *Afrikaner* und *Asiate* handelt es sich bei *Indianer* also um (a) ein Exonym (eine Fremdbezeichnung) und (b) einen Kollektivbegriff (eine Sammelbezeichnung), der zahlreiche Einzelvölker und Volksgruppen umfasst, die bereits vor der Ankunft der Europäer auf dem Doppelkontinent lebten. Wie Europäer, Asiaten und Afrikaner bildeten diese Völker keine Einheit und betrachteten sich auch nicht als Einheit, sondern konkurrierten und bekämpften sich, praktizierten teilweise grausame Riten, versklavten sich gegenseitig und fochten mitunter brutale Kriege untereinander aus – versöhnten sich aber auch, schlossen Frieden und lebten friedlich mit- oder nebeneinander. Einige Völker brachten Hochkulturen mit unglaublichem Wissen, hochentwickelter Technik und ausgeklügelten Schreib- und Rechensystemen hervor, während andere ein vergleichsweise primitives Leben als Jäger und Sammler, Züchter und Bauern führten. Mit anderen Worten: Das Leben in Amerika unterschied sich vor Kolumbus nicht wesentlich von dem in Europa, wo es ähnlich bunt herging.

In alldem finden wir kaum triftige Gründe, Frau Jarasch (oder irgendeinem anderen Menschen) das Wort *Indianer* zu verbieten. Noch weniger Gründe aber – außer ideologischen – gibt es, den Ersatzvorschlag "Native Americans" zu akzeptieren. Schauen wir uns auch diesen Begriff einmal näher an.

Der Florentiner Seefahrer Amerigo Vespucci (1451–1512) reiste kurz nach Kolumbus (dessen erste Reise er mitfinanziert hatte) zuerst im Auftrag der *Reyes*[121] *Católicos* – Isabella von Kastilien und Ferdinand II. von Aragón – und anschließend im Auftrag des portugiesischen Königs Manuel I. mehrmals nach Südamerika. Aufgrund dieser Reisen gab der deutsche Kartograph Martin Waldseemüller dem Doppelkontinent 1507 den (lateinischen) Namen *America* (nach der spanischen Schreibweise des Vornamens, *Américo*). Folglich ist auch die englische Ableitung *American* für die Bewohner ein italienisch-spanisch-deutsch-lateinisches Exonym. Und selbstverständlich handelt es sich auch hier um einen Sammelbegriff.

Hinzu kommt aber, dass der Zusatz *native* (wörtlich „eingeboren", von lat. *natus* = „geboren") suggeriert, die

---

[121] Das Maskulinum *reyes* („Könige") ist (analog zu *padres* – vgl. S. 152) im Kastilischen (Spanischen) ein Sammelbegriff für König (*rey*) und Königin (*reina*).

Bezeichneten unterschieden sich durch ein Geburtsrecht von anderen *Americans*. Dabei ist heute hinreichend belegt – sowohl durch die Archäologie als auch durch genetische Forschung –, dass die Indianervölker vom asiatischen Kontinent einwanderten und den amerikanischen Doppelkontinent nach und nach besiedelten. Wenn wir die von vielen Genetikern, Linguisten und Paläontologen gestützte "Out-of-Africa"-Hypothese zugrunde legen, stammen alle heutigen Menschen ursprünglich aus Afrika. Eine Gruppe von ihnen ist nach Europa ausgewandert und hat dort schließlich – als die Technik für weite Reisen über das offene Meer zur Verfügung stand – auf dem Seeweg nach Amerika gefunden, während sich eine andere Gruppe zu einem früheren Zeitpunkt bereits auf der Route über Asien und eine (nicht mehr vorhandene) Land- oder Eisbrücke dorthin begeben hatte.

Der von Kanadiern seit den 1980er Jahren bevorzugte Begriff *First Nations* oder *Premières Nations* („erste Nationen") für die früheren Einwanderer kommt der Wirklichkeit somit viel näher. *First Nations* lässt Raum für *Second Nations*, *Third Nations* und so weiter: es handelt sich lediglich um unterschiedliche Siedlungsepochen.

Auch wenn man (völlig zu Recht) das Unrecht anprangert, das die späteren (europäischen) Eroberer und Einwanderer den früheren (asiatischen) Eroberern und Einwanderern in vielen Regionen des amerikanischen Doppelkontinents antaten, verschleiert die Sicht von einer (selbstverständlich von Natur aus „guten") Bevölkerung mit Prioritätsanspruch (den "natives") und bösen, machthungrigen, goldgierigen Eroberern aus Europa einen großen Teil der Vorgeschichte.

Vieles aus der Besiedlungsgeschichte der asiatischen Früheinwanderer liegt noch im Dunkeln, aber es gilt als gesichert, dass es auch unter ihnen bereits Rangordnungen, Besiedlungswellen und Verdrängungsprozesse gab.

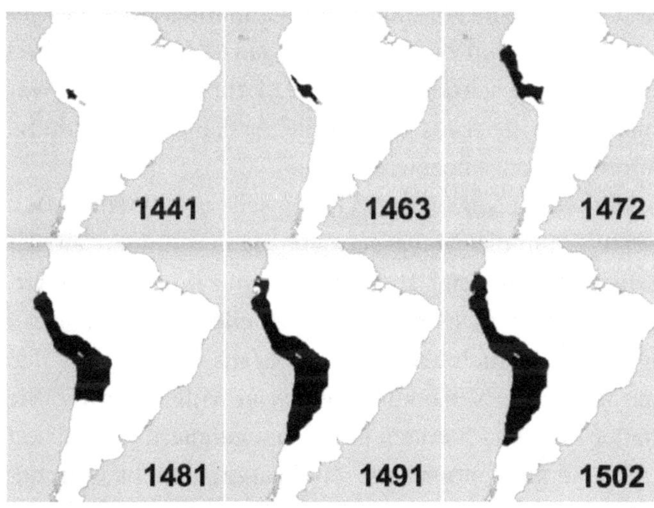

Expansion des Inkareichs[122]

So ist historisch nachgewiesen, dass die Inka in Südamerika eine aggressive Expansionspolitik betrieben, fremde Kulturen unterjochten und sogar vollständig auszulöschen versuchten – und das nur ein paar Jahrhunderte vor der Ankunft von Europäern, die dann ihrerseits die Inka-Kultur verdrängten. Die Inka brei-

[122] http://nephicode.blogspot.com/2020/02/who-really-were-inca-and-what-was-their.html

teten sich im 15. und 16. Jahrhundert massiv und unter großer Gewaltanwendung an der Westküste Südamerikas aus (siehe Karte). Sie merzten bewusst jede Erinnerung an die Vorgängerkulturen aus, die sie systematisch ausrotteten, gaben deren Errungenschaften teilweise als ihre eigenen aus und verboten ihre Sprachen: Chachapoya, Chanka, Chimú, Chincha, Colla, Lupaca und viele mehr, von denen Sie vermutlich noch nie gehört haben, weil die Inka eben „ganze Arbeit“ geleistet haben.[123] Sie schrieben quasi das Lehrbuch für das, was man heute gern als „kulturelle Aneignung“ (“cultural appropriation”) bezeichnet.

Und wenn wir – als weiteres sehr prominentes Beispiel – auf die Maya schauen, dann stimmen an der Legende von den „friedvollen, naturverbundenen Ureinwohnern“ nicht nur einzelne Teile nicht. Die Maya lebten tatsächlich bereits mehrere tausend Jahre vor den europäischen Neuankömmlingen in Mittelamerika. Sie hatten sich in Städten und Fürstentümern organisiert und eine hochentwickelte Zivilisation aufgebaut, in der allerdings Kriege und auch Menschenopfer an der Tagesordnung waren. Sie betrieben Landwirtschaft – und rodeten dazu systematisch große Teile des Urwaldes ab – ja, auch das ist keine Erfindung der Europäer. Durch (vermutlich natürlichen) Klimawandel (!) und dadurch bedingte Dürreperioden stürzte ihre Wirtschaft Ende des ersten Jahrtausends unserer Zeitrech-

[123] Gemma Noon, “Top 5 Civilizations Conquered by the Inca Empire”, *The Collector*, 2023-04-21 (https://www.thecollector.com/civilization-conquered-inca-empire/, Abruf 2024-01-27).

nung in eine tiefe Krise, die den Konkurrenzkampf und damit auch das Konfliktpotential verschärfte und sich auf die politische Struktur übertrug, so dass die „Gottkönige" ihre Machtposition nach und nach einbüßten. Schon lange bevor der erste Spanier seinen Fuß auf mittelamerikanischen Boden setzte, war die einstige Hochkultur der Maya, an die noch Ruinen wie das berühmte Chichén Itzá erinnern, bereits von der Bildfläche verschwunden – ganz ohne Zutun der Europäer. Tatsächlich kam es nach der Ankunft der Spanier zu kriegerischen Auseinandersetzungen, aber auch zu diplomatischen Verhandlungen und Kooperationen. Zudem wurden Maya häufig in der Verwaltung eingesetzt und hatten auch unter den Spaniern wichtige Positionen inne. Die Schätzungen zur Bevölkerung in präkolumbischer Zeit gehen weit auseinander, liegen aber zwischen fünf und zehn Millionen.[124] Heutzutage leben etwa neun Millionen Maya in dieser Region, also vermutlich nicht weniger als vor Kolumbus. Von einer Ausrottung kann hier kaum die Rede sein.

Auch wenn sie zahlenmäßig unterlegen waren, waren die Europäer den Indianern militärisch meist überlegen. Als einer der Gründe dafür werden häufig deren Pferde genannt, die es ihnen erlaubten, schneller vorzudringen, schweres Gerät zu transportieren und aus einer vorteilhafteren Position zu kämpfen. Die Indianer, auf die die Europäer trafen, hätten auch Pferde haben können –

[124] Lorenzo Ochoa; Patricia Martel (dir.), *Lengua y cultura mayas*, UNAM, 2002, S. 170; James D. Nations, *The Maya Tropical Forest: People, Parks, and Ancient Cities*, University of Texas Press, 2010.

wenn sie sie nicht vorher verspeist hätten. Was viele nicht wissen (oder was auch gerne verdrängt wird, weil es nicht ganz in die „Opfergeschichte“ der Indianer passt), ist, dass Pferde echte “native Americans” sind – und obendrein als Exportschlager noch eine wahre Erfolgsgeschichte. Wie Fossilienfunde belegen, breiteten sich nämlich die Vorfahren unserer heutigen Pferde in prähistorischer Zeit von ihrer amerikanischen Urheimat über die Beringstraße nach Asien und schließlich sogar bis nach Europa aus.[125] Als Menschen aus Asien (also die Vorfahren der Indianer) dann zum Gegenbesuch nach Amerika kamen, hatten sie nichts Besseres im Sinn, als die schmackhaften Vierbeiner erst einmal auf ihren Speiseplan zu setzen, anstatt sie zu domestizieren und als Last- und Reittiere zu nutzen. Glücklicherweise hatten Nachfahren der früheren Pferdemigranten in Europa überlebt und wurden von den Iberern nach Amerika „reimportiert“. Die Pferde waren also eine der wenigen Großtierarten, die von Menschen (Indianern) auf dem amerikanischen Doppelkontinent zunächst ausgerottet und von anderen Menschen (Europäern) wieder angesiedelt worden waren.

Nicht nur im heutigen Lateinamerika, sondern auch in Nordamerika ging es schon vor der Ankunft der Europäer (und ihrer Nachfahren) mancherorts recht unfriedlich zu. Man vergisst leicht, dass etwa die Lakota, bevor 1890 Hunderte ihrer Stammesangehörige von der

[125] Omar Cirilli, Helena Machado, Joaquin Arroyo-Cabrales u.a., “Evolution of the Family Equidae, Subfamily Equinae, in North, Central and South America, Eurasia and Africa during the Plio-Pleistocene”. *Biology* 11, 2022, 1258 (doi:10.3390/biology11091258).

US-Kavallerie am Wounded Knee massakriert wurden, selbst eine äußerst aggressive Eroberungspolitik gegen Nachbarstämme der sogenannten „Prärie-Indianer" betrieben hatten, indem sie diese aus ihren angestammten Jagdrevieren und Siedlungsgebieten vertrieben.

Der Film *Bury My Heart at Wounded Knee* (2007)[126] von Yves Simoneau, der auf dem gleichnamigen Buch von Dee Brown basiert, thematisiert das Massaker, prangert die Vertreibung von Lakota-Indianern im Namen der US-Regierung an und verurteilt scharf den Umgang der „Weißen" mit den Indianern. Man kann Buch und Film kaum unterstellen, sie seien nicht aus einer indianerfreundlichen Perspektive geschrieben. Dennoch zeigt der Film auch eine bemerkenswerte (und seltene) Ausgewogenheit in der Darstellung des Anspruchs der Lakota (gegenüber den „Weißen") auf ihr aktuelles Siedlungsgebiet und auf die Black Hills, die ihnen heilig sind. In einer Szene fragt US-Colonel Nelson Miles (Shaun Johnston) den Lakota-Häuptling Sitting Bull (August Schellenberg), was genau „ihr Land" sei. Sitting Bull antwortet: „Das sind die Ländereien, wo mein Volk wohnte, bevor ihr Weißen kamt."[127] Miles erwidert ihm:

[126] In dem Film werden Indianer zwar – anders als in vielen alten Hollywood-Filmen – von Schauspielern indianischer Abstammung dargestellt, doch wird diese recht großzügig interpretiert. Der Schauspieler August Schellenberg, der Sitting Bull, den legendären Häuptling der Lakota, in diesem und in zwei weiteren Filmen darstellte, hatte laut IMDb einen Schweizer Vater und eine Mutter, die zum Teil von den Mohawk-Indianern abstammte, die aus dem (heutigen) Nordosten der USA und aus dem südöstlichen Kanada kamen – ein Gebiet, das rund 2.000 km von dem der Lakota entfernt liegt (https://www.imdb.com/name/nm0770763/bio/?ref_=nm_ov_bio_sm, Abruf 2023-11-30).

[127] "These are the lands where my people lived before you whites first came.": Filmdialog (aus dem Drehbuch von Daniel Giat und Dee Brown), zitiert in https://www.imdb.com/title/tt0821638/quotes/?ref_=tttr_ql_trv_4, Abruf 2023-11-30.

I don't understand. We Whites were not your first enemies. Why don't you demand back the land in Minnesota where the Chippewa and others forced you from years before? … And you didn't coalesce out of the ether. You came out of the Minnesota woodlands armed to the teeth and set upon your fellow man. You massacred the Kiowa, the Omaha, the Ponca, the Oto and the Pawnee without mercy. … Chief Sitting Bull, the proposition that you were a peaceable people before the appearance of the white man is the most fanciful legend of all. You were killing each other for hundreds of moons before the first white stepped foot on this continent. You conquered those tribes, lusting for their game and their lands, just as we have now conquered you for no less noble a cause.

Ich verstehe nicht. Wir Weißen waren nicht eure ersten Feinde. Warum fordert ihr nicht das Land in Minnesota zurück, aus dem euch die Chippewa und andere Jahre zuvor vertrieben? … Und ihr selbst seid auch nicht vom Himmel gefallen. Ihr kamt aus den Wäldern Minnesotas, bis an die Zähne bewaffnet, und seid über eure Mitmenschen hergefallen. Ihr habt die Kiowa, die Omaha, die Ponca, die Oto und die Pawnee gnadenlos massakriert. … Häuptling Sitting Bull, die Behauptung, ihr wäret vor dem Erscheinen des weißen Mannes ein friedliebendes Volk gewesen, ist die phantasievollste aller Legenden. Ihr habt euch Hunderte von Monden lang gegenseitig umgebracht, bevor der erste Weiße seinen Fuß auf diesen Kontinent setzte. Ihr habt diese Stämme aus Gier auf deren Wild und Land unterworfen, so wie wir jetzt euch aus keinem weniger edlen Grund unterworfen haben.

Niemand bestreitet ernsthaft, dass die Ankunft der Europäer – zunächst der Iberer (Spanier und Portugiesen) und dann auch anderer Europäer, darunter in Nordamerika vor allem Briten und Franzosen – erhebliche Eingriffe in das Leben der Indianer bedeutete – ähnlich, wie die Ankunft der Mongolen das Leben der Europäer schon früher durcheinandergebracht hatte. Doch die Erfinder von Machtkämpfen und Eroberungszügen, Massakern und Kriegen waren die Europäer gewiss nicht.

In vielen Teilen der Erde, in denen heute Menschen europäischer Herkunft leben, waren deren Vorfahren nicht die ersten Ankömmlinge, sondern stellten nur eine (späte) von vielen Siedlungs- oder auch Eroberungswellen dar. Es ist daher widersinnig, von „Ureinwohnern" zu sprechen, wenn ihnen die früheren Siedler nur ein paar Jahre vorausgingen und teilweise ihrerseits vorherige Bewohner mit mehr oder weniger Gewalt vertrieben hatten.

Im Unterschied zu den Vorfahren der Indianer, die bereits mehrere tausend Jahre vor den Europäern in Amerika ankamen, landeten die Māori beispielsweise, die von östlicher gelegenen Inseln Polynesiens stammten, vermutlich erst in der ersten Hälfte des 14. Jahrhunderts auf jenen Inseln, [128] die sie als *Aotearoa* bezeichnen und wir als *Neuseeland* – also nur gut 300 Jahre vor dem Niederländer Abel Tasman (1642).

[128] "there is still no convincing direct evidence of humans on the New Zealand landscape any earlier than 1300 AD": Richard Walters, Hallie Buckley et al., "Mass Migration and the Polynesian Settlement of New Zealand", 2017-10-07, *Journal of World Prehistory*, Jg. 30 (4), S. 351–376 (https://doi.org/10.1007/s10963-017-9110-y, Abruf 2024-01-05).

Immerhin war das Land bei der Ankunft der polynesischen Kolonialisten noch unbesiedelt, so dass sie tatsächlich die ersten menschlichen Siedler waren und keine Vorgängerkultur vertrieben, unterjochten oder verdrängten. Zu den ersten nachweisbaren „Errungenschaften" der Māori nach Beginn ihrer Landnahme gehörte es allerdings, dass sie binnen eines guten Jahrhunderts die einst zahlreichen Moas restlos ausrotteten, eine aus neun Arten bestehende Ordnung riesiger Laufvögel, die dort seit mindestens zweieinhalb Millionen Jahren friedlich gelebt hatte – wahre „Ureinwohner" Neuseelands.[129]

Einige Māori-Stämme besiedelten aber auch weitere Inseln, wie zum Beispiel die rund 650 Kilometer östlich gelegenen Chatham-Inseln, wo sie im 12. Jahrhundert landeten und die sie *Wharekauri* nannten. Aufgrund der geographischen Abgeschiedenheit entwickelte die Bevölkerung dieser Inseln eine große Autonomie und hatte vorläufig keinen weiteren Kontakt zu anderen Māori. Die Chatham-Insulaner nannten sich *Moriori*, und auch ihre Sprache, in der die Inseln nun *Rekohu* hießen, nahm eine eigene Form an. Rund 700 Jahre später, Ende 1835, als verbesserte Boote und seefahrerische Fähigkeiten es ermöglichten, erhielten die Moriori schließlich doch Besuch von ihren Cousins und zwar von drei Māori-Stämmen, die auf der Nordinsel Neuseelands (*Te Ika-a-Māui*) von eigenen Landsleuten ver-

[129] Atholl Anderson, "Mechanics of overkill in the extinction of New Zealand moas", *Journal of Archaeological Science*, Jg. 16, Ausg. 2 (März 1989), S. 137–151 (https://doi.org/10.1016/0305-4403(89)90062-9, Abruf 2024-01-15).

trieben worden waren und neuen Lebensraum suchten. Diese Māori schlachteten die friedfertigen, weit unterlegenen Moriori kurzerhand ab und verspeisten sie teilweise sogar.

Währenddessen suchten daheimgebliebene Māori in Neuseeland bei den Briten, mit denen sie regen Handel trieben, Schutz vor lokalen Rivalen und vor den Franzosen (die ihrerseits 1772 rund 250 Māori massakriert hatten), indem sie den britischen Monarchen um Beistand baten. Sie schlossen mit Königin Viktoria 1840 den Vertrag von Waitangi, der ihnen umfassende Eigentumsrechte sowie die freie Ausübung ihrer Bräuche zusicherte (Artikel 2) und ihnen als Untertanen der britischen Krone deren Schutz gewährte (Präambel).[130]

Inka, Maya, Lakota und Māori sind aber keine Einzelfälle in der Geschichte. Wechseln wir noch einmal den Kontinent und richten unseren Blick auf Afrika. Briten annektierten 1843 die Republik Natalia, die erst wenige Jahre zuvor auf dem Gebiet der heutigen Provinz KwaZulu-Natal von burischen Voortrekkern gegründet worden war. Der Name ging auf den portugiesischen Entdecker Vasco da Gama zurück, der die Küste dieser Region am Weihnachtstag (*Natal*) 1497 erspäht hatte.[131] Vor den Buren hatten hier Zulu gelebt, doch diese Nguni-Völker waren hier genausowenig zu Hause wie die aus den Niederlanden stammenden Bu-

[130] "Te Tiriti o Waitangi / The Treaty of Waitangi", Archives New Zealand (https://www.archives.govt.nz/discover-our-stories/the-treaty-of-waitangi, Abruf 2024-01-26).

[131] "Vasco da Gama's Voyage of 'Discovery' 1497", South African History Online (SAHO), https://www.sahistory.org.za/article/vasco-da-gamas-voyage-discovery-1497, Abruf 2023-12-15.

ren. Die Zulu waren nämlich – in einer der letzten Stufen der sogenannten „Bantu-Expansion“ (oder „Bantu-Migration“), die an der Westküste begonnen hatte[132] (siehe Karte unten) – aus dem Kongogebiet entlang der afrikanischen Ostküste in den Süden migriert. Dabei

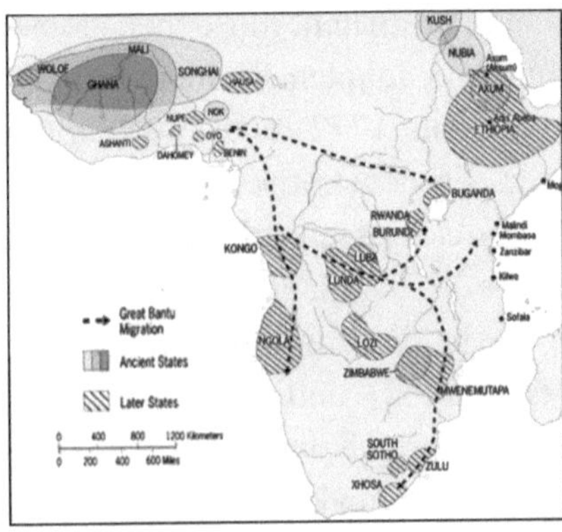

Hypothese zum möglichen Verlauf der Bantu-Migration

waren sie in das Siedlungsgebiet der technisch weit unterlegenen San („Buschmänner“) eingefallen und verdrängten sie aus ihrem Land.[133] Die Europäer (Buren wie Briten) nahmen also nicht das Land einer eingeborenen Bevölkerung in Besitz, sondern das von innerafrikanischen Eroberern, die erst wenige Generationen vor ihnen dort angekommen und mit der indigenen Bevölkerung des Gebiets keineswegs zimperlich umgegangen waren. Als man der Provinz übrigens 1994 ihren heutigen Namen KwaZulu-Natal gab, versuchte man,

[132] Michael C. Campbell und Sarah A. Tiskoff, “The Evolution of Human Genetic and Phenotypic Variation in Africa”, *Current Biology*, 20.4 (2010-02-23), R166–R173.

[133] “The San populated South Africa long before the arrival of the Bantu-speaking nations, and thousands of years before the arrival of Europeans”: “The San”, South African History Online (SAHO) (https://www.sahistory.org.za/article/san, Abruf 2024-01-29).

mit dem Doppelnamen allen eingedrungenen Bevölkerungsgruppen Rechnung zu tragen und verewigte sowohl die Zulu als auch den portugiesischen Namen, den Buren und Briten übernommen hatten, „vergaß“ dabei aber vollkommen die ursprünglich dort heimischen San, die damit nicht nur physisch, sondern nun auch noch sprachlich aus der Geschichte „ihres“ Landes getilgt wurden.[134]

Um eine solche Dynamik von Besiedlungs- und Eroberungswellen zu verstehen, müssen wir aber gar nicht so weit in die Ferne schweifen und auch nicht weit in der Geschichte zurückgehen. René Goscinny und Albert Uderzo, die Schöpfer des Galliers Astérix, gaben oft an, von einem Satz inspiriert worden zu sein, der seinerzeit in den französischen Schulbüchern für den Geschichtsunterricht zu finden war. Diese begannen (so wird behauptet) mit den Worten: « Nos ancêtres, les gaulois » – „Unsere Vorfahren, die Gallier …“.[135] Man muss nicht viel von französischer Geschichte wissen, um zu erkennen, dass dieser Satz auf kaum einen der heutigen Franzosen zutrifft, denn es ist kein Zufall, dass diese eine romanische Sprache sprechen, die aus dem Lateinischen hervorging – also der Sprache der Besatzer aus der Zeit von Astérix (um 50 vor Christi Geburt) – und selbst der Begriff *Galli* für die Gallier ist eine Erfindung der Römer, also ein Exonym.

[134] Nach Schätzungen lebten vor 2.000 Jahren 300.000 bis 400.000 San im südlichen Afrika, heute nur noch 50.000 bis 100.000, davon weniger als 5.000 in der Republik Südafrika.

[135] « Après "nos ancêtres les Gaulois", brève histoire politique d'Astérix », Radio France, 2016-09-24 (https://www.radiofrance.fr/franceculture/podcasts/le-mot-de-la-semaine/apres-nos-ancetres-les-gaulois-breve-histoire-politique-d-asterix-3460236, Abruf 2024-02-06).

Ihren heutigen Namen – *Franzosen* oder *français* – leiten sie hingegen vom westgermanischen Volk der Franken ab, die aus dem Osten in das heutige „Hexagon“ kamen. Nach der Eroberung durch die Römer aus dem Süden wurden große Teile des heutigen Frankreich von Wikingern aus dem Norden erobert, die hier das Herzogtum der Normandie errichteten, das sich jahrhundertelang sogar Kriege mit „den Franzosen“ lieferte. Das keltische Volk der Gallier hingegen wurde faktisch ausgelöscht.

Man kann Uderzo und Goscinny gewiss nicht den Vorwurf der Geschichtsklitterung machen, denn sie haben sowohl die assimilierten „Galloromanen“ (in *Le Combat des chefs*) als auch beispielsweise die Normannen (in *Astérix et les normands*) erwähnt – und letztendlich ist *Astérix* ein satirischer Comic und kein Geschichtsbuch. Wenn sich jedoch Franzosen mit Wortspielereien wie *gallus* (= „Gallier“ und „Hahn“) auf ihre gallischen Ahnen berufen, darf man den historischen Wahrheitsgehalt einer solch vereinfachten Darstellung durchaus hinterfragen. Und selbstverständlich haben sich Kelten, Römer, Normannen und Franken im Laufe der Zeit genetisch vermischt. Es geht hier auch nicht darum festzustellen, wieviel „Gallierblut“ in einem modernen Durchschnittsfranzosen steckt, sondern einfach nur um die Feststellung, dass die Dinge nicht so linear oder schwarz-weiß sind, wie man es sich vielleicht wünschte. Fest steht, dass es frühere und spätere Siedler in Frankreich gab, Eroberer und Unterworfene – aber gibt es “native French”? Wohl kaum.

Im Alltag spielen solche Details freilich keine Rolle – oder sie sollten es nicht. Unterschiede werden aber stets dann hervorgekehrt und vor allem auch bewusst verfälscht dargestellt, wenn es zu Auseinandersetzungen kommt. In den Weltkriegen, in denen sich Franzosen und Deutsche bekämpften, erwähnte keine Seite in ihrer jeweiligen Propaganda die über drei Jahrhunderte lange gemeinsame Geschichte des Frankenreichs und die gemeinsamen Wurzeln, sondern berief sich gerne auf eben jene keltischen oder germanischen Vorfahren, über die man – ohne jede historische Berechtigung – den aktuellen Kampf zu rationalisieren versuchte.

Ein anderes Beispiel aus Europa liefern die Britischen Inseln. Das heutige Schottland wurde einst von einem Volk besiedelt, das die Römer als *Kaledonier* bezeichneten, was vermutlich so etwas wie „Hartfüßer" (gemeint ist wohl „Standhafte") bedeutete. Später lebten hier *Pikten*, ebenfalls von den Römern als solche bezeichnet (die „Bemalten" – vgl. *picture* oder *Piktogramm*). Bei ihnen handelte es sich möglicherweise um Kelten aus Britannien (ja, auch diese Begriffe sind Exonyme der Römer!). Daneben gab es die *Skoten* (Grundlage des heutigen Begriffs *Schotten*), die möglicherweise gälisch-irischen Ursprungs waren. Weiter südlich lebte ein weiteres keltisches Volk, das die Römer als *Briten* bezeichneten, die sich aber selbst *Cymry* nannten. Als die Angelsachsen später germanische Sprachen auf die Insel brachten und der Begriff *Briten* eine andere Bedeutung erhielt, nannte man die *Cymry* einfach die „Welschen" („Fremde"), woraus der Begriff *Welsh* für die Bewohner und *Wales* für das Land (*Cymru*) entstand. Bis heute sind mir – zum Glück – noch keine Sprachwächter begegnet, die mir die Verwendung des Begriffs *Wales* verbieten, die Bedeutung des Wortes *Schotten* umdeuten wollen oder Kaledonier als “native Scots” bezeichnen. Dabei könnte man auch hier durchaus die gleichen Argumente anführen wie für “native Americans”.

Wenn wir uns entscheiden, die Uhr zurückdrehen zu wollen, müssen wir das festlegen, was beim Computer als „Wiederherstellungspunkt“ bezeichnet wird: Wollen wir die Uhr 100 Jahre zurückdrehen oder gar 500 oder 1000? Jeder dieser Punkte wäre willkürlich gewählt. Wir können einfach einen Geschichtsatlas zur Hand nehmen und nachschauen, wie die Welt vor soundso viel Jahren oder Jahrhunderten aussah und wer wo angesiedelt war. Wir haben ja auf den letzten Seiten viele Beispiele für Siedlungs- und auch Eroberungswellen gesehen. Wenn sich also die Europäer entschlössen, das südliche Afrika an die Zulu oder Teile Südamerikas an die Inka oder Teile des nordamerikanischen Mittelwestens an die Lakota „zurückzugeben“, würden sie es zwar an die übergeben, die vor ein paar hundert Jahren dort wohnten, aber nicht an diejenigen, die vielleicht vor 1000 oder mehr Jahren dort siedelten. Jede derartige „Rückgabe“ könnte neue Ansprüche von noch früheren Bewohnern nach sich ziehen. Genau aus diesem Grunde ist es wohl in den meisten Fällen unmöglich, das Rad der Geschichte friedlich und einvernehmlich zurückzudrehen: Es gäbe immer Gewinner und Verlierer, und alle hätten wohl gute Argumente für und wider die „Rückabwicklung" der Geschichte. Benachteiligt oder belohnt würden Menschen von heute nicht für eigene Vergehen oder Verdienste, sondern für (Un-)Taten ihrer Vorfahren – vermutlich aber auch nur eines Teils ihrer Vorfahren. In vielen Fällen hat ja zwischenzeitlich eine genetische Vermischung von früheren und späteren Siedlern stattgefunden,[136] so dass sich die heutige Bevölkerung gar nicht mehr eindeutig der einen oder anderen Seite zuordnen ließe. Jeder Versuch, die Geschichte zu revidieren, Grenzen zu verschieben oder Menschen umzusiedeln, hat bisher früher oder später zu Konflikten geführt. Auch die Kriege auf dem Balkan vor wenigen Jahren, die Auseinandersetzungen im Kaukasus und die aktuellen Kriege in der Ukraine und im Nahen Osten sind letztendlich das traurige Ergebnis solcher Versuche.

Eine ähnliche, wenn auch weniger dramatische Erfahrung musste die deutsche Bundesregierung machen, als sie in einem Anflug naiver Gutmenschlichkeit (gepaart mit großer historischer Ignoranz) versuchte, nicht Landbesitz, sondern sogenannte „Beutekunst" aus der (britischen) Kolonialzeit ins heutige Nigeria zu „restituieren", was im Idealfall bedeuten sollte, sie ihrem rechtmäßigen Besitzer zurückzugeben. Leider musste sie nachträglich feststellen, dass man die fraglichen Kulturgüter nicht etwa den Opfern der Kolonisation, sondern

[136] Es spielt dabei für die heutigen Nachfahren keine Rolle, ob die Zeugung der Nachkommen einvernehmlich oder gewaltsam stattfand. Der Vollständigkeit halber sei aber darauf hingewiesen, dass beides der Fall war.

den Komplizen und Handlangern des Sklavenhandels „zurückgegeben“ hatte.[137]

Was war geschehen? Im Königreich Benin, das auf dem Staatsgebiet des heutigen Nigeria lag,[138] waren im 15. und 16. Jahrhundert mit Unterstützung des damaligen Herrscherhauses Sklaven anderer Stämme gejagt worden, um sie dann an europäische Sklavenhändler zu verkaufen – im Tausch gegen Waffen, die in Eroberungskriegen gegen andere afrikanische Völker eingesetzt wurden, und gegen genau jenes Messing, aus dem dann die sogenannten „Benin-Bronzen“[139] hergestellt wurden, die die Bundesregierung „zurückgeben“ wollte. Aufgrund dieser Ursprungsgeschichte der Bronzen fordern Menschenrechtsorganisationen nun, dass die Statuen nicht dem Staat Nigeria oder gar dem heutigen Oberhaupt der damals für die Sklavenjagd verantwortlichen Königsfamilie zurückgegeben werden, sondern den Nachkommen der Sklaven zugute kommen und daher einfach in jenen Ländern verbleiben sollten, in denen diese Nachfahren heute leben:

---

[137] „Raubkunst-Rückgabe endet in ‚Fiasko‘: Benin-Bronzen landen in Nigeria nicht im Museum, sondern in Privatbesitz“, Focus online, 2023-05-08 (https://m.focus.de/panorama/welt/raubkunst-rueckgabe-endet-im-fiasko-benin-bronzen-landen-in-nigeria-nicht-im-museum-sondern-in-privatbesitz_id_193066310.html, Abruf 2024-01-15); Nikolas Fischer, „Nigeria verschenkt Benin-Bronzen an Oba Ewuare II.“, Deutsche Welle, 2023-05-07 (https://www.dw.com/de/nigerias-präsident-hat-benin-bronzen-an-oba-ewuare-ii-verschenkt/a-65541631; Abruf 2024-01-15).

[138] Das ehemalige Königreich Benin (12.–19. Jahrhundert) erstreckte sich geographisch nicht auf das Gebiet der namensgleichen heutigen Republik, die ihrerseits auf dem Gebiet des ehemaligen Königreichs Dahomey (17.–19. Jahrhundert) liegt.

[139] Der Begriff *Bronzen* hat sich eingebürgert, auch wenn die Statuetten teilweise aus Messing bestehen. Beides sind Kupferlegierungen, wobei Bronze einen höheren Zinn- und Messing einen höheren Zinkanteil besitzt.

The … Benin bronzes are Blood Metal – made from melted metal bracelets called manillas, a currency paid to the Benin Kingdom in exchange for humans they sold into the transatlantic slave trade. These bronzes must be shared with the heirs of the people enslaved and they must remain in the places we live due to this enslavement.[140]	Die … Benin-Bronzen sind Blutmetall – hergestellt aus eingeschmolzenen Metallarmreifen, genannt Manillen, mit denen man das Königreich Benin für Menschen bezahlte, die es im transatlantischen Sklavenhandel verkaufte. Diese Bronzen müssen mit den Erben der versklavten Menschen geteilt werden, und sie müssen an den Orten verbleiben, an denen wir heute aufgrund dieser Versklavung leben.

Auch dieses Beispiel zeigt wieder: Geschichte ist kompliziert – oft viel komplizierter (und komplexer), als es sich manche wünschen würden. Wenn ich auf diesen Seiten ein paar Fakten aus der Geschichte genannt habe, die üblicherweise weniger Aufmerksamkeit finden, möchte ich die Geschichte auf keinen Fall umdeuten und Verbrechen europäischer Eroberer in aller Welt kleinreden oder gar aufrechnen. Tatsache ist aber: Es ist nicht alles so schwarz-weiß, wie es sich manche wünschen, die gerne in eindeutigen Kategorien von Gut und Böse denken und ein recht einfach gestricktes Weltbild hegen und pflegen.

[140] "Benin Bronzes = Blood Metal", Restitution Study Group (https://rsgincorp.org/2022/11/24/benin-bronzes-blood-metal, Abruf 2024-01-15).

Wir haben uns nun ziemlich weit von der Frage entfernt, ob Frau Jarasch das Wort *Indianer* benutzen „durfte“. Wir haben aber festgestellt, dass die vorgeschlagene Alternative, *Native Americans*, keine Verbesserung bringt und mindestens in gleichem, wenn nicht in noch höherem Maße problembehaftet ist. Auf der anderen Seite verknüpft Frau Jarasch den „Indianerhäuptling“, den sie erwähnte, mit einer für sie positiven Kindheitserinnerung, und viele andere Deutsche, die mit dem Bild „edler“ Indianer wie Winnetou aufwuchsen, dürften ähnlich empfinden – auch wenn sich dessen Schöpfer, Karl May, viele dichterische Freiheiten erlaubte. Begriffe wie „großes Indianerehrenwort“ oder Sprüche wie „Ein Indianer kennt keinen Schmerz“ zeugen bis heute vom positiven Image, das den Indianern seit dem 19. Jahrhundert in Europa anhaftete. Ich nenne das den „Winnetou-Effekt“.

Die heutigen Indianer in Nord- und Südamerika haben gewiss viele Probleme – die Kindheitserinnerungen einer deutschen Lokalpolitikerin dürften sie noch am wenigsten stören. Noch wichtiger aber ist, dass sie den Begriff *Indian(er)* – im Unterschied zu Frau Jaraschs Parteifreunden – gar nicht pauschal ablehnen.

In den USA ist auf Regierungsseite nach wie vor das vor 200 Jahren gegründete, heute dem Innenministerium unterstellte Bureau of Indian Affairs (BIA) für ihre Belange zuständig. Auf dessen Website heißt es: „es ist immer noch richtig, [den Begriff] *American Indian* … zu verwenden“ (“it is still appropriate to use the [term] ‘American Indian’”). Er sei zudem klar abzugrenzen gegen den Begriff *Native Americans*, unter den – nach der Definition des BIA – beispielsweise auch "Alaska Natives, Native Hawaiians, Chamorros, and American Samoans" fallen.[141] Die Begriffe sind also nicht bedeutungsgleich und schon allein aus diesem Grund nicht austauschbar (wie man Frau Jarasch einreden wollte).

Und wie sehen es die Indianer selbst? Bereits 1944 hatten Angehöriger verschiedener Indianervölker eine panindianische Widerstandsorganisation gegründet, die sie selbst als National Congress of American Indians (NCAI) bezeichneten. Interne Querelen führten in den 1960er Jahren zu einer Aufspaltung, aus der zuerst das National Indian Youth Council (NIYC) hervorging, das sich für einen indianischen Nationalismus stark machte, und später das American Indian Movement (AIM). Ein Mitgründer der Bewegung, Russell Means, sagte deutlich: "I abhor the term Native American" („Ich verabscheue den Begriff *Native American*"), weil er ein von der Regierung aufgezwungener Begriff sei.[142]

Das AIM, das bis heute unter diesem Namen fortbesteht, war auch eine treibende Kraft hinter der sogenannten "Red Power"-Bewegung, die sich in den späten Sechzigern analog zur "Black Power"-Bewegung gebildet hatte.[143] Auch der Begriff *Red* war hier freilich

[141] https://www.bia.gov/frequently-asked-questions, Abruf 2024-01-29.
[142] Russell Means, "I Am an American Indian, Not a Native American" (https://compusci.com/indian/, Abruf 2024-01-29).
[143] https://redpowermedia.wordpress.com/2014/01/03/from-the-red-power-movement-to-idle-no-more/, Abruf 2024-01-29.

nicht abwertend gemeint, sondern als griffige Kollektivformel, analog zu *Black* (dazu später mehr).

Hier lauert aber schon der nächste Fallstrick. Im Jahr 1932 wurde in Boston ein Football-Team unter dem alliterierenden Namen *Braves* gegründet, die „Tapferen". Bereits ein Jahr später wurde die Mannschaft in *Boston Redskins* umbenannt, also „Rothäute". Sowohl *braves* als auch *redskins* waren damals gängige Alternativbezeichnungen für Indianer, und während der Begriff *brave* ohne jeden Zweifel positiv konnotiert ist und war (die USA bezeichnen sich in der eigenen Nationalhymne ja als "home of the brave"), war auch *redskins* keineswegs abfällig gemeint. Wer würde schon dem eigenen Team einen Namen geben, der negativ konnotiert ist?

Das Team zog 1937 nach Washington um und firmierte bis 2020 unter der Bezeichnung *Washington Redskins*. Nach dem Willen ihres Eigners George Preston Marshall sollte das Team in der Tradition des „indianischen Football" spielen, weil Indianer als besonders talentiert in diesem Sport galten – es gab an einigen Universitäten sogar reine Indianermannschaften. Marshall plante zudem, einen indianischen Trainer einzustellen sowie eine Reihe von Indianern als Spieler aufzustellen. Er gab diese Pläne zwar nach und nach auf, doch der Name blieb.[144] So waren die Redskins zwar keine echten Indianer, aber schließlich sind Eagles und Seahawks auch keine Vögel, Panthers und Lions

[144] vgl. J. Gordon Hylton, "Why Is the Word 'Redskin' so Offensive?", Marquette University Law School, 2013-12-01 (https://law.marquette.edu/facultyblog/2013/12/why-is-the-word-redskin-so-offensive, Abruf 2023-12-12).

keine Großkatzen. Man könnte zudem den Standpunkt vertreten, es sei positiv zu bewerten, wenn sich mehrheitlich nichtindianische Fans mit indianischer Symbolik (man kann hier ja nicht wirklich von Erbe oder Tradition sprechen) identifizierten. Auch die Erfolge des Teams (unter anderem drei Super-Bowl-Gewinne) schufen durchweg positive Assoziationen: Winnetou-Effekt auf amerikanisch.

Dennoch störten sich einige besonders lautstarke Aktivisten am Namen des Teams. Obwohl sich nach einer Umfrage des Annenberg Public Policy Center von 2004 neun von zehn Indianern von dem Namen nicht beleidigt fühlten, argumentierten die Gegner des Namens, es reiche aus, wenn sich ein einziger angegriffen fühle.[145] Daher gab das NFL-Franchise – unter erheblichem Druck von außen, nicht zuletzt ihrer Sponsoren – den vermeintlich verunglimpfenden Namen schließlich auf und nennt sich seit 2022 *Commanders*.

Im Navajo-Reservat von Arizona gibt es indes eine kleine Schule, die Red Mesa High School. „Die Mehrheit der Menschen, die in der Gegend leben, sind", wie die Schul-Website verrät, „Navajo-Indianer."[146] Von den Schülern sind 98% Indianer.[147] Und ihr Football-Team sind die "Redskins". Tommie Yazzie, Super-

---

[145] Ian Shapira, "In Arizona, a Navajo high school emerges as a defender of the Washington Redskins", *The Washington Post*, 2014-10-26 (https://www.washingtonpost.com/local/in-arizona-a-navajo-high-school-emerges-as-a-defender-of-the-washington-redskins/2014/10/26/dcfc773a-592b-11e4-8264-deed989ae9a2_story.html, Abruf 2024-01-29).

[146] "The majority of the people living in the area are Navajo Indians." (https://hs.rmusd.net/apps/pages/index.jsp?uREC_ID=460341&type=d, Abruf 2024-01-29).

[147] https://www.publicschoolreview.com/red-mesa-high-school-profile, Abruf 2024-01-29.

intendent des Red Mesa Unified School District, meint dazu: „Ich finde [den Namen] nicht abwertend. Er ist ein Quell des Stolzes.“[148] Der 2023 verstorbene Ben Shelly, siebenter Präsident der Navajo-Nation, saß bei einem Spiel der Washington Redskins, zu dem das Hauptstadt-Team die Namensvettern aus Arizona eingeladen hatte, neben dessen Eigner Daniel Snyder und trug, ebenso wie seine Ehefrau Martha, eine Redskins-Kappe.[149] Auch das “First Couple” der Navajo schien damit also keine Probleme zu haben.

Facebook-Banner der Red Mesa High School (Quelle: Facebook)

Dass *Rothaut* auch in Deutschland nicht zwingend ein negativ belegter Begriff ist, zeigt die Tatsache, dass die ersten Veröffentlichungen von Goscinnys und Uderzos *Oumpah-Pah le peau-rouge* in Deutschland Anfang der 1970er Jahre noch den Zusatz *Die tapfere Rothaut* trugen.[150] Nachdrucke des ersten Bandes werden bis heute unter dem Titel *Umpah-Pah die Rothaut* verkauft.[151]

[148] “I don’t find it derogatory. It’s a source of pride.” (zitiert bei Shapira).

[149] Alysa Landry, “Photo of first couple sporting Redskins gear hits the Internet”, *Navajo Times*, 2014-10-16 (https://navajotimes.com/reznews/photo-first-couple-sporting-redskins-gear-hits-internet/, Abruf 2024-01-29).

[150] ZACK Comic Box 2 (Sonderband), *Die tapfere Rothaut Umpah-Pah*, Koralle, 1972.

[151] https://www.egmont-shop.de/umpah-pah-band-1-die-rothaut/, Abruf 2024-01-27.

Ebenso ist mir der Begriff aus alten Filmen in Erinnerung, aber er war meist auch mit dem Begriff *Bleichgesicht* (*paleface*) für die Menschen europäischer Abstammung gepaart, so dass mir der eine Begriff nicht despektierlicher als der andere erschien. Ich wusste, dass mit *paleface* Menschen wie ich gemeint waren, und wir sonnenhungrigen Mitteleuropäer, die wir uns im Sommer gerne von der Sonne bräunen lassen, empfinden den Begriff *Bleichgesicht* nicht unbedingt als Kompliment.

Buster Keaton und Virginia Fox in The Paleface *(1922)*

Bereits 1922 drehte der berühmte Stummfilmkomiker Buster Keaton als Regisseur und Hauptdarsteller einen Kurzfilm mit dem Titel *The Paleface* (nicht zu verwechseln mit dem Bob-Hope-Film gleichen Titels von 1948). Keaton bedient darin alle denkbaren Indianerklischees, die heutzutage durchaus kritisch betrachtet und als bedenklich eingestuft würden. Doch zeigt er auch, wie der kanadische Kritiker Dave Van Houwelingen schreibt, die Indianer

as the good guys in the film – and paints the rich, white land-owners who are trying to steal the Natives['] land as the bad guys, … Keaton's view of Native Americans is far more positive than most depictions we would see on screen until the 1950s …[152]	als die Guten im Film – und zeichnet die reichen, weißen Landbesitzer, die versuchen, das Land der *Natives* zu stehlen, als die Bösewichte. … Keatons Sicht der *Native Americans* ist weitaus positiver als die meisten Darstellungen, die wir bis in die 1950er Jahre auf der Leinwand sehen würden …

Auch Stephen Blackburn stellt fest, dass *The Paleface* trotz seiner Klischees (und der Darstellung der meisten Indianer durch nichtindianische Schauspieler) seiner Zeit weit voraus war: Keaton bediene sich der literarischen Tradition und des positiven Stereotyps vom „edlen Wilden“ und heirate am Ende sogar eine Indianerin.[153] Dass die „weiße“ Hauptfigur, die sich auf die Seite der Indianer stellt, im Titel als „Blassgesicht“ (so der ursprüngliche deutsche Titel des Films) bezeichnet wird, unterstreicht, dass nicht Begriffe, sondern Inhalte und „Botschaften“ für die Beurteilung einer etwaigen „rassistischen“ Intention ausschlaggebend sind.

Das schien allerdings einer frankophonen Schulbehörde in der kanadischen Provinz Ontario entgangen zu

[152] Dave Van Houwelingen, “The Films of Buster Keaton: *The Paleface*, *Cops* and *My Wife's Relations*”, Dave's Movie Site, 2014-06-13 (http://davesmoviesite.blogspot.com/2014/06/the-films-of-buster-keaton-paleface.html, Abruf 2024-02-06).

[153] Stephen Blackburn, “Fitting In: Racial Stereotypes in Keaton Films”, *The Keaton Chronicle*, Spring 2008: “Keaton was tapping into the literary tradition and positive stereotype of the ‘noble savage’ ….”.

sein, die Tausende von Büchern in ihren Schulbibliotheken kritisch unter die Lupe nahm und dabei unter anderem zu dem Schluss kam, dass ein Begleitbuch von 1995 zum Film *Asterix in Amerika* (1994), das unter anderem zeigt, wie sich der „weiße" Gallier Obélix in eine Indianerin verliebt, « sauvagesse sexuelle » („sexuelle Grausamkeit") gegenüber den Indianern beinhalte, und

Astérix et les indiens*: sexuelle Grausamkeit? © Les Éditions Albert René*

dass die bildliche Darstellung der Indianerfrauen mit Minirock und tiefem Ausschnitt deren Würde verletze – so Suzy Kies, die sich selbst als „Hüterin indigenen Wissens" bezeichnet. Die Kanadier schafften daraufhin in altbewährter Weise Abhilfe, bauten einen großen Scheiterhaufen und verbrannten das Buch, das auf der Comic-Vorlage des jüdischen Texters René Goscinny basierte, und 154 weitere Titel, insgesamt über 4.700 Bücher. Als Ausgleich für die Luftverschmutzung verwendete man die Asche als Düngemittel für Bäume,[154] aus denen man dann später Papier für politisch korrekte Literatur herstellen kann.

[154] Thomas Gerbet, « Des écoles détruisent 5000 livres jugés néfastes aux Autochtones, dont Tintin et Astérix », Radio-Canada, 2021-09-07 (https://ici.radio-canada.ca/nouvelle/1817537/livres-autochtones-bibliotheques-ecoles-tintin-asterix-ontario-canada, Abruf 2024-02-07).

Fleischfresser und Schlechtsprecher

Ein sensibler Umgang mit Sprache ist gewiss unabdingbar, aber nicht jede ungenaue oder sogar fehlerhafte Bezeichnung ist gleich eine Beleidigung. Die Begriffe, die wir im vorangegangenen Kapitel diskutiert haben, sind nur ein paar Beispiele von vielen, die zeigen, wie schwierig es ist, objektive Kriterien dafür zu finden, was beleidigt oder verletzt. Mit Bezug auf die bereits am Anfang dieses Buches zitierte Chimamanda Ngozi Adichie, die aus dem gleichen Land stammt wie sein Vater, meint der Literaturkritiker Ijoma Mangold:

> Redefreiheit … sollte auch nicht im Namen guter Zwecke eingeschränkt werden. … Hass und Hetze sind hässlich, richten Schaden an und fügen Schmerzen zu. Aber weil es keinen einfachen objektiven Lackmustest dafür gibt, was Hass und was Hetze ist, sondern weil diese Beurteilung ihrerseits ein politischer Akt ist, sollte auch diese Frage diskursiv ausgefochten werden, statt sie im Vorfeld wegzumoderieren.[155]

[155] Ijoma Mangold, „Redefreiheit: Schluss mit der Selbstzensur!“, *Die Zeit*, 2022-12-07 (https://www.zeit.de/2022/51/redefreiheit-selbstzensur-cancel-culture, Abruf 2023-12-29).

Genau dieses Problem hatten die Vereinten Nationen ja bereits vor über 75 Jahren erkannt, als es um die Definition von *Hass* ging (vgl. S. 11). Kehren wir daher wieder zu der oft gestellten Frage Adichies zurück: Wer entscheidet? Und auf welcher Grundlage? Entscheiden Sie bitte, wie immer, selbst.

Aufschlussreich ist in diesem Zusammenhang auch die Geschichte eines weiteren Begriffs, der viele Jahre unbeanstandet für eine weitere Gruppe asiatischer Einwanderer auf dem amerikanischen Kontinent verwendet wurde, nämlich für die Völker des Nordens, die man seit dem 17. Jahrhundert *Eskimos* nannte. Vor einigen Jahren glaubte nun ein findiger Hobby-Linguist, dass sich der weitverbreitete Begriff, der über das Französische (*esquimaux*) den Weg in viele andere Sprachen gefunden hatte, von einem aus einer Algonkin-Sprache stammenden Wort herleite, das „Rohfleischesser" bedeute. Nun könnte man meinen, diese Bezeichnung sei nichts anderes als eine ernährungsspezifische Beschreibung wie „Vegetarier" oder „Veganer" (aber eben das Gegenteil davon) und insofern wertneutral. Hinzu kam, dass wohl bis zum Zeitpunkt dieser „Erkenntnis" kaum jemandem außerhalb des algonkinischen Sprachraums ein solcher etymologischer Zusammenhang (wenn er tatsächlich bestehen sollte) überhaupt bewusst war. Und für Kinder in Österreich und anderen Ländern war und ist *Eskimo* zudem das Pendant zur deutschen Unilever-Eismarke Langnese und damit gewiss positiv besetzt.

Zu allem Überfluss stellte sich im Laufe weiterer Sprachforschung dann auch noch heraus, dass viele

Linguisten der Amateurdeutung keineswegs zustimmen und vielmehr überzeugt sind, der Begriff stamme aus einer anderen Algonkin-Sprache und bedeute in Wahrheit wohl eher „Schneeschuhflechter“. Einer weiteren Interpretation zufolge bedeutet er sogar schlicht „Menschen, die eine andere Sprache sprechen“. Es ist schon recht schwer, jemanden mit einem Begriff zu beleidigen, dessen Etymologie oder ursprüngliche, längst in Vergessenheit geratene Bedeutung niemand wirklich kennt.

In der Zwischenzeit hatten aber übereifrige Sprachbereiniger längst beschlossen, das Wort *Eskimo* einfach durch das vermeintlich weniger anstößige Wort *Inuit* zu ersetzen. Dazu muss man wissen, dass *Inuit* ein Sammelbegriff für Volksgruppen in Kanada und Grönland ist und in der von kanadischen Eskimos gesprochenen Sprache Inuktitut „Menschen“ bedeutet (Singular *Inuk*). Der Haken an der Sache ist aber, dass einige Eskimovölker, die im Westen Alaskas und im äußersten Osten Russlands leben – die Yupik und die Iñupiat etwa – nicht zu den Inuit zählen und sich auch nicht als solche bezeichnen oder bezeichnen lassen wollen. Sie fühlten sich zu Recht ausgeschlossen und diskriminiert, als man sie mit den echten Inuit über einen Kamm scheren wollte. Das war ebenso unpräzise (und im Grunde falsch) wie der einst gängige Begriff *Russen* für alle Bewohner der ehemaligen Sowjetunion oder *Holländer* für alle Niederländer.

Würden wir Deutsche uns gefallen lassen, wenn man alle, ganz gleich aus welcher Region Deutschlands wir stammen, kollektiv als *Bayern*, *Preußen* oder *Sachsen* bezeichnen würde? Sie glauben, wir würden es nicht? Überraschung: Wir würden nicht nur – wir lassen es uns sogar gefallen!

Tatsächlich werden wir von Franzosen, Spaniern, Türken und Tataren allesamt als „Alemannen“ bezeichnet (*allemands*, *alemanes*, *Almanlar* usw.), für Esten und Finnen sind wir alle „Sachsen“ (*saksalaiset*) und für unsere schlesischen Nachbarn im Osten und unsere limburgischen im Westen alle „Preußen“ – sogar die Bayern. Im Sorbischen gibt es zudem eine Dialektform *bawery* (also „Bayern“) für die Deutschen, und im Mittelgriechischen nannte man die Deutschen einst allesamt „Franken“ (was leicht mit den Franzosen zu verwechseln war).

In den meisten slawischen Sprachen – auch im Sorbischen, das ja eine anerkannte regionale Amtssprache innerhalb Deutschlands ist – wird für die Deutschen eine Bezeichnung verwendet, die sich vom urslawischen Wort *němьсь* ableitet, das wörtlich „die Stummen“ oder „die Sprachlosen“ bedeutet.

Interessant ist in diesem Zusammenhang auch, dass im Arabischen nicht Deutschland, sondern Österreich *an-Nimsā* heißt (also die gleichen Wurzeln hat wie das slawische Wort für die Deutschen), dass im Irischen die Engländer und nicht die Deutschen als „Sachsen“ (*Sasanach*) bezeichnet werden und die Niederländer im Englischen als „Deutsche“ (*Dutch*).

Ziemlich beleidigt dürfte ich mich vor allem fühlen, wenn ich als Deutscher von einem Lakota als *Iyášiča* bezeichnet werde, denn das heißt „schlecht Sprechender".[156] Dieser Begriff ist wohl deutlich pejorativer als „Menschen, die eine andere Sprache sprechen".

Das alles sind, wohlgemerkt, die offiziellen Bezeichnungen für Deutsche in den jeweiligen Sprachen, also Wörter, die auch Sie benutzen würden, wenn Sie sich jemandem in der Landessprache mit den Worten „Ich bin Deutsche(r)" vorstellen würden. Wie man Deutsche hinter ihrem Rücken nennt, steht noch einmal auf einem ganz anderen Blatt: gängige Ethnophaulismen[157] sind *boche* (Frankreich), *mof* (Niederlande), *szkop* (Polen), *Piefke* (Österreich), *Gummihals* (Schweiz), *Hun* oder *kraut* (englischer Sprachraum). Und während *Sachsen* und *Alemannen* in einigen Sprachen als offizielle Bezeichnung für die Gesamtheit der Deutschen gilt, ist *Schwabe* – in der Schweiz (*Schwab*), in Ungarn (*sváb*) oder in Polen (*szwab*) – stets abwertend gemeint.

Ich glaube kaum, dass ich großen Erfolg hätte, wenn ich in all diesen Ländern Kampagnen gegen den Gebrauch der jeweils üblichen „neutralen" oder auch pejorativen Bezeichnungen für uns Deutsche führte – oder gar vor Gericht zöge. Vor Gericht zog aber 2013 ein kleiner lokaler Verein, der sich „Forum der Sinti und Roma e.V." nannte und einige Lebensmittelhersteller (erfolglos) per Gerichtsbeschluss zwingen wollte, den Begriff *Zigeunersauce* für ihre Produkte nicht mehr zu verwenden, weil sich die Vereinsmitglieder dadurch

[156] Jan F. Ullrich, *New Lakota Dictionary*, Bloomington IN: Lakota Language Consortium, 2008.

[157] Ein Ethnophaulismus (von griech. *ἔθνος* = „Volk" und *φαῦλος* = „gering, wertlos") ist ein pejoratives exonymisches Ethnonym. also eine abwertende ethnische Fremdbezeichnung, englisch auch DEL (*derogatory ethnic label*) oder einfach *ethnic slur* genannt.

diskriminiert fühlten.[158] Der weitaus mitgliederstärkere Zentralrat Deutscher Sinti und Roma gab sich hier weitaus offener und forderte das Grüppchen aus der Provinz zur Mäßigung auf. Auch Timo Adam Wagner, Vorsitzender des Bundesrates der Jenischen, gab zu: „Ich persönlich esse jederzeit gerne ein Zigeunerschnitzel."[159] Und Manfred Drechsel, der 2. Vorsitzende der Sinti Allianz Deutschland e.V., äußerte sich im Jahr 2020 zum Thema:

> Die Mehrheit der Sinti, die wir vertreten, verfolgt diese unwürdige ‚Saucendiskussion' kopfschüttelnd. … [D]ie Bezeichnung Zigeuner wird von uns selbst verwandt … als Überbegriff, und auf Grabmalen wird die Bezeichnung Zigeuner häufig als Inschrift gewählt. Zum Begriff Zigeuner vertreten die Angehörigen der Sinti Allianz Deutschland aus Respekt vor allen anderen Zigeunervölkern die Auffassung, dass mangels eines von allen Zigeunervölkern akzeptierten neutralen Überbegriffs auf die [1.500] Jahre alte historische Bezeichnung Zigeuner nicht verzichtet werden kann – sofern diese wertfrei benutzt wird. Eine Zensur oder Ächtung des Begriffs Zigeuner, durch wen auch immer, sollte und darf es nicht geben.[160]

---

[158] Jannik Tille, „Streit um Bezeichnung: Sinti und Roma fordern Aus für ‚Zigeunerschnitzel'", *Stern*, 2013-10-09 (https://www.stern.de/panorama/streit-um-bezeichnung-sinti-und-roma-fordern-aus-fuer--zigeunerschnitzel--3306086.html, Abruf 2024-01-30).

[159] Richard Schneider, „Quatsch mit Soße? Städtische Kantinen in Hannover führen kein Zigeunerschnitzel mehr", *Das Übersetzerportal*, 2013-10-09 (https://uepo.de/2013/10/09/quatsch-mit-sose-stadtische-kantinen-in-hannover-fuhren-kein-zigeunerschnitzel-mehr/, Abruf 2024-01-30).

[160] Zitat aus einer Erklärung der Sinti Allianz Deutschland gegenüber der Zeitschrift Deutsche Sprachwelt, „Sinti-Allianz: keine Zensur von ‚Zigeuner' – Soßendiskussion ‚unwürdig'", *Deutsche Sprachwelt*, 2020-08-21 (https://deutsche-sprachwelt.de/2020/08/sinti-allianz-keine-zensur-von-zigeuner-sossendiskussion-unwuerdig/, Abruf 2024-01-30).

Das Wort *Zigeuner*, dessen Ursprung und Bedeutung unklar sind, wurde vermutlich dem ungarischen *czigány* entlehnt, könnte aber auch auf viel ältere griechische Wurzeln zurückgehen. Die Bedeutung ist nur vage einzugrenzen, weil das Wort einerseits bestimmte, wiederum sehr heterogene ethnische Gruppen bezeichnet, andererseits aber für eine Lebensweise („fahrendes Volk") gebraucht wird, die sowohl mit positiven Attributen (Ungebundenheit) als auch mit negativen (Unstetigkeit) in Verbindung gebracht wird. Das sprichwörtliche „Zigeunerleben" wird oft romantisch verklärt, etwa in Werken wie der Operette *Der Zigeunerbaron* (1885) von Johann Strauss (Sohn). Aufgrund seiner Bedeutungsvielfalt kann das Wort *Zigeuner* in seiner ethnischen Bedeutung nicht durch einen einzelnen Alternativbegriff (wie etwa *Sinti und Roma*) ersetzt werden: solche Begriffe sind nicht gleichbedeutend. Gerade deshalb sind alle Ersatzbezeichnungen mindestens so umstritten wie der Begriff *Zigeuner* selbst.

In Frankreich existiert der mit *Zigeuner* verwandte Begriff *tsigane*. Erst im Dezember 2008 wurde eine « Union française des associations tsiganes » (UFAT) als Dachorganisation gegründet, die *tsiganes* nach eigener Aussage als Überbegriff versteht, der neben Sinti und Roma die Jenischen und auch andere Gruppen umfasst.[161] Aus diesem Wort sind auch die deutschen

[161] Charles Conte, « Qu'est-ce que l'Union Française des Associations Tsiganes ? », *Le Club de Mediapart*, 2010-08-26 (https://blogs.mediapart.fr/edition/comment-faire-societe/article/260810/quest-ce-que-lunion-francaise-des-associations-tsi, Abruf 2024-01-30).

Begriffe *Ziganismus* und *Antiziganismus*[162] abgeleitet.[163] Man muss sprachlich schon recht unbedarft sein, um die Ironie in einem Satz wie „Das Wort *Zigeunersoße* ist antiziganistisch" nicht zu erkennen. Es bedeutet im Klartext: „*Zigeuner* ist zigeunerfeindlich."

In den romanischen Sprachen gibt es für bestimmte Untergruppen außerdem Begriffe wie das spanische *gitanos*, das von *egipciano* („Ägypter") hergeleitet wurde, oder das wiederum vom spanischen Begriff abgeleitete französische *gitans*, dessen weibliche Form, *gitanes*, in der gleichnamigen französischen Zigarettenmarke weiterlebt, die seit über hundert Jahren mit dem Bild einer tanzenden Zigeunerin wirbt. Diese Begriffe, sind, wie das englische Wort *gypsy* (von *Egyptian* = „Ägypter"), auf eine irrtümliche Zuordnung ihrer Herkunft zurückzuführen.[164] Der Begriff *gypsy* wird jedoch in Großbritannien und Irland in offiziellen Dokumenten und in der Gesetzgebung für bestimmte auf den Britischen Inseln lebende Gruppen verwendet.[165]

---

[162] „Was ist Antiziganismus?", Bundesministerium für Familie, Senioren, Frauen und Jugend (https://www.demokratie-leben.de/magazin/magazin-details/was-ist-antiziganismus-55#:~:text="Antiziganismus%20ist%20die%20spezifische%20Form,Kulturzentrum%20Deutscher%20Sinti%20und%20Roma., Abruf 2024-02-03).

[163] Michael Martens, „Ziganismus und Antiziganismus", FAZ.net, 2013-09-27 (https://www.faz.net/aktuell/politik/ausland/roma-ziganismus-und-antiziganismus-12593837.html, Abruf 2024-02-03).

[164] The Traveller Movement (Hg.), "The Importance of accurate ethnic monitoring and data inclusion for GRT communities", 2022-03, S. 4 (https://wp-main.travellermovement.org.uk/wp-content/uploads/2022/04/2022.03-Ethnic-Monitoring-Briefing.pdf, Abruf 2024-01-30).

[165] vgl. z.B. https://www.ethnicity-facts-figures.service.gov.uk/summaries/gypsy-roma-irish-traveller/#the-gypsy-roma-traveller-group, Abruf 2024-01-30: "The term Gypsy, Roma and Traveller has been used to describe a range of ethnic groups or people with nomadic ways of life who are not from a specific ethnicity."

Während in Deutschland etwa der Musiker Markus Reinhardt von sich sagt: „Ich will gerne Zigeuner genannt werden“, wird dieser Begriff von anderen Menschen, auf die dieses Exonym traditionell angewandt wurde, aufgrund der negativen Konnotationen abgelehnt[166] – aber nicht etwa aufgrund der Wortbedeutung (wie es bei der falschen Etymologie von *Eskimo* der Fall war). Es ist selbstverständlich das gute Recht einer jeden Person, eine Fremdbezeichnung abzulehnen. (Auch ich kann mir verbitten, als „Schlechtsprecher“ oder „Stummer“ bezeichnet zu werden.) Einen Konsens kann man jedoch auch hier, wieder einmal, nicht feststellen.

Entscheidend in der kulinarisch-gastronomischen Diskussion ist aber vor allem, dass die Zubereitungsart *Zigeuner-...* oder *à la zingara* ja – ebenso wie *Redskins* als Teamname – nicht gewählt wurde, weil man mit den Gerichten etwas Negatives in Verbindung bringen wollte. Vielmehr geht der Begriff wohl auf die Verwendung der Zutat Paprika zurück, die man – wie Zigeuner – traditionell mit Ungarn assoziierte. Sogar das „Forum der Sinti und Roma“ gab bei seiner Klage zu, „die Sauce [habe] keine kulinarischen Wurzeln in der Küche der Roma und Sinti, sondern eher in der ungarischen.“[167] Wenn ich also gerne Zigeunerschnitzel esse, übertrage ich keine Negativbilder, die ich unter Um-

[166] Arno Frank und Thomas Schmoll, „»Wir müssen aus dieser Opferrolle raus«“, *Spiegel online*, 2021-03-06 (https://www.spiegel.de/kultur/diskriminierung-von-sinti-und-roma-wir-muessen-aus-dieser-opferrolle-raus-a-ac96bb2b-1dd2-4c21-acc5-b9186363ba55, Abruf 2024-01-30).

[167] Tille, „Sinti und Roma fordern Aus für ‚Zigeunerschnitzel‘“.

ständen mit dem Begriff *Zigeuner* assoziiere, auf das Gericht, sondern assoziiere, im Gegenteil, die so bezeichneten Menschen mit etwas für mich Positivem: einem schmackhaften, pikanten Essen – so, wie jemand „Rothäute" durch das Washingtoner Football-Team mit Super-Bowl-Gewinnen assoziiert oder Indianer, dank Winnetou, mit dessen positiven Charaktereigenschaften.

Folglich hebe ich andererseits, wenn ich das Zigeunerschnitzel oder die Zigeunersoße umtaufe, <u>positive</u> Assoziationen mit dem Wort *Zigeuner* auf, ohne aber eine einzige <u>negative</u> zu löschen. Ich habe lediglich – einmal mehr – Sprachverwirrung gestiftet, denn nicht nur in bezug auf Menschen ist das Wort *Zigeuner* nicht einfach zu ersetzen, sondern auch auf der Speisekarte. So taucht dann das jahrhundertealte Schnitzel heutzutage mal als „Pusztaschnitzel" dort auf, mal als „Schnitzel Budapester Art" und sogar als „Schnitzel nach Balkan-Art", obwohl sich Ungarn schon seit einigen Jahren nicht mehr bis auf den Balkan erstreckt. Auch Bezeichnungen wie „Paprikaschnitzel" findet man, obwohl ein solches schon vorher parallel zum Zigeunerschnitzel existierte und völlig anders – nämlich mit Gewürzpaprika – zubereitet wird.

Ein häufig vorgebrachtes Argument gegen die Verwendung eines Begriffs ist, dass die Nationalsozialisten diesen Begriff ebenfalls verwendet (nicht unbedingt erfunden!) hätten – darauf berief sich auch das „Forum der Sinti und Roma" bei seiner Klage.[168] Mit einem

[168] Tille, „Sinti und Roma fordern Aus für ‚Zigeunerschnitzel'".

solchen Argument überträgt man jedoch die Sprachhoheit an genau jene, die man bekämpfen möchte: die Hasser und die erklärten Feinde der freien Rede. Das führte zu der absurden Situation, dass der Duden 2007 glaubte, den Eintrag des Wortes *Jude* mit dem Hinweis versehen zu müssen, es werde gelegentlich „als diskriminierend empfunden". Zu Recht verwahrte sich Josef Schuster, der Präsident des Zentralrats der Juden (der ja das Wort *Jude* in der Eigenbezeichnung trägt!), gegen diese Bewertung: „Das Wort ‚Jude' ist für mich weder ein Schimpfwort noch diskriminierend." Die Leiterin der Duden-Redaktion, Kathrin Kunkel-Razum, verteidigte sich 2022 mit dem Hinweis, es gebe „Juden, die diese Bezeichnung selbst nicht verwendeten".[169] Nun schließt das eine das andere nicht aus – aber soll daraus wirklich der Schluss gezogen werden, das Wort *Jude* sei zu tabuisieren und künftig nicht mehr zu verwenden? Droht ihm bald das gleiche Schicksal wie dem *Indianer*, dem *Eskimo* und dem *Zigeuner* – ohne dass eindeutig geklärt ist, wer welchen Begriff wie „empfindet" und ohne dass es eine Einheitlichkeit dieses „Empfindens" gibt?

Auch hier geht es letztlich um die Frage, wie ein Begriff „belegt" ist. Im Unterschied beispielsweise zu den kontroverseren Begriffen, über die wir zuvor sprachen, besteht kein Zweifel daran, dass *Jude* – oder ein anderes vom hebräischen יְהוּדִים (*jehudim*) abgeleitetes

[169] „Zentralratspräsident äußert sich in Duden-Debatte: ‚Das Wort »Jude« ist kein Schimpfwort'", *Tagesspiegel*, 2022-02-07 (https://www.tagesspiegel.de/gesellschaft/das-wort-jude-ist-kein-schimpfwort-4308124.html, Abruf 2024-01-08).

Wort[170] – in vielen Sprachen eine völlig wertfreie und unumstrittene Eigenbezeichnung ist. Wenn man jedoch in einem Kulturkreis aufwächst, in dem das Judentum an sich von vornherein mit negativen Attributen belegt ist („Ungläubige“ usw.), klingt jede Bezeichnung für einen Juden negativ – es bedarf nicht einmal eines expliziten „Schimpfwortes“. Sollten aber auch wir aus diesen Gründen jede Bezeichnung für einen Juden – einschließlich des neutralen Wortes *Jude* – negativ belegen, eignen wir uns die Perspektive der judenfeindlichen Extremisten an, statt sie zu bekämpfen.

Damit wäre dann die sprachliche *Sho'ah* vollzogen: Die Ausmerzung des Wortes *Jude* würde nicht nur den Traum aller Nationalsozialisten erfüllen, sondern eine ganze Weltreligion in die Unsichtbarkeit verbannen: Wir dürften dann nur noch vom *„J***ntum“* oder vom *„J-Wort“* sprechen – und sind dann tatsächlich nicht mehr weit vom berüchtigten J-Stempel in den Dokumenten des NS-Staates entfernt, der *Jude* gerne zum Schimpfwort gemacht hätte.

[170] z.B. spanisch *judíos*, portugiesisch *judeus*, niederländisch *joden*, schwedisch *judar*, norwegisch *jøder*, finnisch *juutalaiset*, tschechisch *Židé*, türkisch *Yahudiler*

C Is Not for Cookie

Das „*J-Wort*“ bringt uns auch gleich zum nächsten Thema. Im Sommer 2021 veranstaltete besagter Zentralrat der Juden in Deutschland eine Gesprächsrunde, in deren Verlauf die damalige Kanzlerkandidatin der Partei Bündnis 90/Die Grünen und spätere Außenministerin Annalena Baerbock den Gebrauch des Wortes *Neger* in einem Schularbeitsblatt kritisierte (!) und dazu den beanstandeten Text zitierte. Dafür wurden ihr anschließend von einigen Seiten heftig die Leviten gelesen – nicht zuletzt aus den Reihen der eigenen Partei. In einer Video-Veröffentlichung der fraglichen Passage wurde das Wort *Neger* von einem Piepton überlagert. Düstere Erinnerungen werden wach an den „Indianervorfall“, bei dem (zufällig?) die gleiche Partei eine der Ihren nur wenige Monate zuvor an die Kandare genommen hatte (vgl. S. 169). Kleinlaut tweetete Baerbock, wie zu erwarten war, kurz darauf eine Art *mea culpa*, wie man es auch aus nordkoreanischen Schauprozessen kennt: „Leider habe ich … das N-Wort zitiert und damit selbst reproduziert. Das war falsch“.[171] Man hatte ihr also eingeredet, man dürfe etwas, das man kritisiert,

---

[171] https://twitter.com/ABaerbockArchiv/status/1419311839373107201, Abruf 2023-12-11.

nicht beim Namen nennen. Dabei tat sie sich mit diesem Canossagang wahrhaft keinen Gefallen, sondern verschlimmerte alles. Der Begriff *N-Wort* ist nämlich eine Übersetzung des englischen Modebegriffs *N-word* – und der ist, laut dictionary.com, “a euphemism for the word *nigger*”,[172] also ein Euphemismus für das Wort *nigger.* Auch Merriam-Webster, die amerikanische Autorität unter den Wörterbüchern, lässt keinen Zweifel daran: “*Nigger* is an infamous word in current English, so much so that … people … refer to it euphemistically as ‘the N-word.’”[173] Wer also Baerbock nicht vor Ort gehört oder nur das „verpiepste“ Video gesehen hatte, musste nun annehmen, Baerbock habe das Wort Nigger gebraucht – schlimmer noch: der Verfasser des (von Baerbock kritisierten) Arbeitsblattes, der an der Diskussion überhaupt nicht beteiligt war, habe es ebenfalls gebraucht. So wurde der Vorfall erst durch Baerbocks verschwurbeltes Zu-Kreuze-Kriechen zum waschechten Skandal aufgeschaukelt.

Wenn Sprache also (analog zur nahezu wahnhaften „Verpixelungssucht“ im Bereich der Bilddokumentation) verschleiert statt auszudrücken, verfehlt sie ihre so oft erwähnte Grundaufgabe: die der Kommunikation – und wenn man schon einen „Code“ verwendet, sollte man ihn auch kennen. So stellt sich die Frage, was passierte, wenn man ein unbedarftes Kind anwiese: „Du

[172] https://www.dictionary.com/browse/n-word, Abruf 2023-12-11.

[173] https://www.merriam-webster.com/dictionary/nigger, Abruf 2023-12-11 (Übersetzung: „*Nigger* ist im heutigen Englisch ein so anrüchiges Wort, dass … Menschen … es euphemistisch als ‚das N-Wort‘ bezeichnen“).

sollst das ‚N-Wort' nicht gebrauchen!" Vermutlich würde es einfach das Wort *N-Wort* nicht gebrauchen.

Auch in der Übersetzung führt dieses Herumeiern bisweilen zu absurden Situationen. In der Dokumentation *Der Feind im Inneren* wurden zwei US-Veteranen befragt, von denen einer das Wort "fucking" benutzte. worauf ihn sein Kollege mahnte, mit dem Gebrauch des "F-word" zurückhaltend zu sein. Das deutsche Voiceover übersetzte "fucking" mit „verdammtes" und "F-word" mit „F-Wort"![174] Zuschauer, die des Englischen nicht mächtig und auf die Übersetzung angewiesen sind, mussten sich also fragen, welches Wort damit gemeint war – etwa „ferdammtes"?

In solchen Fällen bricht die Kommunikation (Sinn und Zweck von Sprache – wir erinnern uns) vollends zusammen, weil Sprecher/Hörer oder Schreiber/Leser nicht über das gleiche Code-Buch verfügen. Nebenbei scheinen die Benutzer solcher „Code-Wörter" auch zu vergessen, dass unser Alphabet nur über ein begrenztes Buchstabenrepertoire verfügt, das sich bald erschöpft haben wird – oder bereits erschöpft ist. David Sedaris erzählte 2019 im *Guardian* von einer Frau, der ein Mann, den sie gerade erst kennengelernt hatte, gestand, er fürchte sich vor dem "C-word". Die Frau schloss daraus, er habe Angst vor ihrer Vagina, da sie den Code-Begriff als Euphemismus für das vulgäre Wort *cunt* („Fotze") entschlüsselte. Tatsächlich aber wollte

[174] *Der Feind im Inneren: US-Veteranen gegen die Demokratie*, arte, 2023-12-26, Minute 01:01:30 (https://www.arte.tv/de/videos/116714-000-A/der-feind-im-inneren-us-veteranen-gegen-die-demokratie, Abruf 2024-01-08).

ihr der arme Mann nur zu verstehen geben, dass er sich einfach nicht binden wolle: Für ihn stand der Begriff stellvertretend für das (überhaupt nicht vulgäre) *commitment*[175] – honi soit qui mal y pense. Man kann es der Frau aber kaum verübeln, dass sie die verschlüsselte Botschaft nicht korrekt dechiffrierte. Katarina Lindahl hatte bereits elf Jahre zuvor eine Reihe von Ausgaben der beiden britischen Tageszeitungen *The Guardian* und *The Observer* aus dem Jahr 2005 analysiert und fand dort in 26 Fällen den Begriff *C-word* – allerdings mit sage und schreibe vierzehn (!) verschiedenen Bedeutungen: In neun Fällen war *cunt* gemeint, in vier Fällen *cancer* („Krebs“), in zwei Fällen *celebrity* („Prominenz“) und in je einem Fall (in alphabetischer Reihenfolge) *Cadillac*, *charlatan* („Scharlatan“), *Chelsea*, *Christmas* („Weihnachten“), *comrades* („Genossen“), *convergence* („Konvergenz“), *cooking* („Kochen“), *corpse* („Leiche“), *corruption* („Korruption“), *cricket* („Kricket“) und *crime* („Verbrechen“).[176] Die Bedeutung *commitment* war noch nicht einmal in dieser Liste enthalten!

Ich möchte hier keineswegs den Gebrauch bestimmter Wörter verteidigen oder gutheißen. Mir steht es nicht an, darüber zu urteilen, welche Wörter in welchem Kontext angemessen sind. Das oben genannte

[175] David Sedaris, "From the B-word to the Q-word: an alphabet of offence", *The Guardian*, 2019-12-23 (https://amp.theguardian.com/lifeandstyle/2019/dec/23/from-b-word-to-q-word-alphabet-of-offence, Abruf 2024-01-29).

[176] Katarina Lindahl, "The *x*-word and its usage: Taboo words and swearwords in general, and x-words in newspapers", Karlstad: Karlstads universitet, 2008 (http://www.diva-portal.org/smash/get/diva2:5732/FULLTEXT01.pdf, Abruf 2024-01-28).

Wort *Nigger* ist ein typisches Beispiel für die Kontextabhängigkeit: Während es als schlimme Beleidigung gilt, wenn es hellhäutige gegenüber dunkelhäutigen Menschen verwenden, wird es großzügig innerhalb der "Black community" verwendet – in der Musik, bei Bühnenauftritten und auch im Alltag. Ein Mensch dunkler Hautfarbe hat selbstverständlich das Recht zu äußern, wie er von wem genannt werden möchte, welche Bezeichnung er als beleidigend empfindet oder welche er bevorzugt – ebenso wie ich mir als rheinländischer Deutscher wünschen kann, nicht als „Sachse“ oder „Alemanne“, als *Piefke* oder *boche*, als „Stummer“ oder „Schlechtsprecher“ bezeichnet zu werden. Immer wieder stellt sich aber die gleiche Frage: Wer entscheidet? Und gibt es einen übergreifenden Konsens – über Epochen, Länder und einzelne Gruppen hinweg?

Um diese Frage zu beantworten, müssen wir zunächst wieder einmal in die Sprachgeschichte eintauchen. In den USA, wo das Thema der Hautfarbe aus historischen Gründen besonders sensibel ist, hat man sich im Laufe der Zeit immer wieder bemüht, alternative Bezeichnungen zum traditionellen Wort *negro* (das auch mit großem *N* geschrieben werden kann) zu finden. Woher stammt dieses Wort?

The English word "Negro" is a derivative of the Spanish and Portuguese word *negro*, which means black. The Portuguese and Spanish, who

Das englische Wort *Negro* ist eine Ableitung vom spanischen und portugiesischen Wort *negro*, das „schwarz“ bedeutet. Die Portugiesen und Spanier, die

were pioneers in the African Slave Trade, used this adjective to designate the African men and women they captured .... This word ... fused not only humanity, nationality and place of origin but also certain white judgments about the inherent and irredeemable inferiority of the persons so designated.[177]	Pioniere im afrikanischen Sklavenhandel waren, verwendeten dieses Adjektiv zur Bezeichnung der afrikanischen Männer und Frauen, die sie gefangennahmen .... Dieses Wort verschmolz nicht nur Menschsein, Nationalität und Ursprungsort, sondern auch gewisse weiße Urteile über die ureigene und unverbesserliche Unterlegenheit der so bezeichneten Personen.

Der Sozialhistoriker Lerone Bennett, Jr. fand Belege dafür, dass viele Amerikaner afrikanischer Abstammung (wie er) schon früh Begriffe wie *black* (also die Übersetzung des Wortes *negro* ins Englische) oder *African* als Ersatz für das negativ konnotierte *negro* bevorzugt hätten. In den ersten Jahrzehnten des 19. Jahrhunderts sei es jedoch zu einem Rückschlag gekommen, als die American Colonization Society eine Art „Remigrationsbewegung“ gründete, deren Ziel es war, befreite Sklaven aus Afrika dorthin zurückzuschicken: “the colored community reacted by abandoning the word *African* in favor of the words ‘coloured’ and/or ‘free persons of colour’” (S. 402f). Übersetzt bedeutet

[177] Lerone Bennett, Jr., et al., “What’s in a Name? Negro vs. Afro-American vs. Black”, *ETC: A Review of General Semantics*, Bd. 26, Nr. 4, 1969, S. 402 (http://www.jstor.org/stable/42574587).

dies ungefähr, dass die „Farbigen-Gemeinschaft" den Begriff *African* („Afrikaner") aufgab und entweder durch *coloured* („Farbige") oder *free persons of colour* (wörtlich: „freie Personen von Farbe") ersetzte.

Auch wenn der Begriff *colored* („farbig") im strengen Wortsinn weiter gefasst sein sollte als nur *black* („schwarz"), wurde er in den USA hauptsächlich für dunkelhäutige Menschen afrikanischer Abstammung verwendet (während er beispielsweise unter dem Apartheid-Regime in Südafrika alle „Nicht-Weißen" umfasste, also auch beispielsweise die große Gruppe der dort lebenden Inder).

Im Jahr 1835 empfahl die fünfte Jahresversammlung der „farbigen Menschen von Amerika", den Begriff *African* aus allen Namen zu streichen, aber auch das Wort *colored* nicht mehr zu verwenden, sondern es durch *Oppressed Americans* („unterdrückte Amerikaner") zu ersetzen. Samuel Cornish, eine militante „farbige" Führungspersönlichkeit, tobte daraufhin:

"You are COLORED AMERICANS. The Indians are RED AMERICANS, and the white people are WHITE AMERICANS and you are as good as they, and they are no better than you."[178]	„Ihr seid FARBIGE AMERIKANER. Die Indianer sind ROTE AMERIKANER, und die weißen Menschen sind WEIßE AMERIKANER, und ihr seid so gut wie sie, und sie sind nicht besser als ihr."

[178] zitiert bei Bennett, S. 403.

Blanche Kelso Bruce, einer der ersten US-Senatoren afrikanischer Abstammung, weigerte sich, den Begriff *colored* zu verwenden und behauptete: “I am a Negro, and proud of my race” (ibid.). Aber das Durcheinander der Begriffe war nicht auf Einzelpersonen beschränkt. Im Jahr 1892 wurde die Zeitung *Baltimore Afro-American* gegründet, 1897 die *American Negro Academy* (ANA), 1899 die *National Afro-American League*, 1900 die *Negro Business League*, 1909 die (bis heute unter diesem Namen existierende) *National Association for the Advancement of Colored People* (NAACP) und 1914 die (ebenfalls noch unter gleichem Namen existierende) *Universal Negro Improvement Association and African Communities League* (UNIA-ACL) – alles in einem Zeitraum von gut zwei Jahrzehnten.

Das *Negro Year Book* stellte 1919 fest:

> There is an increasing use of the word ‘Negro’ and decreasing use of the words ‘colored’ and ‘Afro-American’ to designate us as a people. The result is that the word ‘Negro’ is, more and more, acquiring a dignity that it did not have in the past.[179]

> Es gibt einen zunehmenden Gebrauch des Wortes *Neger* und einen abnehmenden Gebrauch der Wörter *Farbiger* oder *Afro-Amerikaner*, um uns als ein Volk zu bezeichnen. Das Ergebnis ist, dass das Wort *Neger* mehr und mehr eine Würde gewinnt, die es in der Vergangenheit nicht besaß.

[179] zitiert bei Bennett, S. 404.

Hinter der Pro-*Negro*-Kampagne stand ausgerechnet die NAACP, die ja selbst *Colored People* im Namen führt. Eines der Resultate war unter anderem, dass die *New York Times* das Wort *Negro* ab 1930 mit großem *N* schrieb. In der Begründung hieß es, es sei „nicht bloß eine typographische Änderung, sondern ein Akt in Anerkennung der rassischen Selbstachtung für jene, die über Generationen ‚klein geschrieben' wurden."[180]

Eine der bedeutendsten philanthropischen Organisationen der USA, die 1944 gegründet wurde und dunkelhäutige Studenten an 37 Privathochschulen durch Stipendien fördert, nannte sich vor 80 Jahren *United Negro College Fund* (UNCF) und hat diesen Namen bis heute nicht verändert – und vermutlich hat auch niemand je ein Stipendium abgelehnt, weil es von einer Organisation kam, die *Negro* im Namen trägt.

Während Martin Luther King, Jr. in seiner berühmten Rede "I Have a Dream" am 28. August 1963 fünfzehnmal das Wort *Negro* und nur fünfmal *Black* benutzte,[181] waren Elijah Muhammad und Malcolm X von der Nation of Islam (NOI) sowie die aufstrebende Black-Power-Bewegung zur gleichen Zeit vehemente Befürworter des Begriffs *Black*.

Und weil man sich irgendwann von der (ohnehin ungenauen und grundsätzlich sehr fragwürdigen) Be-

---

[180] "It is not merely a typographical change; it is an act in recognition of racial self-respect for those who have been for generations in 'the lower case.'" (*The New York Times*, Editorial, 1930-03-07).

[181] https://www.npr.org/2010/01/18/122701268/i-have-a-dream-speech-in-its-entirety, Abruf 2024-01-11. Wenn in einer Dokumentation (auf arte) das Wort *Negroes* in dieser Rede mit „Schwarze" untertitelt wird, ist das ebenso fragwürdig wie die Schwärzung des Wortes *negro* in einem spanischen (!) Text.

schreibung durch den Pigmentierungsgrad der Haut (der ja in *Negro*, *Black* und *Schwarze* gleichermaßen enthalten ist) verabschieden wollte, landete man letztendlich wieder bei dem lange untergetauchten (wenn auch nicht gänzlich verschwundenen) *Afro-American*. Bennett stellte 1969 fest:

A large and vocal group is pressing an aggressive campaign for the use of the word "Afro-American" as the only historically accurate and humanly significant designation of this large and pivotal portion of the American population. … An equally large, but not so vocal group says the word "Negro" is as accurate and as euphonious as the words "black" and "Afro-American." (S. 399f.)	Eine große und lautstarke Gruppe betreibt einen aggressiven Feldzug für den Gebrauch des Wortes *Afro-Amerikaner* als einzig historisch präzise und menschlich aussagekräftige Bezeichnung für diesen großen und wichtigen Teil der amerikanischen Bevölkerung. … Eine ebenso große, aber nicht so lautstarke Gruppe sagt, das Wort *Neger* sei ebenso präzise und wohlklingend wie die Wörter *Schwarzer* und *Afro-Amerikaner*.

Und Jesse Jackson (der nicht zimperlich war, wenn es um fragwürdige Bezeichnungen für andere Minderheiten ging[182]) popularisierte in den späten 1980er Jahren schließlich den Begriff *African American*.[183] Weil

[182] Er bezeichnete Juden als "Hymies" und New York City als "Hymietown" ("Jackson Admits Making Ethic Slur", Jewish Telegraphic Agency, 1984-02-28).

[183] John Baugh, *Out of the Mouths of Slaves*, Austin: University of Texas Press, 1999, S. 86.

dieser aber im Deutschen zu sperrig klang, blieb man hierzulande beim *Afroamerikaner*. Auch wenn das Wort eher Assoziationen mit einer bestimmten Frisur weckt, entspricht es doch dem gängigen Wortbildungsmuster, z.B. für Italoamerikaner (englisch *Italian-American*) oder Frankokanadier (*French-Canadian*).

Abgesehen davon, dass *African American* ungenau ist, da ja auch hellhäutige Amerikaner, die in Afrika geboren wurden, den Begriff beanspruchen könnten, beschränkt er die ethnische Gruppe nach ihrem Wohnort durch den ebenfalls vagen Terminus *American*, der für alle Bewohner des Doppelkontinents gelten müsste, sich hier aber aber auch Elon Musk, der in Pretoria geboren wurde und mit 18 Jahren nach Kanada zog und die kanadische Staatsbürgerschaft erwarb, für sich beanspruchen, im Englischen *African American* genannt zu werden, denn er ist vom Kontinent Afrika auf den Kontinent Amerika gezogen. Im Spanischen verwendet man neben dem Begriff *negro* (der geographisch nicht beschränkt ist) für die *African Americans* zwar auch den Begriff *afroamericanos*, aber speziell für die in den USA lebenden das präzisere Wort *afroestadounidense* (von *Estados Unidos* = „Vereinigte Staaten“), also wörtlich „Afrovereinigtstaatler“.

Eine weitere Problematik der Kombination mit *Afro-* oder *African* ist, dass man zur Ergänzung die Nationalität der Person kennen muss. Möchte ich eine mir unbekannte Person beschreiben, deren Hautfarbe bekannt oder sichtbar ist, über die ich aber sonst nichts weiß, hilft es mir nicht weiter. Handelt es sich um einen

Afrodeutschen oder einen Afroösterreicher? Hat er vielleicht sogar zwei Staatsbürgerschaften? Wie nenne ich ihn dann?

Zu guter Letzt suggeriert der Begriffsbestandteil *African* eine nicht vorhandene (und meist auch nicht angestrebte) Uniformität der Bewohner des afrikanischen Kontinents. Abgesehen davon, dass sich US-Nachfahren eingewanderter Buren aus Südafrika oder Berber aus Marokko wohl kaum als *African American* bezeichnen (lassen) würden, ist es auch höchst fragwürdig, die Nachfahren von Herero, Zulu oder Fulani sprachlich in einen Topf zu werfen. Analog dazu müsste man die amerikanischen Nachfahren von Iren, Engländern, Franzosen und Italienern (deren Urahnen näher beieinander lebten als die genannten Afrikaner) kollektiv als "*European Americans*" bezeichnen.

Und schließlich möchte auch nicht jeder auf seine Herkunft, die viele Generationen zurückliegt, angesprochen (oder gar reduziert) werden. Selbst wenn manche Amerikaner ihre Abstammung regelmäßig – etwa am St. Patrick's Day oder bei einem Oktoberfest – feiern, sind viele einfach froh, in der Neuen Welt eine neue Heimat gefunden zu haben und möchten einfach nur *Amerikaner* genannt werden.

In Deutschland versuchte man – wie so oft – die Sprachdebatten in den USA zu emulieren, indem man für die Begriffe *Neger* und *Farbige* ebenfalls Ersatz suchte. Als man in den USA auf *black* bzw. *Black* umschwenkte, übersetzte man den englischen Begriff nun (was man zuvor mit dem spanisch-portugiesischen nicht getan hatte) und verwendete *Schwarze*. Das Wort (auch wenn es keine wirklich existierende menschliche Hautfarbe beschreibt) klingt in deutschen Ohren zunächst harmlos – aber nicht für „schwarze" Amerikaner. Gerade in den USA ist *Schwarzer* (als Transkription des jiddischen שוואַרצער meist *shvartzer* geschrieben) ein besonders übles Schimpfwort![184] Im Bemühen, einen historisch vorbelasteten Begriff zu ersetzen, tappte man also gleich ins nächste (noch größere) Fettnäpfchen.

Nachdem in den USA *colored* eine Weile tabu war, hat man *person of color* plötzlich wieder aus der Mottenkiste geholt, doch „darf" man diesen Begriff in Deutschland keineswegs übersetzen – vor allem nicht mit *Farbige* (auch wenn *color* „Farbe" heißt – so wie *negro* eben „schwarz"). Besonders „wache" Insider, die dem Buchstabenverschlüsselungswahn anheimgefallen sind, verwenden lieber den Begriff *PoC* für *Person of Color*, hängen vielleicht zur Absicherung noch ein *B* (für *Black*) davor und fügen ein *I* (für *Indigenous*, nicht etwa *Indianer* oder ein anderes „I-Wort") ein, um vielleicht den neuen Freund als *BIPoC* vorzustellen (was nicht mit dem Wort *bi* für *bisexuell* verwechselt werden sollte). Und was ist das Gegenteil vom *BIPoC*? Vermutlich eine *WIPoNC* ("White Immigrant Person of No Color") …

Völlig absurd wird der Gebrauch solcher Begriffe, wenn man beispielsweise in einer kanadischen Doku-

[184] "*shvartze* (plural *shvartze* or *shvartzes*): (chiefly US, offensive, ethnic slur) A person of sub-Saharan African descent; a black person" (https://en.m.wiktionary.org/wiki/, Abruf 2024-01-05).

mentation einen Amerikaner, der im Englischen den – wertneutralen, weil rein mathematischen – Begriff *minorities* („Minderheiten“) verwendet, im deutschen Voiceover (auf arte) mit “People of Color” übersetzt – wohlgemerkt: einen englischen Begriff durch einen anderen englischen Begriff ersetzt! (Im französischen Voiceover ist von *minorités* die Rede.)[185] Die Ausrede, dass die Übersetzung Menschen helfen soll, die die Originalsprache nicht verstehen, wird hier *ad absurdum* geführt: Man unterstellt dem Sprecher, er wisse nicht, was er „eigentlich“ sagen wolle, und legt ihm einen neuen Text in den Mund. „Minderheiten“ können schließlich auch Männer, Homosexuelle, Blinde oder Blonde sein, während der deutsche Text die Aussage in eine bestimmte Richtung manipuliert.

Die Angst vor dem „falschen“ Begriff führt im Extremfall sogar zu „Hyperkorrekturen“, also vermeintlichen „Korrekturen“, wo es keiner bedurfte. So entdeckte die FDP-Politikerin Marie-Agnes Strack-Zimmermann wohl plötzlich ihren inneren Franzosen und spricht den Namen des Landes Niger (der sich im Deutschen auf *Tiger* reimt, also mit langem *i*-Laut gesprochen – vgl. auch S. 47) konsequent pseudofranzösisch affektiert „ni-SCHÄR“ (stimmhaft, IPA: niˈʒɛːʁ) aus.[186] Dabei ist das Land nach dem gleichnamigen Fluss benannt, dessen Bezeichnung sich wiederum – vermutlich – von

[185] *Die Klasse von 9/11: 20 Jahre danach*, arte, 2021-09-07, Minute 0:24:39; Originaltitel: *9/11 Kids* (2020-04-23), von Elizabeth St. Philip.

[186] z.B. in einer Rede vor dem Bundestag im Mai 2022 (https://youtu.be/32rvk1dONPI, Minute 3:31, Abruf 2024-02-01).

einem Begriff der Berber oder der Tuareg ableitet, der „Fluss der Flüsse" bedeutet und nichts mit der Farbe Schwarz oder dunkelhäutigen Menschen zu tun hat.[187]

Wozu brauchen wir überhaupt eine unterscheidende Kennzeichnung? Wir sind uns vermutlich alle einig, dass es weder „schwarze" noch „weiße" Menschen gibt, sondern eine unendliche Vielzahl von Schattierungen in der Hautfarbe. In den meisten Kontexten ist es ebenso irrelevant wie etwa die Nennung des Geschlechts, welche Farbe die Haut eines Menschen hat, es sei denn, man möchte (oder muss) einen Menschen anhand äußerer Merkmale (zu denen auch Haar- oder Augenfarbe gehören) beschreiben – auf einem Steckbrief etwa. Auch in den Fällen, in denen Menschen aufgrund ihrer Hautfarbe anders behandelt wurden, spielt sie natürlich eine Rolle – um eben diese Ungleichbehandlung zu beschreiben. Wenn das berüchtigte Apartheid-Regime in Südafrika die Menschen in „Weiße" und „Nicht-Weiße" einteilte, kann man die Ungerechtigkeit des Regimes nicht beschreiben, ohne Bezug auf das Merkmal Hautfarbe zu nehmen. Auch wurden vor einigen hundert Jahren Menschen mit dunkler Hautfarbe vom afrikanischen Kontinent verschleppt und von Menschen europäischer Abstammung, die hellhäutig waren, versklavt. Die Sklaven wurden zweifelsohne <u>aufgrund</u> ihrer Hautfarbe deportiert und misshandelt. Das ist eine historische Tatsache, in deren Beschreibung man die Haut-

---

[187] John O. Hunwick, *Timbuktu and the Songhay Empire: Al-Sadi's Tarikh al-Sudan down to 1613 and other contemporary documents*. Leiden: Brill. S. 275.

farbe als Merkmal nicht unterschlagen kann – die Schilderung verlöre jeden Sinn.

Allerdings liegt in dieser Geschichte auch ein großes Potential für Missverständnisse und sogar Missbrauch. Wenn es nämlich politisch oder ideologisch opportun erscheint, wird die Geschichte dunkelhäutiger Menschen auf dem amerikanischen Kontinent gerne auf diesen einzigen Aspekt reduziert. Die generelle Gleichsetzung von Sklavenvergangenheit und dunkler Hautfarbe ist aber nicht nur deshalb nicht zutreffend, weil es historisch auch unzählige hellhäutige Sklaven gab: Das Wort selbst (englisch und auch spätmittelhochdeutsch *slave*) ist etymologisch mit dem Wort *Slawe* verwandt,[188] und wir alle kennen vermutlich die (auch verfilmte) Geschichte des wohl berühmtesten Anführers eines Sklavenaufstands, des Thrakers (?) Spartakus.

Hinzu kommt, dass längst nicht jeder dunkelhäutige Amerikaner von heute von verschleppten Afrikanern abstammt. Der Schauspieler Tyler Perry wollte dem früheren Präsidenten Barack Obama zu dessen 62. Geburtstag gratulieren, als er auf Instagram ein Bild von sich und Obama mit zwei Stühlen postete, die einmal Präsident Abraham Lincoln gehört hatten. Dazu schrieb Perry: „Ich fragte mich, ob [Lincoln] sich hätte vorstellen können, als er die Sklaven befreite, dass eines Tages ein Nachfahre dieser Sklaven Präsident der Ver-

[188] Friedrich Kluge, Alfred Götze, *Etymologisches Wörterbuch der deutschen Sprache*, 20. Auflage, hg. Walther Mitzka, Berlin: De Gruyter, 1967, S. 711f.

einigten Staaten würde.“[189] Perry erntete zunächst Spott und Häme, schien er doch, auf den ersten Blick, dem Trugschluss erlegen zu sein, man könne die Opferrolle allein an der Hautfarbe ablesen. Dabei sei doch hinlänglich bekannt, dass Obamas Vater in Kenia zur Welt gekommen war und, mit einem Stipendium in der Tasche, in den 1950er Jahren aus freien Stücken nach Hawai‘i gezogen sei, um dort zu studieren. Obamas Mutter, die der Vater während des Studiums kennenlernte, war hellhäutig und vorwiegend europäischer Abstammung und schien über jeden „Verdacht“ erhaben – unter ihren Vorfahren sollen möglicherweise sogar Sklavenhalter gewesen sein, wie einige Ahnenforscher festgestellt haben wollen.[190] Allerdings ermittelten andere findige Genealogen dann ausgerechnet unter den Ahnen der Mutter doch noch einen Sklaven[191] – und am Ende hatte Perry, auf unerwartetem Wege, recht mit seiner Aussage.

Wir sehen wieder einmal: Geschichte ist kompliziert – und oft viel bunter, als wir es uns vorstellen. Je weiter wir in unserem Stammbaum zurückgehen, desto mehr Vorfahren entdecken wir – darunter einige mit tragischem Schicksal, andere mit einem eher dubiosem Lebenslauf. Ich kenne dies auch aus der eigenen Familien-

---

[189] “I wondered when he freed the slaves could he have imagined that one day a descendant of those slaves would become president of the United States.” (https://madamenoire.com/1349278/tyler-perry-gets-dragged-across-social-media-for-calling-barack-obama-a-descendant-of-slaves/, Abruf 2023-12-11).

[190] C. Krishnasai (ed.), “Every living US president, including Obama, is descendant of slave owners, except Donald Trump: Report”, www.wionews.com, aktualisiert am 2023-06-28, Abruf 2023-12-11.

[191] Bonnie Goldstein, “Obama descended from slave ancestor”, *The Washington Post*, 2012-07-30.

geschichte. Es ist eben – buchstäblich oder im übertragenen Sinn – nicht alles schwarz oder weiß.

Gewiss ist auch nicht in Abrede zu stellen, dass ein großer Teil der dunkelhäutigen und auch (aufgrund der genetischen Vermischung während und nach der Zeit der Sklaverei) vieler nicht so dunkelhäutiger Amerikaner unserer Tage tatsächlich von Sklaven abstammt, die äußerst gewaltsam aus ihrer Heimat auf dem afrikanischen Kontinent verschleppt wurden.

Allerdings waren die afrikanischen Sklaven auch nicht die ersten Bewohner Afrikas, die von dort nach Amerika kamen. Der nachweislich erste gebürtige Afrikaner, der den Boden der heutigen USA betrat, war ein gewisser Juan Garrido – ein Mensch, den die Geschichtsschreibung weitgehend vergessen hat, vermutlich weil auch er nicht in gängige Klischees passt. Er kam nämlich nicht nur als freier Mensch, sondern als Eroberer.[192]

Garrido war an der Invasion diverser Antilleninseln in den 1500er und des heutigen Mexiko in den 1510er Jahren beteiligt, half Ponce de León bei der Suche nach Gold in Florida (1513) und den Streitkräften von Cortés bei der Belagerung von Tenochtitlan (1519).[193] „Vom Beginn der spanischen Präsenz in Amerika an beteiligten sich Afrikaner als freiwillige Expeditionstruppen, Konquistadoren und Hilfstruppen“,[194] schreibt Matthew

---

[192] Ricardo E. Alegría, *Juan Garrido: el conquistador negro en las Antillas, Florida, México y California*, Centro de Estudios Avanzados de Puerto Rico y el Caribe, 1990.

[193] Kwame Anthony Appiah, Henry Louis Gates, *Africana: The Encyclopedia of the African and African American Experience*, S. 327.

[194] "From the beginning of Spanish presence in the Americas, Africans participated as voluntary expeditionaries, conquistadors, and auxiliaries": Matthew Restall, *Seven Myths of the Spanish Conquest*, Oxford: Oxford University Press, 2004, S. 172.

Restall. Andere namhafte Konquistadoren afrikanischer Abstammung waren Juan Bardales, Juan Beltrán, Antonio Pérez, Juan Valiente, Juan de Villanueva, Pedro Fulupo und auch eine Frau: Beatriz de Palacios. Soll man Garrido und seine Kollegen nun allein aufgrund seiner Hautfarbe den „Opfern" zurechnen – oder aufgrund der Unterdrückung der indianischen Bewohner des amerikanischen Kontinents nun doch eher den „Tätern"? Es bleibt kompliziert.

Auch in die Geschichte der Sklaverei passen nicht immer die Schwarz-Weiß-Klischees, die in vielen Köpfen umherspuken, wie wir bereits im Fall der Benin-Bronzen sahen (vgl. S. 188). In der ersten Fernsehverfilmung von Alex Haleys Roman *Roots: The Saga of an American Family* (1976) aus dem Jahr 1977 wurde der Aspekt noch ausgeklammert (und erst in der Neuverfilmung von 2016 gezeigt), dass einheimische Afrikaner nicht selten Angehörige verfeindeter Stämme überfielen, zusammentrieben und den arabischen oder europäischen Sklavenhändlern verkauften, die sich selbst gar nicht ins Landesinnere vorgewagt hätten. Damit konnten die einheimischen Kollaborateure die Zahl ihrer Feinde im eigenen Land reduzieren und sich zugleich ein ordentliches Zubrot verdienen – oft auch in Form von Waffen für die weitere innerafrikanische Kriegsführung. Leider verwischt auch hier wieder die Trennlinie zwischen Gut und Böse, weil sie eben nicht entlang der Hautfarbengrenze verläuft.

Der Film *The Woman King* aus dem Jahr 2022, dessen Handlung in den 1820er Jahren im historischen westafrikanischen Königreich Dahomey angesiedelt ist, thematisiert zwar die Komplizenschaft mancher afrikanischer Stämme im Sklavenhandel, wirkt aber auf die Zuschauer recht merkwürdig, weil die Portugiesen im Film akzentfrei ihre eigene Sprache sprechen, die Afrikaner aus dem Königreich Dahomey jedoch ein gebrochenes Englisch, das unfreiwillig komisch wirkt. In Filmen wie *Quo Vadis* (1951), *Amadeus* (1984) oder *Eiffel* (2021) sprechen die meisten Charaktere (gespielt von Schauspielern mit der Muttersprache Englisch) reinstes Englisch, obwohl alle Zuschauer wissen, dass Kaiser Nero lateinisch, Wolfgang Amadeus Mozart deutsch und Gustave Eiffel französisch sprachen. Es handelt sich um eine Konvention, ähnlich wie bei der Synchronisation von Filmen: die gesprochene und gehörte Sprache steht „stellvertretend" für eine andere. In Dahomey hätten die Einwohner Fon (auch Fɔngbè genannt) gesprochen. Für *The Woman King* versammelte man jedoch Schauspieler aus Großbritannien, den USA und Südafrika mit Wurzeln in verschiedensten Gegenden Afrikas, die wenig gemein hatten – außer (annähernd) ihrer Hautfarbe – und ließ sie ein gekünsteltes schlechtes Englisch sprechen. Das war so, als habe man einen Film über das antike Rom drehen wollen, Schauspieler aus Portugal, Bulgarien und Schweden rekrutiert und Englisch mit einem italienischen Akzent sprechen lassen, der irgendwo zwischen Chico Marx und den Super Mario Brothers liegt. Dieses Vorgehen trug leider wenig dazu bei, den Film – trotz seines ernsten Themas – wirklich ernst zu nehmen.

Eine solche Entscheidung seitens der Filmemacher ist besonders fragwürdig, wenn man bedenkt, dass gerade eine fehlerhafte Artikulation in anderen Kontexten als diskriminierend wahrgenommen wird. Nehmen wir etwa die Piraten in der französischen Comic-Reihe *Astérix* von René Goscinny und Albert Uderzo. Diese unglückselige Truppe ist eine Parodie des belgischen Comics *Barbe-Rouge* (in Deutschland als *Der rote Korsar* veröffentlicht) von Jean-Michel Charlier und Victor Hubinon. Im Original wie in der Parodie ist der Ausguck namens Baba ein dunkelhäutiger Afrikaner. Er spricht mit einem stereotypen Akzent, der sich vor allem dadurch auszeichnet, dass Baba den *r*-Laut nicht aussprechen kann. So wird ein einfacher Satz wie « Navire égyptien à tribord! » („Ägyptisches Schiff steuerbord voraus!“) in *Astérix et Cléopâtre* zu « Navi'e egyptien à t'ibo'd! ».[195] In der ersten englischen Übersetzung wurde dieser Satz von Anthea Bell und Derek Hockridge mit einem ähnlich klischeehaften Akzent übersetzt: “Egyptian ship on de starbo'd bow, sah!” Ein Vierteljahrhundert später erschien dem Verlag dieser Akzent wohl zu ausgeprägt, und seither heißt es an gleicher Stelle völlig akzentfrei: “Egyptian ship to starboard!” Genau so stand es auch 1995 in der ersten US-Übersetzung von Robert Steven Caron. Interessant aber ist, dass 2020 in den USA eine neue Übersetzung (von Joe Johnson) erschien, in der es nun wieder heißt: „Egyptiahn ship, sta' boa'd!” In Ontario (s. S. 197) hätte

[195] René Goscinny, Albert Uderzo, *Astérix et Cléopâtre*, Neuilly-sur-Seine: Dargaud Éditeur, 1965, S. 9.

man diese *Astérix*-Bände möglicherweise schon verbrannt.

Asterix and Cleopatra *(© Les Éditions Albert-René):*
links: erste britische Übersetzung (Brockhampton Press, 1969);
Mitte: zweite britische Übersetzung (Hodder Children's Books, 1994);
rechts: zweite US Übersetzung (Papercutz, 2020).

Ich möchte mir nicht anmaßen, hier eine Wertung abzugeben, sondern lediglich aufzeigen und feststellen, dass es den breiten Konsens, den uns manche Sprachideologen einreden möchten, offenbar gar nicht gibt – weder bezüglich der Begriffe für noch bezüglich der Darstellung von Menschen mit dunkler Hautfarbe. Wer wann wo bestimmt, was „korrekt“ oder „akzeptabel“ ist, scheint recht willkürlich festgelegt zu werden.

Aus diesem Grunde stellt sich auch die Frage, ob wir Bücher, die oft viele Jahre lang in Bibliotheken oder Bücherregalen stehen, wenn wir sie nicht gleich verbrennen, fortwährend an den jeweiligen Zeitgeist anpassen sollten – oder einfach als Dokumente ihrer Entstehungszeit betrachten, sowohl in ihrem Originaltext als auch in der Übersetzung. Auch diese Frage wird in jüngster Zeit heftig diskutiert, und damit beschäftigen wir uns im nächsten Kapitel.

Steckt der Wurm im Buch?

Die berühmte britische Kriminalromanautorin Agatha Christie verfasste 1939 einen Kriminalroman, der bis heute weltweit der meistverkaufte seiner Gattung ist.[196] Er trug beim Erscheinen den Titel *Ten Little Niggers*. Dieser Titel geht auf das Lied "Ten Little Injuns" von Septimus Winner aus den 1860er Jahren zurück, das wenig später, vermutlich von Frank J. Green, zu "Ten Little Niggers" umgedichtet, in Minstrel-Shows gesungen und einige Jahre später auch in einer deutschen Fassung als „Zehn kleine Negerlein" bekannt wurde.

In den USA erschien Christies Roman zunächst 1940 als *And Then There Were None*. "Ten little Injuns" (Winner) bzw. "Ten little niggers" (Green) sind die ersten und "and then there were none" die letzten Wörter des gleichen Abzählreims – somit bleibt die Referenz erhalten. Allerdings gab es in den USA zwischen 1964 und 1986 weitere Buchausgaben unter dem Titel *Ten Little Indians* (die also Bezug auf die Urform des Reims nehmen), während man in Großbritannien noch bis 1985 beim Originaltitel blieb.

---

[196] Laurie L. Dove, "The 22 Best-selling Books of All Time", howstuffworks.com, 2022-11-08 (https://entertainment.howstuffworks.com/arts/literature/21-best-sellers.htm, Abruf 2024-01-02).

Es ist an dieser Stelle wichtig festzustellen, dass der Titel keinerlei direkten Bezug zur Romanhandlung hat: Die Figuren sind weder afrikanischen noch indianischen Ursprungs, und wie das Lied schon zeigt, das es in vielen unterschiedlichen Versionen gibt, sind die Begriffe völlig austauschbar, ohne dass sich der Sinn ändert. Gerade deshalb ist es aber interessant, die Geschichte dieses Titels in unterschiedlichen Ländern und Übersetzungen nachzuverfolgen.

In Deutschland wurde das von Christie selbst verfasste Theaterstück auf der Grundlage ihres Romans 1969 unter dem Titel *Zehn kleine Negerlein* fürs Zweite Deutsche Fernsehen adaptiert. „Zehn kleine Negerlein" ist neben dem deutschen Titel des Abzählreims auch der eines Kinderbuchs, das noch 2006 in einer Neuauflage erschien. Das Lied wurde aufgrund seiner Bekanntheit häufig parodiert, etwa von der Band Die Toten Hosen mit ihrem Titel „Zehn kleine Jägermeister" (1996). Ursprünglich war Christies Roman in Deutschland nach dem Zweiten Weltkrieg zunächst als *Letztes Weekend* (sic!) erschienen, von 1973 bis 2003 jedoch als *Zehn kleine Negerlein*. Die DVD der ZDF-Version erschien 2012 dann allerdings unter dem „politisch korrekten" Titel *Und dann gabs keines mehr*.

In Spanien schien man 2002 in einem Artikel in der (eher linken, PSOE-nahen) Tageszeitung *El País* recht befremdet, dass Deutsche den Titel änderten.[197] Diese

[197] «La novela *Diez negritos*, una de las más famosas de Agatha Christie, cambiará de título en el mercado alemán para evitar las connotaciones racistas que atribuye al nombre original

Verwunderung ist wiederum nicht erstaunlich, denn im Spanischen bedeutet *negro*, wie wir gesehen haben, einfach nur „schwarz" und ist grundsätzlich eine wertfreie Bezeichnung.[198] Dementsprechend erschien in Spanien erschien auch noch 2015 eine neue (bis heute erhältliche) Übersetzung des Romans unter den Titel *Diez negritos*.[199]

In Dänemark trug die Übersetzung von 1956 bis 1987 den Titel *En af os er morderen* („Einer von uns ist der Mörder"), von 1987 bis 1998 *Ti små negerdrenge* („Zehn kleine Negerkinder") und ab 1998 *Der var ti, der var ni ...* („Es waren zehn, es waren neun ..."). In Finnland wechselte man 1999 von *Kymmenen pientä neekeripoikaa* („Zehn kleine Negerjungen") zu *Eikä yksikään pelastunut* („Und niemand wurde gerettet"). In den Niederlanden hieß der Roman von 1948 bis 2004 *Tien kleine negertjes*. In Schweden trug er bis 2007 den Titel *Tio små negerpojkar*. In Italien war der Roman von 1946 bis 1977 unter dem Titel *... e poi non rimase nessuno* („... und dann blieb niemand") erschienen und wurde dann zu dem – bis heute verwendeten – *Dieci piccoli indiani* („Zehn kleine Indianer"). In Portugal erschien er (nachdem er zuvor *Convite para a Morte* [„Einladung zum Tod"] hieß) 2003 erstmals als

una iniciativa cívica de Hannover.» («Consideran racista el título 'Diez negritos'», *El País*, 2002-03-06).

198 Der Begriff ist im Spanischen so unverfänglich, dass es dem kolumbianischen Liedermacher Juanes 2005 beim Schreiben angeblich gar nicht aufgefallen war, dass sein Lied *La camisa negra* („Das schwarze Hemd") missverstanden werden konnte, weil die *camicie nere* („Schwarzhemden") von 1923 bis 1943 eine berüchtigte Miliz der Faschisten waren.

199 Zwischenzeitlich war 2007 eine Übersetzung unter dem erweiterten Titel *Y no quedó ninguno: Diez negritos* erschienen, der beide Varianten enthielt.

As Dez Figuras Negras („Die zehn schwarzen Gestalten“). Daneben gab es zahlreiche Adaptionen des Stoffes, zuletzt 2020 die französische TV-Miniserie *Ils étaient dix* („Es waren zehn“). Bis zum Erscheinen dieser Miniserie hieß der Christie-Roman allerdings auch in Frankreich noch *Dix Petits Nègres*. In der Türkei erschien er noch bis 2021 unter dem Titel *On Küçük Zenci*, bevor er in *On Kişiydiler* („Sie waren zehn“) geändert wurde.

Ohne nun die Entscheidungen zu bewerten, muss man konstatieren, dass die Wahl des Titels wohl vom Erscheinungsland abhängig ist und es kein objektives Kriterium und keinen Konsens zu geben scheint, welche Wortwahl zu welchem Zeitpunkt angemessen ist.

Land	Titel	Zeitraum	*
U.K.	*Little Niggers*	1939–1985	3,95%
Dänemark	*negerdrenge*	1987–1998	0,91%
Finnland	*pientä neekeripoikaa*	1968–1999	0,85%
Deutschland	*Negerlein*	1973–2003	0,65%
Niederlande	*negertjes*	1948–2004	2,83%
Schweden	*negerpojkar*	1940–2007	3,09%
Frankreich	*Petits Nègres*	1940–2020	8,43%
Türkei	*Küçük Zenci*	1963–2021	0,11%
Spanien	*negritos*	bis heute	1,17%
USA	*Little Indians*	1964–1986	
Italien	*piccoli indiani*	1977–heute	

* = Anteil der dunkelhäutigen Bevölkerung an der Gesamtbevölkerung des jeweiligen Landes

Quellen: UK Census (2011), statbank.dk (2020), stat.fi (2019), destatis.de (2019), opendata.cbs.nl (2019), scb.se (2019), Eurostat (2019), trthaber.com (2020), ine.es (2019).

Graphisch dargestellt sieht das so aus:

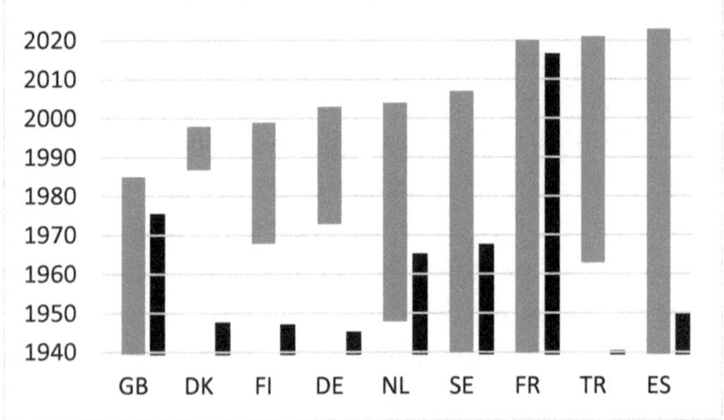

Auch wenn es keine direkte Korrelation gibt, fällt auf, dass die Titeländerung in Staaten früher vorgenommen wurde, die einen besonders geringen Bevölkerungsanteil haben, der sich von dem alten Titel hätte „betroffen" fühlen können. (Die indianische Bevölkerung der USA wird übrigens auf 2,6% geschätzt,[200] in Italien dürfte sie nahe 0,0% liegen.) Bennett schrieb bereits über die Debatte im 19. Jahrhundert: „Einige Befürworter des Begriffs *Negro* empörten sich, dass ‚die ganze *black*-Angelegenheit von einer Handvoll Intellektueller aufgeworfen wurde, von denen keiner schwarz ist, abgesehen vom Bart.'"[201] Die Äußerungen, die Bennett hier zitiert, kamen wohlgemerkt von Menschen, die sich – damals – für den Begriff *Negro* und gegen die Bezeichnung *black* einsetzten.

[200] United States Census Bureau, 2021 American Community Survey

[201] "Some pro-Negro advocates charged indignantly that 'the whole black issue was raised by a handful of intellectuals, none of whom are black, except for their beards.'" (S. 401).

In vielen anderen Sprachen wurde der Originaltitel des Christie-Romans (in die Landessprache übersetzt) bis heute unverändert beibehalten, zum Beispiel im Ungarischen (*Tíz kicsi néger*), Rumänischen (*Zece negri mititei*), Bulgarischen (*Десет малки негърчета*), Russischen (*Десять негритят*), Griechischen (*Δέκα μικροί νέγροι*), Katalanischen (*Deu negrets*) oder Indonesischen (*Sepuluh Anak Negro*). Von einem weltweiten Konsens kann also auch hier keine Rede sein.

Weltweit sorgte hingegen für Schlagzeilen, dass der öffentlich-rechtliche Norwegische Reichsrundfunk (NRK) 2006 begann, das Wort *negerkong* – im Original *negerkung* – („Negerkönig“), mit dem die Titelheldin ihren Vater in dem 1945 erschienen Buch *Pippi Långstrump* von Astrid Lindgren beschrieb,[202] durch *sydhavskong* („Südseekönig“) zu ersetzen.[203] Nach und nach folgten andere Verlage und Sender dem Beispiel, wählten aber teilweise die Alternative „Kannibalenkönig“ – unter anderem in der nicht ganz unbedeutenden Sprache Französisch (*roi des Cannibales*) –, während der Vater im Englischen ohnehin schon immer ein *cannibal king* war. Man könnte nun trefflich streiten, ob es ein signifikanter Fortschritt ist, die fiktiven Bewohner der fiktiven Insel Kurrekurredot (deutsch „Taka-Tuka-Land“) nicht mehr anhand ihrer Hautfarbe zu identifizieren, sondern anhand ihrer Gewohnheit, ihre Mitmenschen zu verspeisen – aber das würde hier zu weit führen.

---

[202] ”… min pappa är en negerkung … och då blir jag en negerprinsessa” (Astrid Lindgren, *Pippi Långstrump*, Stockholm: Rabén & Sjögren, 1945, S. 6).

[203] Øystein Andersen, «Pippis pappa ikke negerkonge lenger», *Dagbladet*, 2006-12-06.

Doch auch wenn man den Fokus verschiebt und die Bewohner nun anhand ihres Lebensraums (Südsee) beschreibt, verändert man den Inhalt: Man untergräbt die Aussage des Erzählers von *Pippi Långstrump*, der im dritten und letzten Buch der Reihe ausdrücklich Bezug auf die Hautfarbe nimmt, wenn er es „unbegreiflich“ findet, dass man den Inselkindern wohl beigebracht hatte, „daß weiße Haut viel feiner sei als schwarze.“[204] Hier übt Lindgren offenbar indirekt Kritik an gewissen „Rassenlehren“, die den Insulanern möglicherweise von Missionaren oder anderen hellhäutigen Besuchern nahegebracht worden waren.

Wie dem auch sei – 2009 wurde der Begriff *Negerkönig* auch aus den deutschen Buchausgaben des Oetinger-Verlags getilgt,[205] und 2015 gab schließlich auch der Heimatverlag – in Abstimmung mit Lindgrens Tochter – klein bei und änderte die entsprechenden Textstellen zu *söderhavskung*.[206] Das schwedische Fernsehen und andere Fernsehanstalten synchronisierten sogar entsprechende Passagen in den Filmen und der Fernsehserie neu oder schnitten einzelne Wörter aus der Tonspur heraus.[207] Auch die restaurierte Fassung auf

---

[204] ”Av någon obegriplig anledning hade de fått för sig, att vitt skinn var mycket finare än svart, och därför kände de sig fulla av vördnad, ju närmare de kom Pippi och Tommy och Annika.” (Astrid Lindgren, *Pippi Långstrump i Söderhavet*, 12. Auflage, Stockholm: Rabén & Sjögren, 1966, S. 97).

[205] In den DDR-Übersetzungen, die ab 1975 im Kinderbuchverlag Berlin erschienen waren, hieß es ohnehin bereits „König der Takatukaner“ („‚Negerkönig‘ sorgt für Ärger“, n-tv.de, 2011-02-24). Die Meldung mancher Medien, man habe auch das Wort *Zigeuner* entfernt, war eine Ente: Es kam in den *Pippi-Langstrumpf*-Büchern niemals vor.

[206] Erik Högström, ”’Negerkung’ tas bort i nya utgåvan av Pippi”, *Expressen*, 2015-02-14.

[207] ”’Skulle inte varit negerkung’”, svt.se, 2014-09-30; eine Diskussion im schwedischen Fernsehen (mit Schauspielerin Inger Nilsson und einem Ausschnitt aus der geschnittenen Version) wurde am 2. Okt. 2014 von SVT ausgestrahlt (”SVT Debatt - Rätt eller fel ta bort ’neger-kung’?”).

Blu-ray Disc (BD)[208] enthält das Wort – im Unterschied zur alten DVD-Ausgabe – nicht mehr.

Im Unterschied dazu war Jim Knopf auch noch 2016 (wie bereits bei seiner literarischen „Geburt“ im Jahr 1960) „ein kleiner Negerjunge“, als eine überarbeitete Fassung des Vierteilers *Jim Knopf und Lukas der Lokomotivführer* in Deutschland auf BD erschien. Diese zweite Verfilmung von Michael Endes Roman durch die Augsburger Puppenkiste war 1976 erstmals im deutschen Fernsehen ausgestrahlt worden und blieb in allen nachfolgenden Veröffentlichungen unzensiert, ebenso wie zunächst der Buchtext. Endes Kinderbuch gilt gemeinhin als leidenschaftliches Plädoyer gegen jede Art von Diskriminierung.[209] Dennoch kapitulierte der Thienemann-Verlag 2024 vor den Revisionisten und veröffentlichte eine Neufassung, in der Jim kein „schwarzes Baby“ mehr ist, sondern ein „kleines“ (was denn sonst?), ein „Indianerjunge“ nur noch ein „Junge“ und ein „Eskimokind“ – natürlich! – ein „Inuitkind“.[210]

Wir haben ja bereits im vorausgehenden Kapitel (S. 214ff.) gesehen, dass allein in den USA der Sprachgebrauch so vielen Wandlungen unterworfen war, dass die bloße Bestandsaufnahme schon schwierig ist. Selbst in den hochoffiziellen Formularen für die US-Volkszählung von 2010 taucht der Begriff *negro* als Aus-

---

[208] Astrid Lindgrens *Pippi Långstrump*, hela tv-serien, SVT, 2014.

[209] vgl. Julia Voss, „Jim Knopf rettet die Evolutionstheorie“, *Frankfurter Allgemeine Zeitung*, 2008 12 16, https://www.faz.net/aktuell/wissen/darwin/wirkung/darwin-jahr-2009-jim-knopf-rettet-die-evolutionstheorie-1741253.html?, Abruf 2023-12 22).

[210] Leonie C. Wagner, „Kein N-Wort, keine Stereotype, keine Pfeife: In Michael Endes «Jim Knopf» wurde ausgemistet“, *Neue Zürcher Zeitung*, 2024-02-27 (https://www.nzz.ch/feuilleton/michael-ende-ld.1819448, Abruf 2024-03-15).

wahlmöglichkeit unter der Rubrik “Race” auf[211] – mit der Begründung, dass sich einige (ältere) US-Bürger selbst mit dieser Bezeichnung identifizierten. Wichtig ist hier, dass keine einzige Person vom U.S. Census Bureau als *negro* bezeichnet wird oder gezwungen wird, diese Bezeichnung zu verwenden, sondern dass das Amt es den Befragten freistellt, sich selbst so zu bezeichnen. Ein Sprecher des Amtes nannte es einen „Inklusionsbegriff“ (“term of inclusion”): „Diejenigen, die sich selbst als Neger bezeichnen, müssen einbezogen werden.“ [212] Mit anderen Worten: Diskriminierend – gegenüber jenen, die den Begriff bevorzugen – wäre es gewesen, den Begriff nicht zu verwenden. (Das Amt stellte die Verwendung dann 2013 auf Druck von außen trotzdem ein.[213])

Sogar zur gleichen Zeit waren unterschiedliche Begriffe im Umlauf: für eine Gruppe war ein bestimmter Begriff zu bevorzugen, für eine andere akzeptabel und bei einer dritten verpönt. Wer will es einem Durchschnittsmenschen verdenken, wenn er nicht weiß, welcher Begriff zu welcher Tageszeit in welchem Viertel von Berlin gerade „angesagt“ oder – schlimmer noch – „erlaubt“ und welcher „geächtet“ oder gar „tabu“ ist?

---

[211] Hier findet man eine ausführliche Geschichte der Bezeichnungen in den Zensusformularen: D’Vera Cohn, “Race and the Census: The ‘Negro’ Controversy”, Pew Research Center, 2020-01-21, https://www.pewresearch.org/social-trends/2010/01/21/race-and-the-census-the-negro-controversy/, Abruf 2023-12-12.

[212] “Those who identify themselves as Negroes need to be included.” (“Census Bureau defends ‘negro’ addition”, UPI, 2010-01-06; https://www.upi.com/Top_News/US/2010/01/06/Census-Bureau-defends-negro-addition/70241262798663/, Abruf 2023-12-12).

[213] “U.S. Census Bureau Drops ‘Negro’ From Surveys”, ABC News, 2013-02-25 (https://abcnews.go.com/Politics/OTUS/us-census-bureau-drops-negro-surveys/story?id=18591761, Abruf 2023-12-12).

Allein die Tatsache, dass man Shakespeare wohl auf eine andere literarische Stufe stellt als die zuvor erwähnten Schriftsteller unserer Epoche hat seine *Tragœdy of Othello, The Moore of Venice* (um 1603 entstanden) bisher vor einer modernen Umdichtung bewahrt, auch wenn der Begriff *Moore* (englisch) oder *Mohr* (deutsch) einigen Menschen ähnlich schwer im Magen liegt wie *Neger*. Dabei ist in Othellos Fall anzunehmen (wenn auch nicht explizit erklärt), dass die Titelfigur tatsächlich ein Maure – also ein Nordafrikaner – sein soll und nicht etwa ein Schwarzafrikaner aus der Subsahara. Wenn er folglich auf der Bühne von einem gebürtigen Briten oder Amerikaner schwarzafrikanischer Abstammung dargestellt wird – etwa in der Verfilmung von 1995 mit Laurence Fishburne (geboren in Augusta, Georgia) –, ist dies ebensowenig authentisch (und ebenso „rassistisch") wie die Darstellung durch Emil Jannings (1922), Orson Welles (1952) oder Laurence Olivier (1965).

Es ist wohl belegt, dass der Begriff *Mohr* im Deutschen und ähnliche Begriffe in anderen europäischen Sprachen Bezug auf *Maure* nehmen, eine Bezeichnung für Nordwestafrikaner mit dunkler Hautfarbe. Die Etymologie dieses Wortes ist hingegen nicht eindeutig rekonstruierbar. Jedenfalls wurde der Begriff später auf Menschen mit dunkler Hautfarbe allgemein ausgedehnt, auch wenn sie nicht aus Nordwestafrika stammten, bevor er im 18. Jahrhundert durch *Neger* verdrängt wurde. Seither wird *Mohr* als historische Bezeichnung verstanden und gilt eher als antiquiert. Während der

Begriff *Negerkuss* noch Liebe und Zuneigung impliziert, kann man den Begriff *Mohrenkopf* angesichts der Implikationen eines abgetrennten Hauptes durchaus beanstanden (ob die Alternativbegriffe *Schokokuss* oder *Schaumkuss* überhaupt irgendeinen einen Sinn ergeben, sei einmal dahingestellt). Dass allerdings jede „Mohrenapotheke" und jedes „Gasthaus zum Mohren" ein schlechtes Gewissen haben soll, ist barer Unsinn.

In Berlin wollten die örtlichen Verkehrsbetriebe (BVG) ihre Haltestelle Mohrenstraße dennoch (vor)eilig in „Glinkastraße" (nach einer 150 Meter entfernten Querstraße der Mohrenstraße!) umbenennen – stellten aber gerade noch rechtzeitig fest, dass der russische Komponist Michail Iwanowitsch Glinka, nach dem diese Straße vom DDR-Regime benannt worden war (davor hieß sie Kanonierstraße), ein ausgeprägter Judenhasser gewesen war.[214] Zum Glück fand die BVG noch rechtzeitig die Notbremse.

Bedenklich wird es, wenn wildfremde Menschen sogar einem dunkelhäutigen Gastronomen vorschreiben wollen, wie er sein eigenes Restaurant zu nennen hat. Andrew Onuegbu, geboren in Biafra (Nigeria), nennt seine Kieler Gaststätte nämlich seit 2007 „Zum Mohrenkopf" und meint dazu: „Ich bin als Mohr auf die Welt gekommen und stolz darauf."[215]

---

[214] Katharina Koerth, „„Wir wollen ja nicht unbedingt Glinkastraße heißen"", spiegel.de, 2020-07-08 (https://www.spiegel.de/panorama/gesellschaft/bvg-zu-debatte-ueber-mohrenstrasse-in-berlin-wir-wollen-ja-nicht-unbedingt-glinkastrasse-heissen-a-3a637780-60f4-4e8f-bd4c-9d4eec82e6ee, Abruf 2023-12-12).

[215] „„Zum Mohrenkopf": Schwarzer Gastronom will sein Restaurant nicht umbenennen", RND, 2020-08-31 (https://www.rnd.de/panorama/kieler-restaurant-zum-mohrenkopf-warum-

Die Ansicht von Herrn Onuegbu mag nicht jeder teilen, doch ist der Weg, den er geht, eine durchaus gangbare Alternative zur sprachlichen Umerziehung: die Belegung möglicherweise negativer Begriffe mit positiven Konnotationen. Die Älteren unter uns erinnern sich vielleicht noch an eine Zeit, in der das Wort *schwul* als Schimpfwort für Homosexuelle verwendet wurde. Der Rechtschreibduden von 1967 beschrieb den Begriff noch als „derb für: homosexuell".[216] Zu dieser Zeit hätte wohl kein Berliner Bürgermeister gesagt: „Ich bin schwul, und das ist auch gut so." Dass Klaus Wowereit dies aber 2001 öffentlich äußerte, lag daran, dass sich Homosexuelle den Begriff zwischenzeitlich angeeignet und ihn neutralisiert oder sogar positiv belegt hatten. Der Soziologe Rüdiger Lautmann prägte dafür den Begriff der *Stigma-Umkehr*.[217] Im Volksmund bezeichnet man solche Wörter auch als *Geusenwörter*.[218]

Hätte man nun beispielsweise in den 1960er Jahren das Wort *schwul* aus literarischen Texten getilgt, weil es damals noch als „derb" galt, hätte man die Änderung, wenn man konsequent wäre, dann später wohl wieder rückgängig machen müssen, als das Wort nicht mehr stigmatisiert war. In einer solchen Welt wäre Winston Smith (vgl. S. 14) auch niemals arbeitslos.

---

ein-schwarzer-gastronom-sein-lokal-nicht-umbennen-will-IP4ZSRMOHFCCXLAFCPNBBZWCGY.html, Abruf 2023-12-12).

[216] Gesellschaft für deutsche Sprache (Hg.), *Wörter, die Geschichte machten: Schlüsselbegriffe des 20. Jahrhunderts*, Gütersloh: Bertelsmann, 2001, S. 202.

[217] Rüdiger Lautmann, *Sozialwissenschaftliche Studien zur Homosexualität*, Berlin: Rosa Winkel, 1980–1997.

[218] Der Begriff geht auf das niederländische Wort *geuzennaam* zurück. *Geusen* (von franz. *gueux* = „Bettler") war ursprünglich ein Schimpfwort für niederländische Freiheitskämpfer, das diese sich aneigneten.

Das **Fazit** aus allem, was ich auf den letzten Seiten aufgezeigt habe, ist, dass es zu keiner Zeit einen universellen, weltumspannenden Konsens gab, welche Begriffe wann und wo akzeptabel seien. Hätte der United Negro College Fund sein Fähnchen stets in den Wind des Zeitgeists gehängt, hätte er seinen Namen im Laufe seines achtzigjährigen Bestehens zwei- oder dreimal ändern müssen – und hätte es trotzdem zu keiner Zeit allen recht gemacht. Und hätte man im 19. Jahrhundert oder in den 1960er Jahren begonnen, Literatur in die eine oder andere Richtung umzuschreiben, hätte man auch diese Änderungen nach ein paar Jahren wieder revidieren müssen. Man darf daher die Frage stellen: Wenn der Begriff *Negro* für den UNCF auch heute noch akzeptabel ist, warum soll er dann aus Büchern früherer Zeiten getilgt werden? Und warum sollte Frau Baerbock nicht einmal sagen dürfen, dass sie den Gebrauch des Wortes *Neger* nicht richtig findet?

In den beschriebenen Beispielfällen von Christie und Lindgren konnte man – auch wenn man das Umtexten als Eingriff in Kunst und Redefreiheit grundsätzlich kritisiert – durchaus gute Gründe und schlüssige Argumente finden, die fraglichen Begriffe zu ändern, denn auch wenn sie – wie wir gesehen haben – in unterschiedlichen Kulturen und zu verschiedenen Zeiten sehr unterschiedlich bewertet werden, muss man feststellen, dass sie nicht wertneutral sind. Im Falle von Agatha Christies Kriminalroman spielte der Begriff ohnehin keine Rolle für das Verständnis des Romans, bei Pippi muss man Zeit und Kontext berücksichtigen, aber auch die Historie des Begriffs *neger* im Schwedischen, wo das Wort noch 2010 in der Presse weitverbreitet war.[219]

Chimamanda Ngozi Adichie meint dazu – als eine in mehrfacher Hinsicht betroffene Person – in ihrem eingangs zitierten Vortrag:

> I do not deny the power of words to wound. … It is precisely because of this power of words that freedom of speech matters. …
> I cannot keep count of all the books that have offended me, infuriated me, disgusted me, but I would never argue that they not be published. …
> I believe deeply in the principle of free expression, and I believe this particularly because I am a writer and a reader, and because literature is my great love and because I have been formed and inspired and consoled

> Ich streite nicht ab, dass Worte verletzen können. … Genau deshalb ist Redefreiheit bedeutsam. … Ich kann gar nicht all die Bücher aufzählen, die mich verletzt, aufgebracht, angeekelt haben, aber ich würde mich nie dafür aussprechen, dass sie nicht veröffentlicht werden. … Ich glaube zutiefst an den Grundsatz der freien Meinungsäußerung, und ich glaube das insbesondere, weil ich schreibe und lese, und weil Literatur meine große Liebe ist und weil ich von Büchern geprägt und angeregt und getröstet wurde. Wäre irgendeines

[219] Nils Svensson, "Historien om när det svarta ordet skulle nytas ut", *Språktidningen*, 2011-06 (https://spraktidningen.se/artiklar/historien-om-nar-det-svarta-ordet-skulle-bytas-ut/, Abruf 2023-12-12). Eine gute Analyse liefert dazu auch die Arbeit "Astrid Lindgren och negerkungdebatten" von Emelie Wåhlin und Sara Lind, Örebro Universitet, 2018 (http://oru.diva-portal.org/smash/get/diva2:1222457/FULLTEXT01.pdf, Abruf 2023-12-12).

> by books. Had any of those books been censored, I would perhaps today be lost. American high school boards are today engaged in a frenzy of book banning, and the process seems arbitrary. Books that have been used in school curriculums for years with no complaints have suddenly been banned in some states, and I understand that one of my novels is in this august group.[220]

> dieser Bücher zensiert worden, wäre ich heute vielleicht verloren. Amerikanische High-School-Behörden sind heute einem Buchverbotswahn verfallen, und das Verfahren scheint willkürlich. Bücher, die seit Jahren unbeanstandet Teil der Lehrpläne waren, werden plötzlich in einigen Staaten verboten, und ich habe gehört, dass auch einer meiner Romane in dieser erlauchten Gruppe ist.

Die vieldiskutierten und vielzitierten Beispiele der Bestseller-Autorinnen Christie und Lindgren sind eben – leider – nur die Spitze eines Eisbergs. Wenn der Rotstift nämlich erst einmal angesetzt wird, scheint es kein Halten mehr zu geben. Und dann gleiten wir tatsächlich von nachvollziehbaren und begründbaren Entscheidungen in die reine Willkür ab.

An die Bücher des weltberühmten Kinderbuchautors Roald Dahl (1916–1990) hat der Verlag Puffin sogenannte "sensitivity readers" („Empfindlichkeitsleser") gesetzt, die die Texte solcher Literaturklassiker wie *James and the Giant Peach* (1961, deutsch: *James und*

[220] *The Reith Lectures 2022.*

der Riesenpfirsich), *Charlie and the Chocolate Factory* (1964, *Charlie und die Schokoladenfabrik*), *The Witches* (1983, *Hexen hexen*), *Fantastic Mr. Fox* (1970, *Der fantastische Mr. Fox*), *The BFG* (1982, *Sophiechen und der Riese*) und *Matilda* (1988) zerpflücken durften. Heraus kam dabei wahrhaft Haarsträubendes.

Es mag nachvollziehbar sein, dass Farbbegriffe wie *black*, wenn man sie auf Menschen bezieht, ein emotionales Thema sind, das kontrovers diskutiert werden darf. Doch in Dahls *Fantastic Mr. Fox* standen 1970 in Kapitel 5 ("The Terrible Tractors") die Sätze: "they could see the two huge black tractors almost on top of them" und "The machines were both black. They were murderous, brutal-looking monsters."[221] Die Angabe der Farbe eines Traktors war in den Augen der Empfindlichkeitsleser dennoch offenbar purer „Rassismus" und musste getilgt werden.[222] Der BFG ("Big Friendly Giant") darf auch keinen schwarzen Mantel mehr tragen, und selbst die Farbe Weiß scheint nicht mehr politisch korrekt zu sein: Aus "You've gone white as a sheet!" („Du wurdest weiß wie ein Laken!") in *The BFG* wurde nun: "You've gone still as a statue!" („Du wurdest unbeweglich wie eine Statue!").[223]

---

[221] Roald Dahl, *Fantastic Mr. Fox*, London: Puffin, 1996, S. 23 und 22.

[222] Jessica Scott: "Roald Dahl Books Rewritten To Remove Offensive Language, Here's What's Being Censored" (https://www.giantfreakinrobot.com/cltr/roald-dahl-rewritten-witches.html, Abruf 2024-01-03).

[223] Neil Armstrong, "Roald Dahl: The fierce debate over rewriting children's classics", BBC.com, 2023-05-31 (https://www.bbc.com/culture/article/20230530-roald-dahl-the-fierce-debate-over-rewriting-childrens-classics); eine Liste sämtlicher Änderungen hat die britische Zeitung *The Telegraph* zusammengestellt (2023-02-17): https://www.telegraph.co.uk/news/2023/02/17/roald-dahl-books-rewritten-offensive-matilda-witches-twits/ (Abruf 2024-01-15).

Salman Rushdie, selbst ein Opfer von Zensur (die in seinem Fall sogar in lebensbedrohende Gewalt mündete und ihn ein Auge kostete) meinte dazu nur, der Verlag und Dahls Nachlassverwalter sollten sich schämen.[224] Suzanne Nossel, Vorsitzende des Schriftstellerverbands PEN America, fürchtet:

> If we start down the path of trying to correct for perceived slights instead of allowing readers to receive and react to books as written, we risk distorting the work of great authors and clouding the essential lens that literature offers on society.[225]

> Wenn wir uns auf den Weg begeben, vermeintliche Herabwürdigungen zu korrigieren, statt Lesern zu gestatten, Bücher so zu rezipieren und auf sie zu reagieren, wie sie geschrieben wurden, laufen wir Gefahr, das Werk großer Schriftsteller zu verzerren und den wesentlichen Blick auf die Gesellschaft, den Literatur eröffnet, zu trüben.

Nach heftigen Protesten ruderte der Verlag schließlich zurück und kündigte an, auch weiterhin zusätzlich (!) die unzensierten Fassungen der Dahl-Bücher zum Verkauf anzubieten.[226] Ebenso gab der amerikanische Verlag, Penguin Young Readers, der zur gleichen Verlagsgruppe (Penguin) gehört wie der britische, bekannt,

---

[224] "Puffin Books and the Dahl estate should be ashamed."

[225] Lianne Kolirin, "Changes to Roald Dahl's classic children's books spark censorship spat", CNN.com, 2023-02-21 (https://edition.cnn.com/style/article/roald-dahl-censored-gbr-scli-intl/index.html, Abruf 2024-01-15).

[226] Will Bolton, " Original versions of Roald Dahl books to be republished after backlash", *The Telegraph*, 2023-02-24 (https://www.telegraph.co.uk/news/2023/02/24/roald-dahl-publisher-gives-ground-woke-changes-caused-storm/, Abruf 2024-01-15).

es gebe überhaupt keine Pläne, die Texte in den US-Ausgaben zu verändern.[227]

Auch andere Verlage zogen inzwischen allzu forsche „Anpassungen“ an den Zeitgeist wieder zurück. Die französische Verlagsgruppe Hachette, die mittlerweile die Rechte an Enid Blytons Büchern besitzt, hatte 2010 angekündigt, die Buchreihe *Famous Five* (deutsch *Fünf Freunde*), die ab 1942 erschienen war, gründlich zu überarbeiten.[228] Sechs Jahre später erkannte man aber, dass dieser Schritt bei den Lesern gar nicht gut ankam und revidierte die Revisionen,[229] mit denen man beispielsweise die Figur Anne „geschlechtsneutraler“ mit Teddybären statt Puppen spielen ließ. Verlagsdirektorin Anne McNeil gab kleinlaut zu: „es war nicht nötig.“ (Erinnert Sie das nicht an unsere FSR?) Dennoch griff man dann 2023 erneut ein. Nun wurde beispielsweise im ersten Band, *Five on Treasure Island* (von 1942, *Fünf Freunde erforschen die Schatzinsel*), aus “a brown-faced fisher-boy” (eine Beschreibung, die sich auf Sonnenbräune bezieht) “a suntanned fisher-boy” – für all diejenigen, die Blytons Sprache nicht verstanden hätten.[230] Man könnte solche Änderungen am Text durchaus auch als Übersetzung in „leichte Sprache“ bezeichnen, also

[227] Joanne O'Sullivan, “No Plans for Dahl Text Changes from U.S., European Publishers”, *Publishers Weekly*, 2023-02-23 (https://www.publishersweekly.com/pw/by-topic/childrens/childrens-book-news/article/91601-no-plans-for-dahl-text-changes-from-u-s-european-publishers.html, Abruf 2024-01-03).

[228] Alison Flood, “Enid Blyton's Famous Five get 21st-century makeover”, *The Guardian*, 2010-07-23.

[229] Sian Cain, “Famous Five go back to original language after update flops”, *The Guardian*, 2016-09-16.

[230] Frank Chung, “‘Ongoing process’: Enid Blyton's Famous Five books edited to remove ‘offensive’ words”, news.com.au, 2023-03-14.

eine Übertragung in eine Sprache für Menschen mit geringer Lesekompetenz. Um eine in irgendeiner Weise gerechtfertigte „Säuberung“ von beleidigender oder diskriminierender Sprache handelt es sich jedenfalls nicht.

Derartige Eingriffe haben allerdings eine lange Tradition. Wenn man in diesem Zusammenhang im Englischen von *bowdlerisation* spricht, bezieht man sich auf Thomas Bowdler, einen frühen „Empfindlichkeitsleser“ des 19. Jahrhunderts, der sich tatsächlich am großen Shakespeare zu vergreifen versuchte – ebenfalls ohne dauerhaften Erfolg. Es muss nicht eigens erwähnt werden, dass die „Empfindlichkeiten“ des 19. Jahrhunderts andere waren als die von heute – es war nicht etwa der „Mohr“ Othello, der ihn störte. Vielmehr hatte Bowdler in seinem „familiengerechten“ Shakespeare einfach all jene Wörter ausgelassen, die „in einer Familie nicht mit Anstand laut vorgelesen werden können“.[231] In der Praxis bedeutete dies, dass etwa der Ausruf “God!” durch “Heavens!” ersetzt, Lady Macbeths berühmter “damned spot” („verdammter Fleck“) zu einem “crimson spot” („karmesinroter Fleck“), die Prostituierte Doll Tearsheet komplett aus *Henry IV, Part 2* entfernt und Mercutios “prick of noon” in *Romeo and Juliet* zum “point of noon” wurde.[232]

[231] Der Titel des Buches lautete: *The Family Shakespeare [Expurgated by T. Bowdler], in Which Those Words Are Omitted Which Cannot with Propriety be Read Aloud in a Family.* Bowdler behauptete zwar, dem Originaltext nichts hinzugefügt zu haben, doch tauschte er Wörter aus und unterschlug ganze Figuren und damit auch Handlungsstränge.

[232] “Thomas Bowdler: Bowdlerizing Shakespeare”, *No Sweat Shakespeare* (https://nosweatshakespeare.com/blog/thomas-bowdler-bowdlerizing-shakespeare/, Abruf 2024-01-11).

Die Sprache gehört immer noch dem Volk

„Die Sprache gehört dem Volk“, hieß es. Wir haben aber auf diesen Seiten eine Reihe von Kräften kennengelernt, die nicht das Volk (und nicht einmal vom Volk legitimiert) sind, aber dennoch versuchen, unsere persönliche Sprache zu beeinflussen – um es möglichst neutral zu formulieren. Diese Kräfte reichen von quasi- oder pseudostaatlichen (wie der Kultusministerkonferenz oder dem Rechtschreibrat) über Interessengruppen (wie Tierschützer oder Sprachfeministen) bis hin zu Verlagen und Redaktionen.

Nach allem, was wir hier aufgezeigt haben, steht aber auch zweifelsfrei fest, dass es ein Sprachdiktat à la *1984* bei uns nicht gibt. **Wir sind – immer noch – frei in unseren Entscheidungen, wie wir sprechen und schreiben.**

Wir könnten also den PeTAnern und ähnlichen Grüppchen am Narrensaum der Gesellschaft einfach einen Vogel zeigen (oder wie auch immer die vegane Alternative dazu aussehen mag) und weiter so reden, wie uns der Schnabel (?) gewachsen ist. Aber so leicht kann man nicht jedem Manipulationsversuch entkommen.

Während der Schulzeit sind Kinder und Jugendliche in Deutschland gezwungenermaßen den Regeln und Vorschriften ihrer jeweils zuständigen Kultusministerien ausgeliefert. Studenten unterliegen den Hausregeln ihrer Hochschulen. Angestellte und Mitarbeiter des Staates unterliegen ebenso wie Beschäftigte in der Privatwirtschaft den Regeln ihres Arbeitgebers. Und auch Selbständige sind häufig an die Vorgaben von Kunden und Auftraggebern gebunden. So ist die Freiheit unseres Sprachgebrauchs, „das Recht, [unsere] Meinung in Wort, Schrift und Bild frei zu äußern", in der Realität oft auf den privaten Bereich beschränkt.

Wie sieht es aber mit dem ebenfalls verbrieften Recht aus, „sich aus allgemein zugänglichen Quellen ungehindert zu unterrichten" (vgl. S. 8)? Im Unterschied zum Staat (s. S. 39) sind reichweiten- und auflagenstarke Medien – selbst öffentlich-rechtliche – keineswegs dazu verpflichtet, sprach<u>abbildend</u> (<u>de</u>skriptiv) zu agieren, sondern dürfen es sich anmaßen, durchaus auch sprach<u>bildend</u> (<u>prä</u>skriptiv) zu handeln. Der Zugang zu Quellen ist in der Wirklichkeit spätestens dann erheblich eingeschränkt, wenn wir unbearbeitete Textfassungen unserer Literatur-, Film- und Fernsehklassiker nur noch in Antiquariaten oder auf dem Trödelmarkt finden, weil sie einfach nicht mehr aufgelegt werden oder in den berüchtigten „Giftschränken" von Produktionsfirmen, Lizenznehmern und Rundfunksendern verschwinden.

Und wir dürfen auch nicht die gesellschaftliche „Tyrannei" außer acht lassen, von der schon Mill sprach (vgl. S. 21). Ob diese von der „vorherrschenden Meinung“ ausgeht, wie Mill meinte, oder nur eine besonders lautstark vorgetragene Minderheitsauffassung repräsentiert, ist dabei nur von zweitrangiger Bedeutung. Ziel dieser Tyrannei ist in jedem Fall, die Gesamtheit der Sprachgemeinschaft „auf Linie“ zu bringen und ihr einheitliche Formate und Formulierungen aufzuzwingen, statt sie ihre individuelle sprachliche Freiheit ausüben zu lassen. “Social censure is our crisis today”, sagt Adichie in ihrem Vortrag: Soziale Rüge ist die Krise unserer Zeit, gegen die wir uns wehren müssen, um unsere Freiheit zu wahren.

Das **Fazit** lautet also, dass die von unserer Verfassung garantierte Freiheit zwar grundsätzlich vorhanden, jedoch mit einem großen Aber versehen ist. Eisenberg stellt die Frage in den Raum,

> ob man den Sprachwandel wirklich einer bürokratisch-autoritären Macht auf der Grundlage sprachlicher Nichtqualifiziertheit überlassen möchte. Wollen wir uns vorschreiben lassen, welche Wörter wir wann zu verwenden haben? Wollen wir sprachfremde Zeichen akzeptieren, die Ausdruck gruppenspezifischer Ideologien sind?[233]

Mit der Fragestellung hat er grundsätzlich recht, doch der Feind sprachlicher Freiheit ist nicht eine „bürokratisch-autoritäre Macht“. Auch Kubelik schießt am eigentlichen Ziel vorbei. „Sprachvorschriften sind immer Denkvorschriften“, stellt er richtig fest. Auch seine

---

[233] Eisenberg, S. 29.

nächste Aussage ist zutreffend: „Bei jeder Form staatlicher Sprachlenkung geht es um Gesellschaftsformung durch Bewusstseinssteuerung. Wo der Sprachwandel von oben verordnet wird, ist die Freiheit des Denkens in Gefahr.“[234] Allerdings geht die Gefahr in unserem Staat nicht von staatlicher Lenkung oder Verordnung „von oben“ aus. Die „Sprachlenkung“ mitsamt der einhergehenden „Bewusstseinssteuerung“ erfolgt in unserer Gesellschaft auf eine wesentlich subtilere – und dadurch möglicherweise noch gefährlichere – Art: durch die Suggestion einer Autorität, hinter der vorgeblich Staat und Gesellschaft stehen, die in Wahrheit aber nichts anderes ist als der Zauberer von Oz: ein mickriger kleiner Scharlatan. Erst indem wir diese Autorität anerkennen und uns ihr beugen (oder uns von ihr in die Knie zwingen lassen), verleihen wir ihr tatsächlich Macht – eine Macht, die ihr gar nicht zusteht. Es liegt daher in unserer Hand, dieser Scheinautorität entgegenzutreten und den Mann hinter dem Vorhang als das zu entlarven, was er ist. George Orwell schrieb 1945 in einem Essay:

> If large numbers of people are interested in freedom of speech, there will be freedom of speech, even if the law forbids it.[235]

> Wenn eine große Zahl von Menschen an Redefreiheit interessiert ist, wird es Redefreiheit geben, selbst wenn das Gesetz sie verbietet.

[234] Kubelik, *Genug gegendert.*

[235] George Orwell, “Freedom of the Park”, *Tribune*, 1945-12-07 (https://www.orwellfoundation.com/the-orwell-foundation/orwell/essays-and-other-works/freedom-of-the-park, Abruf 2023-12-29).

Wieviel einfacher ist es dann in einer Gesellschaft wie der unseren, in der das Gesetz die freie Rede nicht verbietet? “We just need moral courage”, [236] sagt Adichie – wir brauchen nur Zivilcourage.

Regeln und Normen sind für das Zusammenleben notwendig, aber sie sollten allenfalls dazu dienen, eine Grundlage für die Verständigung zu schaffen. Sie sollten auf Konsens und Akzeptanz basieren. Sprache darf niemandem von niemandem aufgenötigt werden, weder durch den Staat noch durch Institutionen noch durch „soziale Rüge“, also einen moralischen Druck, der suggeriert, nur diejenigen, die sich auf eine bestimmte Weise ausdrückten, seien Gutmenschen, alle anderen seien Fortschrittsverweigerer, Ewiggestrige, Rechtsradikale, „Rassisten“, Frauenfeinde, Tierquäler und so weiter. Das Gegenteil ist der Fall: **Unmoralisch verhält sich, wer Menschen verurteilt, die von ihrem in der Verfassung verbrieften Grundrecht auf freie Meinungsäußerung**, mit dem wir dieses Buch eingeleitet haben, **Gebrauch machen.**

Ebensowichtig wie die freie Meinungsäußerung ist aber auch der Zugang zu ungefilterten Quellen, vor allem historischen. Jessica Scott schreibt in dem bereits weiter oben zitierten Artikel über die Zensur der Dahl-Bücher:

> Instead of giving children a chance to ask questions or to

> Statt Kindern eine Möglichkeit zu geben, Fragen zu stellen oder richtig und

[236] *The Reith Lectures 2022.*

learn right and wrong by looking at past writing, we are instead just forcing our current society's ideals on them without letting them see what came before and why it changed. … In other words, if we strip away the author's voice and cultural influence from past works, we are also stripping away the past itself. And if we can't learn from the past, how can we expect to have a better future?	falsch [unterscheiden] zu lernen, indem sie Schriften aus der Vergangenheit betrachten, zwingen wir ihnen statt dessen bloß die Ideale unserer aktuellen Gesellschaft auf, ohne sie sehen zu lassen, was es vorher gab und warum es sich veränderte. … Mit anderen Worten: Wenn wir die Stimme und den kulturellen Einfluss des Autors aus Werken der Vergangenheit löschen, löschen wir auch die Vergangenheit selbst aus. Und wenn wir nicht aus der Vergangenheit lernen können, wie können wir dann erwarten, eine bessere Zukunft zu haben?

Vergangenes wird nicht dadurch „ungeschehen", dass man es sprachlich „ausradiert". Man kann Lehren aus der Vergangenheit ziehen und muss die Vergangenheit analysieren und debattieren – das nennt man Geschichtsforschung, und das ist auch bereits in der Schule die Aufgabe des Geschichtsunterrichts. Aber um über die Vergangenheit zu diskutieren, muss sie in erster Linie einmal <u>sichtbar</u> bleiben. Wir erinnern uns an den Parteislogan aus *1984*: "Who controls the past, … controls the future: who controls the present controls the past." Das ist das Rezept einer Diktatur, nicht eines demokratischen Rechtsstaats.

Der Kreis schließt sich, indem wir ganz zum Schluss ein letztes Mal zu unserem literarischen Propheten George Orwell zurückkehren. Auf den letzten Seiten des Anhangs zu den Grundlagen von *Newspeak* heißt es:

History had already been rewritten, but fragments of the literature of the past survived here and there, imperfectly censored, and so long as one retained one's knowledge of Oldspeak[237] it was possible to read them. In the future such fragments … would be unintelligible and untranslatable. … Various writers, such as Shakespeare, Milton, Swift, Bacon, Dickens, and some others were therefore in the process of translation: when the task had been completed, their original writings, with all else that survived of the literature of the past, would be destroyed.	Die Geschichte war bereits umgeschrieben worden, doch hier und dort existierten noch unvollkommen zensierte Bruchstücke der Literatur der Vergangenheit, und solange man sich die Kenntnis des Altsprech bewahrte, konnte man sie lesen. In Zukunft würden solche Fragmente … unverständlich und unübersetzbar sein. … Verschiedene Autoren wie Shakespeare, Milton, Swift, Byron, Dickens und einige andere befanden sich deswegen im Stadium des Übersetztwerdens: wenn dies geschafft war, würden ihre Originalwerke samt allem anderen, was von der Literatur der Vergangenheit überdauert hatte, vernichtet sein.

[237] Mit *Oldspeak* wird im *Newspeak* die Sprache vor der Einführung des *Newspeak* bezeichnet.

Der Verfasser des Textes schätzte, dass diese Übersetzungen „vor dem ersten oder zweiten Jahrzehnt des einundzwanzigsten Jahrhunderts“ fertiggestellt sein würden. Dieser Zeitpunkt ist nun überschritten. Wir haben glücklicherweise noch Zugang zu unserer Vergangenheit und damit auch die Kontrolle über unsere Zukunft. Vor allem aber haben wir unsere Gegenwart noch selbst in der Hand.

P.S.: Dieses Buch wurde tatsächlich **ohne jedwede Zuhilfenahme Künstlicher Intelligenz** erstellt. Das „Deutsche Institut für Natürliche Intelligenz“ habe ich jedoch frei erfunden. Misstrauen Sie grundsätzlich allen Siegeln und Zertifikaten, deren Vergabekriterien Sie nicht kennen!

Obwohl ich versucht habe, mich klar auszudrücken, fürchte ich, dass einige Menschen dieses Buch missverstehen werden, vielleicht einzelne Passagen zitieren und sie dann anders deuten, als ich sie meine. Aus diesem Grund möchte ich zum Schluss noch einmal zusammenfassen, was ich auf den vorangegangenen Seiten darzulegen versucht habe:

① … jedem Menschen das Recht zugestehen, sich so auszudrücken und sich so zu bezeichnen, wie er will. Jeder Eingriff in die freie Meinungsäußerung ist ein Eingriff in eine **Grundfreiheit** des Menschen.

② … Sprache so **frei und individuell** wie möglich benutzen, solange eine gegenseitige Verständigung gewährleistet ist. Sprachnormen sind Hilfsmittel zur besseren Verständigung, kein Diktat. Wie die Schrift sollte Sprache so weit genormt sein wie nötig und so wenig geregelt wie möglich.

③ … die Normsprache um der Verständigung willen pflegen und gewachsene Sprachnormen nicht leichtfertig verändern. Reformen sind nur dann sinnvoll, wenn sie langfristig einen greifbaren **Nutzen** bringen. Sprache darf nicht zum Spielball des Zeitgeistes werden.

④ … Sprache so verwenden, dass sie einem möglichst großen Teil von Menschen **zugänglich** ist. Unsere Sprache muss insbesondere auch für Menschen mit Lese- oder Schreibschwächen oder einer fremden Muttersprache verständlich, lesbar und sprechbar sein.

sollten …

⑤ … Kunst und Literatur der **Vergangenheit** als Dokumente ihrer Zeit begreifen und sie nicht durch willkürliche Eingriffe jeder Mode anpassen.

❻ … nicht versuchen, die Sprache als Mittel der **Propaganda** zu missbrauchen. Sprache darf das Denken nicht diktieren, sondern sollte es reflektieren.

❼ … nicht versuchen, über Sprache zu **erziehen**. Die Bedeutung (und Konnotation) von Begriffen zu verändern, ist langfristig fruchtbarer als die Veränderung von Schreib- und Ausdrucksweisen.

❽ … uns nicht als Nabel der Welt betrachten und über den Tellerrand, auch unseres eigenen Sprachraums, hinausschauen: Die Ansichten einzelner Personen oder Gruppen sind keine universellen Wahrheiten. Andere mögen **anders denken**.

❾ … die Hoheit über unsere Sprache nicht den **Gegnern der Meinungsfreiheit** überlassen.

❿ … Menschen aufgrund ihrer Wort- und Sprachwahl nicht vorschnell be- oder gar **verurteilen** und ihnen keine Absichten unterstellen, wenn sie nicht den gleichen „Code“ verwenden wie wir.

Über den Autor

Thomas Kinne kam 1961 im Rheinland zur Welt. Für sein Studium an der Mainzer Johannes-Gutenberg-Universität zog er ins Rhein-Main-Gebiet, wo er auch heute noch mit seiner Familie lebt.

Er studierte Amerikanistik, Anglistik und Hispanistik in Mainz und lebte ein Jahr lang in San Francisco, wo er Kurse in Journalistik und Filmwissenschaft belegte und lernte, wie man Trickfilme herstellt. Nach seiner Rückkehr promovierte er mit einer Dissertation über jüdische Tradition im Werk Woody Allens.

Schon während seines Studiums begann er, für das Fernsehen zu arbeiten. Er übersetzte Texte ins Deutsche und Englische und betreute Untertitelungen und Synchronfassungen redaktionell. Daneben übersetzte er für verschiedene Verlage Sachbücher zu unterschiedlichsten Themen, hauptsächlich zu Film und Comics.

Kinne unternahm umfangreiche Reisen, auf denen er meist mit dem Auto weite Strecken zurücklegte, um Land und Leute kennenzulernen. So fuhr er schon kreuz und quer durch die USA, Australien, Neuseeland und Südafrika. Aufgrund dieser Leidenschaft arbeitete er auch viele Jahre in der Touristik, entwarf Schulungen für Reisebüromitarbeiter, verfasste und übersetzte Bildbände und Reiseführer, unter anderem über die Seychellen.

Aus einem weiteren Hobby, den Sprachen, entstand über die Jahre eine der größten *Astérix*-Sammlungen der Welt: über 1.500 Bände in mehr als 150 Sprachen.

Bereits Anfang der 1990er Jahre stellte Kinne fest, dass er das Wissen, das er sich durch und für seine Arbeit und seine Hobbys angeeignet hatte, in Fernsehquizshows erfolgreich einsetzen konnte, um damit wiederum seine Hobbys zu finanzieren. In *TicTacToe* mit Michael „Goofy“ Förster konnte er gleich drei Folgen gewinnen, und als die erfolgreiche US-Show *Jeopardy!* mit Frank Elstner in Deutschland an den Start ging, war er Kandidat der ersten Sendung und wurde gleich erster Fünffach-Champion. Dann musste er laut Regelwerk gehen, durfte aber 1996 beim ersten internationalen Turnier in Kalifornien Deutschland vertreten.

Es folgten Triumphe in Sendungen wie *Der Schwächste fliegt* und *Hessenquiz*, und 2015 kam er als Kandidat in die erste ARD-Staffel von *Gefragt–gejagt*. Nachdem er dort mit seinem Team den „Jäger“ besiegt hatte und kurz darauf auch Sieger in der ZDF-Show *Der Quiz-Champion* wurde, bot man ihm seinerseits eine Rolle als „Jäger“ an, und 2022 stieg er beim *Gipfel der Quizgiganten* auf RTL erfolgreich gegen drei „Quizmaster“ des deutschen Fernsehens in den Ring.

Kinne ist verheiratet und hat erwachsene Kinder mit eigenen Familien. Seine Tochter Alisa ist, wie er, bereits erfolgreich in Fernsehquizshows aufgetreten.

Vom gleichen Autor sind erschienen:

Dr. Kinnes Sprechstunde

Gedanken über Sprache, Menschen und die Welt

Der Bacon-Index: Das große Filmpuzzle

Ein kniffliges Buch für alle, die Film, Fernsehen und Stars kennen

erhältlich als Paperback (broschiert),
Hardcover (gebunden) und
E-Book in diversen Formaten
online oder bei Ihrem Buchhändler vor Ort!

Zeitfracht Medien GmbH
Ferdinand-Jühlke-Straße 7
99095 Erfurt, Deutschland
produktsicherheit@kolibri360.de